De Andriessens

De Andriessens

Een kleurrijke familie van muzikanten en kunstenaars

Agnes van der Horst

www.uitgeverijlias.nl
facebook.com/UitgeverijLias
@ UitgeverijLias

Deze uitgave is tot stand gekomen mede dankzij subsidie van Het Fonds Bijzondere Journalistieke Projecten. www.fondsbjp.nl

©2013 Agnes van der Horst
Omslagontwerp: Nico Richter
Vormgeving: 2-D'sign Amersfoort
Fotoverantwoording: zie de afzonderlijke foto's
ISBN 978 90 8803 020 8
NUR 681

Inhoud

Verantwoording

Er zijn vier bekende Andriessens: de componisten Hendrik, Jurriaan en Louis, en de beeldhouwer Mari. Maar zij zijn lang niet de enige kunstenaars in de familie. Verspreid over verschillende generaties Andriessen komen in de familie diverse componisten, beeldend kunstenaars, musici en schrijvers voor. Dat roept de vraag op, hoe zoiets kan. Om op die vraag een antwoord te krijgen, hebben we het beeld van de hele familie nodig. Over Hendrik, Mari en Louis afzonderlijk is al veel geschreven. Maar een biografie van de familie waaruit ze zijn voortgekomen was er nog niet.

Een overzichtelijke familiebiografie schrijven – en zeker van zo'n grote en kleurrijke familie als de Andriessens – betekent voortdurend keuzes maken. Omdat van alle talenten die er in de familie voorkomen, die van de muzikaliteit het grootst is (en ook om overbevolking te voorkomen), heb ik de componist Hendrik Andriessen als uitgangspunt genomen. Het gezin waarin hij werd geboren was de bron van verschillende talenten. Zijn ouders, de organist Nico Andriessen en schilderes Gezina Vester, voedden hun zes kinderen op met muziek en schilderkunst. In het boek wordt die voorgeschiedenis kort geschetst. Daarna staat vooral het gezin van Hendrik Andriessen en zijn vrouw Tine Anschütz en hun zes kinderen centraal.

Aan de hand van belangrijke gebeurtenissen in het leven van de leden van dit gezin beschrijf ik de familiegeschiedenis. Daarbij gaat de grootste aandacht naar Hendrik en zijn zonen Jurriaan en Louis. Hendrik en Jurriaan speelden beiden een belangrijke rol in het Nederlandse muziekleven en Louis doet dat nog.

Het boek beslaat ongeveer driekwart eeuw (van ca. 1934 tot 1912). Doordat ik de gebeurtenissen zo veel mogelijk heb geplaatst tegen hun maatschappelijke achtergrond, biedt het ook een tijdsbeeld van die periode.

Een familiebiografie met diepgaande analyses van de verschillende karakters van de familieleden zou geleid hebben tot een boek van encyclopedische omvang. Ik heb gekozen voor een journalistieke benadering. De verhalen zijn openhartig en eerlijk, de anekdotes en gebeurtenissen spreken voor zich. Iedereen kan zo zijn eigen beeld vormen.

De feitelijke en anekdotische informatie voor deze familiebiografie is afkomstig uit boeken, brieven, interviews en artikelen. Verder voerde ik in de loop van de jaren vele gesprekken met de familieleden en met vrienden van de familie. Vooral praten met de familie was bepaald geen straf – de Andriessens zijn geboren vertellers.

Er ontstond een beeld van een familie waarin talent kon groeien doordat het werd opgemerkt en gestimuleerd. Bij de Andriessens heerst een klimaat waarin een zekere mate van non-conformisme samengaat met een ernstig gevoelde verplichting aan schoonheid en een sterk gevoel voor kwaliteit. Een klimaat waar – ook niet onbelangrijk – de lach niet van de lucht is.

Dit boek bevat een lijst met de belangrijkste en opmerkelijkste muziekstukken van de componerende Andriessens. Bij elkaar schreven ze zo'n 1500 muziekstukken. Jurriaan Andriessen schreef er in zijn eentje ruim 1100. Daarvan is heel weinig uitgegeven, en er zijn nog veel minder opnames van. Daardoor kon van zijn muziek vaak alleen de titel worden genoemd.

Er is ook een stamboom opgenomen, waarin de verschillende familieleden kunnen worden teruggevonden.

Het idee voor dit boek kwam van Jan Oegema. Het Fonds Bijzondere Journalistieke Projecten heeft me in staat gesteld het boek te schrijven. Mede dankzij de hulp van Ton Feil, Marjolein van Rotterdam en Frits van der Waa is het boek er ook echt gekomen. Het Nederlands Muziek Instituut in Den Haag was een onmisbare bron van informatie.

Ik dank alle mensen met wie ik heb gesproken voor hun verhalen, waarvan ik dankbaar gebruik heb gemaakt. Met name dank ik Caecilia Andriessen en Louis Andriessen bij wie ik altijd aan kon kloppen.

1 Herenstraat 5

Ik weet niet anders dan dat ik in muziek geïnteresseerd was

Utrecht, 1934. Crisistijd. In het *Utrechts Nieuwsblad* staat aangekondigd dat aardappels die eigenlijk bestemd zijn voor het vee nu ook gebruikt mogen worden voor menselijke consumptie. In de stad is 10 procent van de bevolking werkloos. Het leger straatmuzikanten groeit met de dag. Om hun aantal een beetje binnen de perken te houden, moeten nieuwkomers examen afleggen op de binnenplaats van het politiebureau. Alleen orgeldraaiers mogen zonder restrictie hun deuntjes blijven spelen.

Een van die draaiorgels blijft vaak even staan voor de deur van Herenstraat 5, een onopvallend huis in de Utrechtse binnenstad, waar de familie Andriessen dat jaar is komen wonen. Met een beetje geluk, weet de orgeldraaier, gaat dan op de eerste etage het raam open en verschijnt het vriendelijke hoofd van Hendrik Andriessen die een groet roept, en ervoor zorgt dat het dienstmeisje aan de deur wat geld geeft.

Op zo'n dag is Wanda Landowska[1] op bezoek bij de familie. Terwijl buiten de klanken van 'Sarie Marais' en 'Daar heb je de Jantjes' verwaaien, ontstaat binnen een fikse woordenwisseling.

De familie Andriessen omstreeks 1900. Achter Nicolaas Andriessen en zijn vrouw Gesina Vester staan v.l.n.r. Laura, Hendrik, Mari, Cilia, Marie Bies (de vrouw van Willem) Willem, Nicolaas. (Bron: familiearchief)

De Poolse klaveciniste kan niet begrijpen dat een gerespecteerd Hollands componist van hoogstaande klassieke muziek zich inlaat met zoiets laag-bij-de-gronds als straatorgelmuziek. Het antwoord dat Landowska dan krijgt is ruim tien jaar later in een wat poëtischer en uitgebreider vorm terug te vinden in het *Haarlems Dagblad.* Daarin wijdt Hendrik Andriessen een van zijn wekelijkse muzikale beschouwingen aan de draaiorgels die hij bijna jaloers beschrijft als 'vrije vogels' die zonder plichtplegingen of diepzinnig nadenken muziek maken, gewoon omdat ze er zin in hebben: 'Het draaiorgel heeft iets wat virtuozen niet hebben: het heeft nog iets van de minstreel, die met liederen reisde en die maar liever op de schobberdebonk leefde, dan een regelmatig be-

roep uit te oefenen. Het klinkt wel heel erg; maar als wij niet op-
passen, zouden wij dit helemaal vergeten. Nu overal en algemeen
de verstandelijke ontwikkeling de gehele ziel gaat bezetten, zou
er wel eens geen vrij plaatsje meer kunnen overblijven voor dat
andere, waardoor het vuurtje van het leven gevoed wordt.'[2]

Het is Hendrik Andriessen ten voeten uit: een achtenswaar-
dige burger, een keurige heer van stand, maar met de anarchistische trekjes van een Terpen Tijn, de scherpzinnigheid van een
Tom Poes en de speelsheid van een Wammes Waggel.[3] Als dit
draaiorgelincident plaatsvindt,[4] woont Andriessen nog niet zo
lang in Utrecht. Zijn komst naar de stad is een teken van de
verandering die zich dan in zijn leven en werk heeft voltrokken.
Ergens in het begin van de jaren dertig is de organist, conservatoriumdocent, muziekcriticus en koorleider getransformeerd
tot Hendrik Andriessen, componist.

De opvatting thuis was dat ik dan maar krantenman zou worden

Maar eerst is hij alleen nog maar een van de zonen van Nicolaas
Hendrik Andriessen, organist, componist en koordirigent van
de St. Josephkerk aan de Jansstraat in Haarlem. Nicolaas is getrouwd met beeldend kunstenares Gesina Vester. Ze wonen met
hun zes kinderen aan de Bakenessergracht in Haarlem. Hendrik Franciscus Andriessen wordt als derde geboren in 1892 en
krijgt, hoe kan het ook anders met zulke ouders en grootouders,
paplepels muziek en kunst binnen. 'Ik weet niet anders dan dat
ik in muziek geïnteresseerd was,' zal Hendrik later zeggen.[5]

Het is een wonderlijk stelletje talenten dat aan het eind van
de negentiende, begin van de twintigste eeuw opgroeit in dat

warme katholieke gezin. Vijf van de zes zullen kunstenaar worden: Willem en Caecilia (Cilia) worden pianist, Laura zangeres,
Hendrik componist en Mari beeldhouwer. Alleen Nicolaas, de
broer die direct na Hendrik komt, heeft geen 'kunstknobbel'.[6]

Thuis is er een piano, waarop Hendrik door zijn oudere broer
Willem en zijn vader wegwijs wordt gemaakt. Een paar straten
verder staat in de St. Josephkerk het machtige Adema-orgel,
waarop hij zijn vader hoort spelen en improviseren. Vanaf het
moment dat Hendrik als vierjarig manneke zijn vingers op de
pianotoetsen zet, doet hij dat spelen en improviseren zelf ook.
Voor hem is het één het logisch gevolg van het ander. Componeren is nog maar één stapje verder: 'Als jongetje van tien heb ik
stiekem eens een andante gemaakt. Ik weet wel dat mijn vader
mij niet van de piano wegjaagde en dat hij het aardig vond.'[7]
Hendrik wordt steeds vaker ingezet als hulporganist. Als tiener
mag hij zelfs af en toe het naspel verzorgen, de traditionele orgelimprovisatie na afloop van de mis.

Natuurlijk wil hij de muziek in. Maar inmiddels is hij behalve de-zoon-van, ook de-broer-van: 'Ik had als jongen al veel zin
om musicus te worden, maar eerlijk gezegd had ik eerst geen
durf genoeg. Ik twijfelde of ik wel genoeg aanleg zou hebben. In
ons ouderlijk huis in Haarlem werd natuurlijk veel muziek gemaakt. Mijn vader was organist van de toenmalige kathedraal,
mijn oudste broer Willem studeerde al muziek en een van mijn
zusters werd opgeleid voor zangeres. Ik hield veel van schrijven. De opvatting thuis was dat ik dan maar krantenman zou
worden.'[8]

En zo geschiedt. In 1909 wordt Hendrik Andriessen verslaggever bij de *Nieuwe Haarlemsche Courant*, die vanwege de

smerige drukinkt ook wel 'het stinkertje' wordt genoemd.[9] Dat gaat een paar jaar redelijk goed tot hij op een avond telexdienst heeft als het bericht binnenratelt dat een schip op de Noordelijke Atlantische Oceaan op een ijsberg is gevaren. Het lijkt hem het vermelden niet waard. Hij heeft belangrijker zaken aan zijn hoofd. Nu het zo lekker rustig is op de krant kan hij flink doorschrijven aan zijn eerste grote koorcompositie.

En zo opent op 16 april 1912 de *Nieuwe Haarlemsche Courant* níet met een artikel met vette koppen over de ramp met het grootste passagierschip ooit. Hendriks journalistenloopbaan gaat met de *Titanic* ten onder. Hij zal nog wel muziekrecensies blijven schrijven.

Een paar maanden later gaat er voor het eerst een compositie van hem in première: *Veni creator spiritus* voor gemengd koor en orgel. Het wordt uitgevoerd in de St. Josephkerk, met een tot tranen toe geroerde vader Nicolaas achter het orgel. Het jaar erop (1913) overlijdt Nicolaas Andriessen en dan is het allang vanzelfsprekend dat Hendrik zijn vader zal opvolgen. De 'krantenman' wordt wat hij in feite al die tijd al was: 'muziekman'. Hij gaat in 1914 – als tweeëntwintigjarige – alsnog naar het Amsterdams Conservatorium, waar hij twee jaar later (in plaats van de gebruikelijke drie) met lof slaagt voor de vakken Orgel en Compositie. Bernard Zweers is zijn compositiedocent op het conservatorium, maar Hendrik wil meer. Hij zoekt de raad van een componist die, als een van de weinigen in Nederland, niet besmet is met het Duitse muziekvirus. Iemand, die niet componeert in de stijl van Brahms of Richard Strauss. Hij belt met kloppend hart aan bij Alphons Diepenbrock, een van de meest oorspronkelijke en meest gerespecteerde Nederlandse componisten. Diepenbrock bewondert Debussy en schrijft mu-

Stamvader van de Andriessens: Hendriks vader Nicolaas achter het Adema-orgel van de St. Josephkerk in Haarlem omstreeks 1900. (Bron: familiearchief)

ziek waar de Franse lichtheid doorheen schijnt. Dat is muziek naar het hart van de jonge Andriessen, die ook niet houdt van de Germaanse zwaarwichtigheid. Dat Diepenbrock wel wat in zijn werk ziet is voor Hendrik heel belangrijk.

Op het conservatorium is hij inmiddels de zes jaar jongere pianiste Tine Anschütz tegengekomen. Ze is een pianoleerling van zijn broer Willem, die naam begint te maken als pianist. Op diens verzoek spijkert hij Tine bij in de muziektheoretische vakken. Hij maakt haar daarbij met zijn grappen zo vaak aan het lachen dat het een wonder is dat ze voor haar eindexamen conservatorium slaagt.

Ze worden verliefd en willen trouwen. Maar Tine is protestants en Hendrik katholiek en dat katholieke geloof ligt heel diep in zijn ziel verankerd. Niet omdat hij zijn brood in de kerk verdient of omdat hij met het geloof is opgegroeid. Maar het mystieke en raadselachtige van het katholicisme past Hendrik als een handschoen. Als hij in zijn brieven aan Tine wil uitleggen waarom hij zo van dat geloof houdt, gebruikt hij vaak woorden als 'mystiek', 'schoonheid' en 'wonder'. Diezelfde begrippen zijn voor hem ook de essentie van muziek en van componeren: 'Wij hebben ons toch alléén met de zuivere schoonheid bezig te houden en ons om niets anders te bekommeren dan om 't zuivere schrijven naar onze inspiratie.' En: 'De muziek zou de muziek niet zijn als zij haar levensgeheim zou prijsgeven.' Het zijn maar een paar van zijn vele uitspraken over het ongrijpbare en wonderlijke van muziek en van componeren.[10] Mede dankzij een voor deze tijd buitengewoon verlichte protestantse dominee (die vindt dat een bepaald geloof bij je past of niet) stapt Tine voor haar Hendrik over naar de katholieke kerk. In 1919 trouwen ze. Ze trekken in bij Hendriks moeder op de Bakenessergracht.

Die Duitsers graven wel diep, maar ze vinden niets

Uit zijn werk als organist en koorleider van de St. Josephkerk
ontstaat organisch het ene na het andere religieuze koorwerk.
Op zich is dat niets bijzonders. Bijna elke kerkorganist die
ook koordirigent is, schrijft muziek voor uitvoeringen in de
eigen kerk. Maar de muziek van Hendrik Andriessen dringt
al gauw door de muren van de St. Josephkerk naar buiten. In
zijn vurige orgelstuk *Fête-Dieu* uit 1918 geeft hij uiting aan zijn
verdriet en verontwaardiging om de in de Eerste Wereldoorlog vernietigde kathedraal van Reims. Het wordt uitgevoerd
door zijn leraar, de Haarlemse stadsorganist Louis Robert, in
de Grote of St. Bavokerk in Haarlem. Zijn in 1919 geschreven
motet *Tantum ergo* voor a-capella mannenkoor zal tien jaar
later in Genève klinken. De kerk en het geloof zijn belangrijke,
maar niet de enige inspiratiebronnen voor Hendrik. Al vanaf
het begin schrijft hij ook wereldlijke liederen en kamermuziek.
Uit zijn liefde voor Tine ontstaat *Magna Res est Amor*, een lied
voor sopraan en orgel dat ontroert door de mengeling van geweldige blijdschap en pure devotie. In 1920 begint hij aan wat
in die tijd geldt als het ultieme bewijs van meesterschap: een
symfonie. Hij zal er tien jaar over doen. In 1930 is zijn *Eerste
symfonie* voltooid.

In de loop van die tien jaar wordt zijn naam als organist en
componist binnen en buiten Nederland bekend. Hij gaat op
tournee met Mia Peltenburg, een van de beste zangeressen van
Nederland. Zij voeren samen in België en Duitsland zijn liederen uit. In Parijs bezoekt hij de componisten Vincent d'Indy
en Gabriel Pierné, die enthousiast zijn over zijn werk. Daar
komt Andriessen ook in contact met de revolutionaire componist Darius Milhaud. Hij haalt hem in 1923 naar Nederland

De jonge Hendrik Andriessen omstreeks 1910. (Bron: familiearchief)

om voor de studenten van het Sweelinck Conservatorium een lezing te houden over het moderne componeren (Hendrik is hier dan docent, en dirigent van het Amsterdamsche Studenten Muziekgezelschap J.Pz. Sweelinck). Na afloop voert hij samen met Milhaud diens vers gecomponeerde *La Création du Monde* uit, een stuk vol swingende jazz en triviale cafédeuntjes.[11]

Hendrik Andriessen heeft een open oor voor nieuwe experimentele muziek, vooral als die uit Frankrijk komt. Van Duitse componisten, met uitzondering van Bach en Hugo Wolf, moet hij weinig hebben. Dat valt op in een tijd waarin de Duitse cultuur overheerst. 'Al wat uit Duitschland hierheen komt, vindt men per se ideaal,' schreef muziekcriticus en componist Matthijs Vermeulen al in 1910 in *De Groene Amsterdammer*. Hendrik vindt Duitse muziek vaak sentimenteel en moeilijk-doenerig. 'Die Duitsers graven wel diep, maar ze vinden niets,'

De jonge Hendrik gebeeldhouwd door Jan Bronner. Het kopje staat in de Philharmonie van Haarlem. In de Utrechtse St. Catharinakathedraal staat een kopie.

zegt hij, 'Fransen doen dat niet, want ze weten: de waarheid ligt net onder de oppervlakte.'[12] In Andriessens eigen composities zijn invloeden te horen van onder meer de Belgisch-Franse componist César Franck (Hendrik schrijft in 1941 een beknopte biografie over hem) en het Franse impressionisme.[13] Erg opzienbarend of revolutionair zijn de wereldlijke werken van Hendrik Andriessen over het algemeen niet, maar voor zijn kerkmuziek ligt dat anders. Zijn missen en andere religieuze werken klinken vernieuwend en fris. Helderder en serener dan de romantische kerkmuziek die op dat moment in zwang is. Melodieuzer en dramatischer dan de neo-Palestrinastijl die daar weer een reactie op is.

Het was niet een bepaalde compositie of gebeurtenis die er voor zorgt dat Hendrik Andriessen landelijk bekend wordt als componist. Die ontwikkeling vindt heel geleidelijk plaats. Verschillende van zijn composities, zoals het lyrische *Magna Res est Amor* uit 1919, of de tedere en aangrijpende liederencyclus *Miroir de peine* uit 1923, doen het goed bij het publiek. Ze zullen later verschillende keren op lp en cd worden opgenomen.[14] Om nu te zeggen dat hij hiermee een grote naam als componist vestigt is te veel gezegd. Maar op 1 oktober 1930 wordt zijn *Eerste symfonie* uitgevoerd onder leiding van Eduard van Beinum, een van de beste dirigenten van Nederland. Het is een teken dat hij serieus genomen wordt als componist.

Nog altijd is hij de opvolger van zijn vader aan de Haarlemse St. Josephkerk en hij woont, inmiddels met Tine en vijf kinderen, bij zijn moeder in zijn geboortehuis. Maar ook dat gaat veranderen.

In de eerste plaats componist

In 1934 krijgt Hendrik Andriessen het aanbod directeur, organist en kerkcomponist te worden van de Utrechtse St. Catharinakathedraal.

Utrecht is een plezierige stad voor zowel katholieken als voor
componisten en musici. De kathedraal, de enige middeleeuwse
kerk in Utrecht die na de godsdienstvrijheid in 1795 werd terug-
gegeven aan de katholieken, is de hoofdkerk van de katholieke
kerkprovincie. Er staat een mooi Maarschalkerweerd-orgel en
er is een koor van zangers die van jongs af aan zijn getraind in
het gerenommeerde Utrechtse Kathedrale Koor, waaraan Hendrik al les geeft voor hij in Utrecht gaat wonen.

Ondanks de crisisarmoede (in concertzaal Tivoli hangen collectebussen voor het noodlijdende orkest) speelt het
Utrechts Symfonie Orkest (uso) op hoog niveau, en brengt het
ene bijzondere concertprogramma na het andere onder leiding
van grote dirigenten als Eduard van Beinum en Evert Cornelis.
De Toonkunst Muziekschool is dankzij de inspanningen van
componist en directeur Johan Wagenaar bezig een hoogwaar-
dig conservatorium te worden, en naast het officiële muziekleven zijn flink wat kamermuziekensembles en koren actief.
Bovendien houden ze in Utrecht van de nieuwe Franse muziek
waar Hendrik Andriessen ook dol op is. Al in 1929 voerde het
uso Debussy's opera *Pelléas et Mélisande* uit. In hetzelfde jaar
werd er een Honeggerfestival georganiseerd, waar de Franse
componist Arthur Honegger zelf bij aanwezig was. Milhaud dirigeerde in 1932 het Utrechts Kamerorkest in een programma
met eigen composities. Er is ook veel belangstelling voor eigentijdse Nederlandse muziek en zelfs (dan al) voor authentieke
uitvoeringen van oude muziek.[15]

Hendrik Andriessen hoeft dus niet lang na te denken over het aanbod. Hij gaat met Tine en hun vijf kinderen wonen op de Utrechtse Herenstraat 5. De verhuisdozen zijn nog maar nauwelijks uitgepakt, of hij heeft zijn eerste Utrechtse bestelling al binnen: een compositie voor het lustrum van het Utrechts Studenten Concert. Toevallig hoort hij in die tijd thuis voortdurend een menuet van de onbekende Duitse componist Johann Kuhnau (1660-1722), uit het pianolesboek van een van zijn dochters. Omdat de muziek hem na al die keren nog altijd niet verveelt, besluit hij die als uitgangspunt te nemen voor zijn nieuwe werk. Hij schrijft de *Kuhnauvariaties*, waarin hij een frisse mix tot stand brengt van de vroegbarokke muziek van de Thomascantor uit Leipzig (de voorganger van Bach) en zijn eigen compositiestijl. De eerste uitvoering van het werk vindt plaats op 26 juni 1936 en is meteen een doorslaand succes. Andriessens *Kuhnauvariaties* zal binnen een paar decennia de meest gespeelde Nederlandse compositie in binnen- en buitenland worden.

Zijn werk aan de Utrechtse kathedraal bestaat uit het bespelen van het orgel tijdens zowel de reguliere als de bijzondere kerkdiensten. Daarnaast wordt hij geacht kerkmuziek te componeren, de diensten in het klooster te begeleiden en het kerkkoor te trainen. De kathedraal, door de Utrechters de Catharijnekerk genoemd, is geen pompeuze kerk, gebouwd om gelovigen te imponeren. Binnen is het licht. De witgepleisterde muren en plafondgewelven zijn beschilderd met bloemen. Ook het orgel kan lichtvoetig en verend klinken. Het is een passende omgeving voor Hendrik, die diepgelovig is maar wars van welk fundamentalisme of dogmatisme dan ook. Zijn kerkmuziek weerspiegelt dat. Ze is vaak ernstig en feestelijk tegelijk, maar nooit zwaar of somber.

De *Missa Diatonica*, bijvoorbeeld, die hij in 1936 componeert, klinkt als een heldere stromende rivier.[16] Zelfs zijn passiespel *De Veertien Stonden* uit 1942, gebaseerd op de gedichtenreeks *De bloedige dagvaart ons Heeren* van Guido Gezelle, klinkt – hoewel af en toe behoorlijk dramatisch – ook vaak teder en vriendelijk.

In het voorwoord bij zijn mis *In Festo Assumptionis* (voor het feest van Maria Hemelvaart op 15 augustus), waarschuwt hij expliciet voor te veel dramatische expressie van de tekst en overdreven emotionele uitbarstingen. Met name het *Credo* moet 'helder en eenvoudig' uitgevoerd worden, vindt hij.

In de Utrechtse kathedraal een concert bijwonen van Andriessens muziek, zoals dat nog altijd af en toe kan, is een beetje begrijpen wat voor mens en componist hij was.

Zoals gebruikelijk in deze tijd worden de gelovigen bij het verlaten van de kerk begeleid door een orgelimprovisatie, het zogeheten naspel. Bij Andriessen loopt dat vaak uit op een alternatief en gratis orgelconcert. Orgelkenners en andere muziekliefhebbers – lang niet alleen katholieken – krijgen er al gauw lucht van. Daardoor komt het regelmatig voor dat, terwijl de parochianen tijdens de afsluitende orgelklanken van Hendrik Andriessen de kerk uit wandelen, van elders uit de stad muziekliefhebbers het kerkplein aan de Lange Nieuwstraat op stromen om te komen luisteren. Zo'n zeventig jaar later herinnert een ooggetuige zich nog levendig hoe dat ging: 'Zondag na de hoogmis gaf Hendrik Andriessen improvisaties. Daar kwamen horden mensen op af. Ik bleef ook vaak luisteren met mijn familie. Soms verdacht ik hem er wel eens van dat hij een populair liedje parafraseerde, maar voor je het wist was het weer weg. Ik weet het nog steeds niet zeker of hij dat deed, maar ik zag hem er wel voor aan.'[17]

Het gezin van Hendrik en Tine in 1927 in Haarlem. Met Nico, Gesina (Hiek),
Helena (Leentje) en Jurriaan. (Bron: Nederlands Muziek Instituut)

Binnen een paar jaar heeft Hendrik Andriessen naast de functies die hij al had (kathedraalorganist, koorleider, conservatoriumdocent in Amsterdam, muziekcriticus en componist) in Utrecht zijn zesde baan te pakken: in 1937 wordt hij directeur van het Utrechts conservatorium. Die andere banen blijft hij aanhouden. Voor een deel omdat hij het niet laten kan, maar het is ook bittere noodzaak: van het salaris van conservatoriumdirecteur kan hij de huur van het huis in de Herenstraat (zo'n 60 gulden per maand) niet eens betalen, laat staan een gezin met vijf kinderen onderhouden. Tijd om te componeren blijft er haast niet over, behalve dan in de vakanties.[18] Toch voelt hij zich altijd in de eerste plaats componist.[19] Al heeft hij nauwelijks tijd om achter zijn bureau te zitten en muziek te schrijven, hij componeert voortdurend. De muziek die in hem opkomt, bewaart hij in zijn hoofd. Hij heeft een geheugen als een ijzeren pot waarin zijn muzikale invallen liggen te rijpen tot ze gebruikt kunnen worden. Daarnaast beschikt hij over een jaloersmakend vertrouwen in zijn eigen talent, vakmanschap en muzikale intuïtie: 'Wanneer ik een tijd rondliep met muziek die ik wilde maken, en het hield zich goed tot een vakantie, dan componeerde ik het in die vakantie. En al die tijd lette ik er op dat mijn stuk goed zou worden.'[20]

Hoe dat werkte in het brein van Andriessen is een raadsel. Hoe hield hij die ideeën vast terwijl hij vergaderingen bijwoonde van het Utrechtse Genootschap voor Kunsten en Wetenschappen, lezingen hield, boeken en partituren las, muziek van andere componisten beluisterde, les gaf of concerten gaf? Bovendien moet zijn grote gezin met vijf opgroeiende kinderen hem tijd en aandacht hebben gekost.

Warmte en hartelijkheid

Omstreeks 1934 bestond het gezin uit Hendrik, Tine en hun vijf kinderen. De vijftienjarige dochter Gesina – die door iedereen Hiek of Gezientje genoemd werd – zong en danste. De veertienjarige Helena – Leentje – speelde fluit en piano. Nico van twaalf tekende goed en speelde het liefst de hele dag Bach op de piano. De tienjarige Jurriaan componeerde al ('deuntjes verzinnen' werd het genoemd), en kleine Caecilia van drie kreeg haar eerste pianolessen van haar moeder. 'Dat waren geen gewone lessen,' vertelt ze, 'dat ging spelenderwijs. Dan zaten we samen aan de piano en deden we spelletjes en zo leerde je pianospelen. Geniaal! Als ik zelf pianolessen geef, hoor ik mezelf opeens iets zeggen, waarvan ik denk: dat zei mamma ook altijd.'

Over haar vader zegt ze: 'We zagen hem niet zo veel (…) Maar als hij er was, aan tafel bijvoorbeeld, dan waren er wel altijd veel gesprekken. Daar leerden we als kinderen heel veel van. Want het ging nooit over flutonderwerpen, maar vaak over kunst of over een boek dat hij net aan het lezen was. Ik weet nog goed dat hij Dostojevski las. Daar was hij dan zo van onder de indruk dat hij er aan tafel veel over vertelde.' Gelachen werd er ook aan tafel. Toenmalig kindermeisje Jeanne Eckhardt-Van Veluw: 'Soms hoorden we een vreselijk gelach uit de kamer komen en riepen ze: "Kom eens kijken." Dan deed Hendrik met uitpuilende ogen een vis na.'[21] Op zondagmiddag, wanneer vader Andriessen eindelijk even vrij had, las hij voor. Niet uit brave katholieke kinderlectuur, maar uit *Winnie-the-Pooh* of uit boeken van Charles Dickens. Tijdens verjaardagen of andere feesten werd er 'charade' gespeeld. Een clubje bedacht een uitdrukking of gezegde en beeldde dat lettergreep voor lettergreep uit. Ook daar was Hendrik erg goed in. En schrijven kon hij ook al.

Caecilia en haar moeder Tine, omstreeks 1940. (Bron: familiearchief)

Verlammend, zo'n vader? Louis Andriessen, Hendriks jongste zoon, die in 1939 in Utrecht werd geboren, ervoer zijn vader als stimulerend en positief: 'Ik ben opgegroeid met het besef dat als je iets doet, dat alleen maar leuk is als je het goed doet.' Caecilia: 'Het was normaal als je iets goed deed. Mijn vader gaf nooit complimentjes. Dat deed mijn moeder wel, die compenseerde dat.' Tine hield de boel draaiende. Zij zorgde voor de feestjes en de gezelligheid, maakte dat half kunstminnend Nederland graag over de vloer kwam, vermaande en prees waar nodig en leerde alle kinderen pianospelen. Naast haar kon Hendrik zijn wie hij moest zijn: iemand die leefde voor de muziek. Zij was het hart van Herenstraat 5.

Het Andriessenhuis werd een pleisterplaats voor musici en andere kunstenaars. Zangeres Jo Vincent kwam regelmatig over de vloer, Hendriks broer en pianist Willem Andriessen, orkestleden van het Utrechts Symfonie Orkest, binnen- en buitenlandse solisten die in Utrecht optraden, en mensen van het conservatorium. 'Herenstraat 5 was een begrip,' zegt pianiste/klaveciniste Liesbeth Hoppen. Als veelbelovend pianotalentje werd ze op haar zesde door haar pianolerares Annie van Os meegenomen naar de Andriessens. Ze werd meteen verliefd. In eerste instantie op Jurriaan, maar al gauw ook op de hele familie. 'Om de hartelijkheid, het 'gewoon'-doen en om de gesprekken: ik kwam oren te kort. Maar het was voor alles Hendrik. Hij straalde iets uit, een muzikaal weten. Dat voelde ik vanaf de eerste keer dat ik hem zag. Hij kon zich naar je buigen, maar hij was nooit neerbuigend. En altijd die humor! Ik liep er soms alleen maar langs, langs dat huis. Dan hoorde ik Bach spelen. Dat moest dan Nico geweest zijn, die speelde altijd Bach.'[22]

Er waren er meer die vanaf het moment dat ze een voet over de drempel van Herenstaat 5 zetten in de ban raakten van de sfeer die Hendrik en zijn familie uitstraalden. Voor de uit Brabant afkomstige medicijnenstudent Matthieu – Thieu – Wertenbroek werd het een tweede thuis, waar hij in aanraking kwam met een wereld die hij niet kende. 'Er was warmte en hartelijkheid. Het kon er bruisen van esprit maar ook stil zijn. Dan zaten we boven in de studeerkamer van Hendrik. Die zat in zijn stoel met een pijp en las een partituur alsof het een boek was! Dat iemand dat kon, daar kon ik niet over uit. Af en toe sloeg hij een bladzijde om, fabuleus! De kinderen zaten aan hun huiswerk, Nico speelde Bach. Soms speelde Jurriaan iets wat hij zelf gecomponeerd had en zong Hiek liederen van Fauré, Chausson of Hugo Wolf.'[23]

Thieu Wertenbroek woonde in een groot studentenhuis aan de Oudegracht waar ook Manus Willemse woonde, de latere chef muziek bij de KRO, die Jurriaan regelmatig met zijn huiswerk hielp. Architect, ontwerper en beeldend kunstenaar Gerrit Rietveld had er zijn atelier en Hendriks oudste dochters huurden er een ruimte die ze bestempelden als hun boudoir, waar ze muziek maakten en tekenden. Het Utrecht waar Hendrik Andriessen terechtgekomen was, had een bloeiend cultureel leven. De stad herbergde veel bekende kunstenaars, onder wie beeldend kunstenaar Pyke Koch, de dichters Jan Engelman en Martinus Nijhoff, en componisten als Johan Wagenaar en Jan van Gilse. Josine van Dam van Isselt – de geheime minnares van Nijhoff – woonde maar een paar huizen verder in de Herenstraat. En schrijver over muziek en componist Wouter Paap woonde ook al in de Herenstraat. Dat zorgde voor het ontstaan van een van de vele familiegrappen: 'Wouter Paap, niet eens de beste componist van de Herenstraat.'

Hendrik met zijn jongste zoon Louis omstreeks 1940. (Bron: familiearchief)

Dat kunstzinnige en kleurrijke Utrecht kreeg er in de loop van de jaren dertig een akelig vaal kleurtje bij. Aan de Oudegracht streek de fascistische organisatie van Anton Mussert neer. In januari 1935 hield hij een toespraak in Tivoli. Het liep storm zodat er twee zalen afgehuurd moesten worden. Musserts toespraak werd zelfs in zijn geheel in het *Utrechts Nieuwsblad* afgedrukt. 'Thans leven we in een democratie die het volk aan stukken slaat. Indien het fascisme niet gekomen was zou ook in de toekomst niets veranderen.' Hendrik en zijn familie zouden de komende jaren onzacht in aanraking komen met dat fascisme.

2 Gijzeling, uitvoeringsverbod, onderduik en verzet

Het lijkt hier wel een soort bootreis; men komt nooit van 't schip af en we zeilen maar, en Onze lieve Heer houdt 't roer

'Ziezoo, mijn corveedienst is klaar; schoenen gepoetst, opnieuw gewasschen; nu kan ik rustig gaan schrijven. Als je eens wist wat een brief van je beteekende voor mij! Ik krijg almaar brieven (ik zal ze morgen eens tellen) allemaal uiterst hartelijk en trouwhartig, maar één brief van jou en de kinderen is duizend andere waard. Schrijf mij altijd, altijd en nog eens altijd.'

Het opgewekte huiselijke verslagje slaat plotseling om in een mantra, een bezwering. Even kiert de machteloosheid door de manmoedigheid. Als Hendrik Andriessen deze woorden schrijft, zit hij ruim twee weken gevangen in een gijzelingskamp. Op maandag 13 juli 1942 wordt hij 's morgens om zes uur van zijn bed gelicht en samen met honderden andere Nederlandse mannen gevangengezet in kamp Sint-Michielsgestel in Noord-Brabant.[1] Bovenstaand citaat komt uit zijn derde brief.[2]

Hendrik Andriessen hoort bij de tweede groep van 'lieden die vroeger in het politieke, maar ook in het economische leven een rol hebben gespeeld en wier uitschakeling om politieke redenen doelmatig is,' zoals rijkscommissaris Seyss-Inquart het formuleerde. Een paar maanden eerder, in mei van dat jaar, was er al een groot aantal gijzelaars naar het kleinseminarie Beekvliet bij Sint-Michielsgestel afgevoerd. 'Deze gijzelaars,' stond in *De Telegraaf* te lezen, 'zullen bij daden van sabotage der bevolking aangepakt worden. Zij staan borg met hun leven.'

In de zomer van 1942 toont de bezetter steeds vaker en dreigender zijn tanden. Joden mogen niet meer op straat zonder gele ster en de bordjes met de tekst 'Voor joden verboden' schieten als giftige paddestoelen overal uit de grond. Het muziekleven (de orkesten en conservatoria) is al 'geariseerd' (van joden ontdaan); de ene na de andere Joodse familie duikt onder. Een dag na Hendriks gijzeling vindt de eerste grote razzia in Amsterdam plaats. Weer een dag later vertrekt de eerste trein met Joden naar Auschwitz.[3]

Die aankondiging in *De Telegraaf* was geen loos dreigement. Andriessen zit nauwelijks een maand in het kamp of er worden in de buurt van het seminarie vijf gijzelaars gefusilleerd als represaillemaatregel voor een (overigens mislukte) aanslag op een trein met Duitse verlofgangers. Omdat de aanslag in Rotterdam is gepleegd, zijn de geëxecuteerden allemaal Rotterdammers. De terechtstelling vindt plaats op zaterdag 15 augustus 1942, 's morgens vroeg. Het is een windstille ochtend en de gevangenen moeten de schoten wel gehoord hebben.[4] In de streng gecensureerde brieven van de 'Civiel Geïnterneerde' Andriessen is er maar één zinnetje over terug te vinden: 'Zoals je weet hebben wij hier emotievolle dagen doorgebracht,' schrijft hij op 18 augustus 1942 aan zijn vrouw.

Hendrik Andriessen achter het orgel van de St. Catharinakathedraal. (Bron: Nederlands Muziek Instituut)

Gewapend met een filosofische levensinstelling en een goedge-
mutst soort Godsvertrouwen lijkt Andriessen zich goed door
het leven achter prikkeldraad heen te slaan. 'Het lijkt hier wel
een soort bootreis; men komt nooit van 't schip af en we zeilen
maar, en Onze lieve Heer houdt 't roer,' schrijft hij in een van de
brieven naar huis. Via zijn eenentwintigjarige dochter Heleen
blijft hij ook de gang van zaken regelen op het Utrechts conservatorium, waar hij directeur is: 'Alle publicatie-plannen vind ik
goed. Het lijkt mij 't beste dat dhr. Wilderbeek als waarnemend
Directeur optreedt; kunnen jullie samen mijn spreekuur houden![5] Wat mij betreft mag jij 't alléén doen. Zie maar wat je
doet,' schrijft hij.

Andriessen schrijft aan al zijn zes kinderen, groot en klein.
De brieven aan zijn zonen worden afgesloten met 'een hand van
pappa', de meisjes krijgen 'een zoen'. Voor de kleine Louis, het
nakomertje van net drie, bewaart hij zijn liefste woorden. Hij
moedigt zijn jongste oogappel aan om vooral 'mamma aan het
lachen te maken' – het is kenmerkend voor zijn geloof in de
kracht van optimisme en lichtvoetigheid, juist in barre tijden.

Hij schrijft niet alleen veel brieven, hij improviseert en speelt
ook veel op de piano. Af en toe houdt hij een lezing. Hij studeert
wat Russisch en Spaans, volgt een cursus 'over de leer der Mystiek
bij een pater', begeleidt 'op een piemelig harmonium' de geïm-
proviseerde kerkdiensten en dirigeert de ad hoc samengestelde
orkestjes en koren. Na een paar maanden begint hij ook weer te
componeren. Het zijn vooral kleinere stukken, zoals een *Passe-
pied* voor piano en een *Pastorale* voor fluit, viool en piano, die hij
opdraagt aan 'Heleentje', zijn fluitspelende dochter. Maar er ontstaat ook een nieuw *Credo* voor zijn al in 1938 gecomponeerde
mis *Christus Rex* voor gemengd koor, mannenkoor en orgel.

Buiten de vanzelfsprekende angst om ook slachtoffer te worden van een represaillemaatregel van de Duitsers heeft hij het zo slecht nog niet in dat kamp. Er is voldoende te eten en genoeg vrije tijd. Andriessen schaamt zich er zelfs een beetje voor dat hij zo uitrust en bruin wordt. Het is bijna die hele zomer lekker weer en buiten wandelen is toegestaan. Bovendien kan hij met veel kampgenoten prima overweg. Hij komt in het kamp zelfs goede bekenden tegen, onder wie zijn zwager Piet Witteman, die met zijn jongste zus Cilia is getrouwd.[6] En hij ergert zich aan zijn klagerige 'onderslaapie' en aan de 'culturele club van mannen die op hoogstaand niveau over kunst discussiëren'.

Hendriks oudste zoon Nico als jonge architect. (Bron: familiearchief)

De samenkomsten van het groepje volksliedliefhebbers kunnen hem al helemaal niet bekoren: 'Hier wordt ook "volkszang" gepleegd door den naargeestigen heer Jop Pollmann.' De volkslieddeskundige zal later ook voorkomen in *Het Bureau* van J.J. Voskuil en ook dan komt hij er bepaald niet goed vanaf.[7] 'Zeker goed bedoeld,' gaat Hendrik in zijn brief verder, 'maar vervelend. Het is zoo'n groepje apart – Ik kijk liever naar 't voetballen!!'[8] Op 17 september 1942 viert hij in het kamp zijn vijftigste verjaardag in de recreatiezaal. Na afloop van de toespraken en de felicitaties wordt er een voetbalwedstrijd gehouden ter ere van de jarige.

Met één medegijzelaar kan Hendrik Andriessen het opperbest vinden: zijn oudere broer en pianist Willem Andriessen die op dezelfde dag gevangen is genomen. Ze wandelen en lachen veel en 'bomen over kunst'.[9] In het kamp worden ze Castor en Pollux genoemd. Ze zijn onafscheidelijk en lijken ook uiterlijk op elkaar: allebei hebben ze ongeveer hetzelfde postuur en datzelfde typische, ronde Andriessengezicht. Allebei zijn ze musicus in hart en nieren en samen transformeren ze het gijzelingskamp regelmatig tot een concertgebouw, waaruit de bezoekers weliswaar niet weg kunnen lopen, maar waar ze dat feit ook af en toe kunnen vergeten.

U applaudisseert nu wel dames en heren, maar als ik morgen een heel klein spiertje in mijn hand beschadig, waardoor ik niet meer kan pianospelen, dan bent u mij al heel spoedig vergeten

Willem Andriessen (1887-1964) is vijf jaar ouder dan Hendrik. Hij is de oudste van de zes kinderen van Nicolaas en Gesina. Op het moment van zijn gijzeling is hij directeur van het Amsterdams conservatorium en een van de beste pianisten van Nederland. Er is al jaren geen concertseizoen voorbijgegaan zonder dat hij op de grote Nederlandse podia te horen en te zien was. Hij brengt de grote klassieke pianowerken van Mozart, Beethoven en Brahms en wordt geroemd om zijn uitvoeringen van Debussy, Franck en Ravel. Willem speelt ook regelmatig eigentijdse Nederlandse muziek en breekt graag een lans voor minder bekende composities, zoals die van zijn stadgenoot Leonard Schlegel.[10] Hij soleert bij de belangrijkste orkesten en onder de beste dirigenten, zoals Willem Mengelberg en Otto Klemperer, en verkeert op vriendschappelijke voet met muzikale grootheden, onder wie de violist Adolph Busch en de componisten Maurice Ravel en Max Reger. Zijn pianospel is speels, alert, integer en stijlgetrouw. Als hij Mozart speelt, streeft hij ernaar dat in de geest van Mozart te doen, ook al doet hij dat op een romantische vleugel (net als praktisch iedereen – goede fortepiano's zijn er nog nauwelijks). Egotripperij is hem vreemd en dat is aan zijn plaatopnamen af te horen.[11] Hij wordt een 'oer-Hollandse pianist' genoemd, die lyrische episodes nooit week of sentimenteel speelt.

De koppen boven de recensies van zijn optredens in de kranten uit de eerste drie decennia van de twintigste eeuw bevatten steevast woorden als 'eerlijk' of 'onopgesmukt' en beschrijvingen als 'briljant, zonder effectbejag'.[12] Willem Andriessen kan poëtisch zijn in zijn interpretatie en tegelijkertijd objectief.[13] Volgens kenners bezit hij alle kwaliteiten voor een internationale carrière, maar afgezien van een concertreis door Europa met de destijds beroemde Weense zanger Franz Steiner zal hij nauwelijks in het buitenland spelen. Daar doet hij, uit gebrek aan ambitie of uit bescheidenheid, ook geen moeite voor.

Willem Andriessen is in de eerste plaats pianist, maar hij componeert ook. Vooral (religieuze) koorwerken, pianomuziek en liederen. Hoewel hij lang niet zoveel werken componeert als zijn broer, schrijft hij wel een soort compositie die Hendrik Andriessen nooit uit zijn pen zal krijgen: een pianoconcert. Willems pianoconcert is een 'gul-romantisch stuk met virtuoze allure', volgens muziekcriticus Wouter Paap. Willem schreef het op zijn eenentwintigste voor zijn eindexamen piano aan het conservatorium van Amsterdam. Hij won er in 1908 de Prix d'Excellence mee en was daarmee meteen ook de eerste Nederlandse pianist die deze 'Prijs van Uitmuntendheid' behaalde.[14] Ze waren in Haarlem zo trots op hun stadgenoot dat er in die tijd zelfs even sigaren van het 'merk' Willem Andriessen te krijgen waren.[15]

In het kamp daagt Willem zijn broer Hendrik uit nu toch eindelijk eens een pianoconcert voor hem te componeren. Dat is er nooit gekomen.[16]

De eerste weken in het kamp is Willem, die door zijn omgeving wordt beschreven als een 'gemoedelijk' en 'gelijkmatig' mens, volslagen de kluts kwijt. 'Hij liep als een verdwaalde hond tussen de andere gijzelaars te zenuwen,' zo beschrijft Hendrik Andriessen jaren later de gemoedstoestand van zijn broer.[17] Ten einde raad schrijft Willem naar een paar Amsterdamse pianohandelaars met het verzoek hem een piano te sturen. Dat dit verzoek ondanks de oorlogsperikelen bijna per kerende post wordt ingewilligd zegt veel over hoe Willem Andriessen als pianist gewaardeerd wordt. Er worden zelfs drie instrumenten geleverd: een concertvleugel, een harmonium en een gewone piano. Vanaf het moment dat ze in het kamp worden afgeleverd en hij zijn vertrouwde studieroutine kan opnemen vindt Willem Andriessen zijn evenwicht terug.

In het kampblad *Adam in Ballingschap* worden Willem en Hendrik samen geïnterviewd. Willem: 'We zijn nooit tegen elkaar opgebotst, al hebben we wel verschillen van opvatting. Maar wij maken geen ruzie, omdat we het zonde van de tijd vinden. Mijn broer is een beetje zwijgzamer, ik ben de grootste kletskous.' Willem is wat milder en wat afwachtender van aard dan zijn jongere broer, maar gevoel voor humor en relativeringsvermogen heeft hij minstens evenveel.

De vele anekdotes die er over Willem Andriessen de ronde deden (en nog altijd doen) spreken wat dat betreft boekdelen. Zo kwam de wereldberoemde natuurkundige Albert Einstein eens een avondje bij Willem muziek maken. Hij had de naam een niet onverdienstelijk amateurviolist te zijn. Maar Willem was totaal niet onder de indruk van het genie onder zijn dak, en merkte op dat de man niet kon tellen.[18]

Na afloop van een concert ter ere van zijn vijftigste verjaardag zei hij nadat het uitbundige applaus was weggestorven: 'U applaudisseert nu wel dames en heren, maar als ik morgen een heel klein spiertje in mijn hand beschadig, waardoor ik niet meer kan pianospelen, dan bent u mij al heel spoedig vergeten.'[19] Bij een ander concert hield hij midden in zijn spel op om te zeggen: 'Dames en heren, ik geloof dat ik dit stuk nog eens goed moet studeren.' Zijn huzarenstuk op het gebied van koelbloedigheid, improvisatie- en relativeringsvermogen is een roemrucht geworden uitvoering van het *Vierde pianoconcert* van Beethoven, een werk waarmee hij furore maakte en waarvoor hij zijn eigen cadensen had geschreven. Pianiste Liesbeth Hoppen vertelt het: 'Vlak voordat hij op moest, realiseerde hij zich opeens dat hij niet meer wist hoe hij de vijf maten pianosolo, waarmee

Mari Andriessen in zijn atelier. (Bron: familiearchief)

het concert opent, moest spelen. Hij maakte zich niet al te druk want dacht: als ik het podium op loop en de vleugel zie, weet ik het wel weer. Toen dat niet het geval bleek, dacht hij: als ik mijn handen op de toetsen leg, komen de noten vanzelf. Maar ook dat gebeurde niet. De dirigent hief zijn stokje: er was geen ontkomen meer aan. Het enige wat hij wist was de toonsoort; dat de inleiding niet al te lang duurde; en dat er nogal wat akkoorden in voorkwamen. Gebaseerd op die gegevens improviseerde hij ter plekke een introductie in de stijl van Beethoven. Later kon hij het verhaal niet vaak genoeg vertellen. Vooral de erbij horende beschrijving van de uitdrukking op het gezicht van de dirigent zorgde steevast voor schaterlachende toehoorders.'

Ook over Willem Andriessen als pianodocent op het Amsterdams conservatorium zijn er verhalen te over. Die komen over het algemeen op hetzelfde neer, namelijk dat hij géén les gaf. 'De lessen van Willem Andriessen? Die gaf geen les!' vertelt Liesbeth Hoppen. De in 1985 overleden pianist, componist en pianodocent Wolfgang Wijdeveld schreef in zijn *Herinneringen*: 'Les had ik van Willem Andriessen, die niet zoveel tijd voor z'n leerlingen had. Hij gaf toen veel recitals en was zeker de bekendste pianist in Nederland. Andriessen kon wel prachtig voorspelen. Vooral Bachs *Italiaans Concert*, of Brahms' *Händelvariaties* of Franck. Maar lesgeven en iemand leren studeren, ho maar. Hij liet je bijvoorbeeld een hele sonate van Beethoven spelen, zonder dat hij daar iets bij zei. Als je klaar was zei hij: "Daar ben ik niet helemaal ontevreden over."'

In het gijzelingskamp wordt Willem Andriessen vanwege verregaande onhandigheid ontslagen van corveedienst.[20] Zo heeft hij tijd over om beide delen van Bachs *Das Wohltemperierte Klavier*

uit het hoofd te leren en elke dag uren te studeren. Voor een uitvoering in het kamp componeert hij muziek bij Vondels treurspel
Lucifer, waarbij een kapelaan en een wethouder de solopartijen
zingen.[21] Daarnaast geeft hij bijna elke zondag twee concerten.
Voorafgaand aan zo'n recital vertelt hij zijn lotgenoten van alles
over de muziek die hij gaat spelen. Dat gaat zo goed, dat hij dat
ook na de oorlog zal blijven doen. Hij praat even gemakkelijk als
hij schrijft. Dat blijkt ook uit de opstellen over muziek die hij in
de jaren vijftig zal schrijven in het *Haarlems Dagblad* en uit zijn
wekelijkse radiopraatjes over componisten, *Muzikale Aspecten,*
die hij van 1946 tot 1965 zal houden bij de KRO.[22]

In de herfst van 1942 worden de gijzelaars in fasen vrijgelaten. De mannen met de meeste kinderen mogen het eerst naar
huis. Willem heeft er maar twee en moet tot 1 februari 1943
wachten voor hij vrijgelaten wordt. Voor hij vertrekt, speelt hij
nog één keer een concert voor de achterblijvers, met als toegift
een kerstlied dat hij in het kamp heeft gecomponeerd.[23]

Hendrik mocht dankzij zijn zes kinderen al eerder naar
huis, op 17 december 1942.

Waar staan die Joodse noten?

'Ik herinner me gek genoeg niet zijn arrestatie, maar wel zijn
thuiskomst,' vertelt Louis Andriessen jaren later over de thuiskomst van zijn vader. 'Ik herinner me dat er een buitengewoon
aardige man thuiskwam. Dat is alles. Heel wonderlijk, een gevoel van warmte.'[24]

De blijdschap om Hendriks vrijlating krijgt al snel een
domper. In november 1941 was officieel de Kultuurkamer ingesteld, een door de bezetters gecontroleerde organisatie waar

Nederlandse kunstenaars verplicht waren zich bij aan te sluiten. Musici moesten dat doen bij de onderafdeling Muziekgilde. Het grootste deel van hen negeerde de oproep, misschien wel in de hoop dat het vanzelf weer zou overwaaien. Anderen, onder wie Willem Andriessen en componist Jan van Gilse,[25] verzetten zich openlijk tegen de plannen. Al met al schoot het niet erg op met die Kultuurkamer.

Maar kort nadat Hendrik begin 1943 zijn plaats in de directeurskamer van het Utrechts conservatorium weer heeft ingenomen, voeren de bezetters de druk op. Hendriks jongste dochter Caecilia, dan een jaar of dertien: 'Iedereen in huis had de instructie gekregen: "Als er telefoon komt van de Kultuurkamer ben ik niet thuis!" Nu was hij al nooit thuis, dus dat was niet moeilijk, en alle post die hij erover kreeg, ging ongeopend de prullenmand in.' Maar als twee gedelegeerden van de Kultuurkamer hem in het conservatorium opzoeken kan Hendrik er niet meer omheen. Hij verzoekt de heren vriendelijk in een partituur van Mendelssohn de 'Joodse noten' aan te wijzen, en weigert openlijk lid te worden. Hij wordt gestraft met een uitvoeringsverbod. Zijn functie als conservatoriumdirecteur mag hij blijven uitoefenen. Ook zijn werk aan de Utrechtse kathedraal kan gewoon doorgaan. (Caecilia: 'Dat was godsdienst en geen kunst, vonden ze; hetgeen een misverstand is.')

In die tijd begint Jurriaan, Hendriks zeventienjarige zoon, naam te maken als componist. Maar als een jonge Utrechtse pianist zijn *Concertino voor piano en orkest* in première wil brengen, weigert hij: 'Als de muziek van mijn vader niet gespeeld mag worden, mogen ze mijn muziek ook niet spelen.'

Er breken nog meer bange dagen aan voor de familie. Andriessens zonen Nico en Jurriaan moeten zich in huis schuilhouden, omdat ze elk moment opgeroepen kunnen worden voor de Arbeitseinsatz. Jurriaan wordt toch ingerekend, maar snel weer vrijgelaten vanwege een hartprobleem. Maar Nico wordt opgepakt en op transport gezet naar Duitsland. Als de trein net over de IJssel even vaart mindert, wurmt hij zich door een wc-raampje naar buiten en ontsnapt. Met een geleende schop over zijn schouder slentert hij quasi-nonchalant over de zwaarbewaakte IJsselbrug. Hij weet Lunteren te bereiken, waar hij mensen kent en een fiets krijgt. Daarmee rijdt hij, verkleed als meisje, terug naar Utrecht. Een populaire familieanekdote is dat een oude man hem op de Grebbeberg nog heeft nageroepen: 'Nou, juffrouw, u trapt er ook lustig op los!'[26]

Ondanks het steeds slechter functionerende openbaar vervoer en het slinkende aantal studenten – ze hielden zich schuil of waren opgeroepen voor de Arbeitseinsatz – bleef het Utrechts conservatorium draaien. 'Het was een hartverwarmende tijd,' vertelt ex-studente Liesbeth Hoppen over het oorlogsjaar 1943. 'Het was ijskoud, we moesten steeds zelf de grote kachel aanmaken en mochten geen concerten meer geven. Maar er was veel saamhorigheid. In de oude kantine hielden we eindeloze gesprekken. Soms ging er dan ergens een deur open en riep iemand: "Och, wil je even binnenkomen, we willen zo dolgraag dat pianokwartet spelen." We hadden zo'n honger naar muziek. En Hendrik Andriessen bestierde dat allemaal en deed dat ontzettend goed. Hij bepaalde heel erg die warme sfeer.'

De hongerwinter van '44-'45 brengt de familie, inmiddels uitgebreid met dochter Gesina's verloofde Daan de Lange,[27] voor een belangrijk deel door in de enige kamer van het huis waar

Links: Hendrik Andriessen en zijn jongste zoon Louis op de Oudegracht in Utrecht. Rechts: Hendrik en Tine met Louis achter hun huis aan de Herenstraat. (Bron: familiearchief)

een kachel staat en waar ook de vleugel naartoe is gesleept. Bij gebrek aan gas en licht is er soms een stompje kaars, door Hendrik uit de kerk meegenomen, of een pitje gedrenkt in olie. Daarbij lezen ze elkaar avond na avond om de beurt voor uit *The Pickwick Papers* van Charles Dickens. Wanneer het uit is en de winter nog niet afgelopen, schrijft Hendrik een opstelwedstrijd uit over het boek. De jury bestaat uit Daan de Lange, hijzelf en Tine. Nico wint. Hij heeft het hele opstel in dezelfde absurdistisch-deftige negentiende-eeuwse stijl van het boek geschreven.

De mens, elk mens, ieder leven is een tijdperk

Nico Andriessen (1923-1996), Hendriks oudste zoon, speelt uitstekend piano en componeert fuga's. Hij had graag de muziek in gewild, maar Hendrik besluit anders, net als zijn eigen vader deed toen hij hem de journalistiek in praatte. En hoe vriendelijk Andriessen ook is voor zijn kinderen, hij is geen man waar je als kind gemakkelijk tegenin gaat. Bovendien wordt er in huize Andriessen niet gepraat over persoonlijke gevoelens en problemen en al helemaal niet over conflicten. Ruzie, onenigheid, geschreeuw, daar kan Hendrik Andriessen niet tegen. Als zijn kinderen elkaar in de haren vliegen en Tine ongeduldig uitvalt, vermaant hij ze machteloos dat ze in vrede met elkaar moeten omgaan. Het in toom houden van de lastige jongetjes van het koor van de Utrechtse kathedraal vindt hij ook vreselijk.[28]

Nico wordt dus geen musicus, maar architect. Gaat dus niet naar het conservatorium, maar doet hbs-b in Utrecht. Hij is een lastige puber. Hij blijft twee keer zitten in dezelfde klas. Zijn hele schooltijd door heeft hij stiekem zitten tekenen. Het ene na het andere bloknootje vol, met op elk blaadje hetzelfde tekeningetje met één klein verschil. Als je ze snel doorbladert zie je een filmpje. Zijn moeder Tine bewaart die 'filmpjes': ze stopt ze bij elkaar in een mapje waarop ze met haar typerende gevoel humor 'waarom Nico bleef zitten' schrijft. Als blijkt dat hij graag architect wil worden, gaan zijn ouders praten met de bevriende architect Willem Maas (ontwerper van o.a. de KRO-studio). Die adviseert hen om Nico naar een technische school te laten gaan. Vanaf dat moment valt alles op zijn plek voor Nico. Na die opleiding komt hij terecht op het Haarlemse atelier van Bijvoet en Holt en de Academie voor bouwkunst.

Nico Andriessen trouwt in juni 1950 met Marianne Canoy, en gaat wonen in zijn geboortestad Haarlem. Ze krijgen drie kinderen: Jurriaan, Nicolette en Tesselschade. De liefde voor muziek die hij van thuis heeft meegekregen is nooit verdwenen: hij zal zijn hele leven lang piano en klavecimbel blijven spelen. Een andere jeugdliefde gaat ook nooit meer over: die voor Charles Dickens. In 1956 richt Nico met schrijver Godfried Bomans de Dickens Fellowship Haarlem Branch op. Vanaf 1966 wordt Nico Andriessen stadsarchitect van Haarlem. Bij verschillende gelegenheden verklaart hij zijn liefde aan Haarlem. Hij zou in geen enkele andere stad liever stadsarchitect willen zijn. En hij is goed in zijn vak. Op zowel stedelijk als landelijk niveau speelt hij een belangrijke rol op het gebied van stadsvernieuwing. Verschillende van de wijken waarvoor hij nieuwe plannen ontwerpt, zoals Het Rozenprieel in Haarlem en de Amsterdamse Dapperbuurt, zijn exemplarisch voor kleinschalige, betaalbare, groene buurten. Hij is een van de eerste architecten in Nederland die bewoners inspraak geeft en die energiezuinige woningen bouwt, zoals bijvoorbeeld in Nieuwegein.

Nico wordt beschouwd als 'de knapperd' in de familie Andriessen. Hij heeft niet het ronde Andriessen-gezicht van zijn vader en broers, maar is slank en heeft een smal symmetrisch hoofd. Toch is hij in alle opzichten een Andriessen: muzikaal, kunstzinnig, belezen, en goed in het houden van zowel serieuze als onzinnige toespraken à la minute. Nico heeft, net als zijn vader, een filosofische inslag: 'bomen' is een van zijn geliefde bezigheden. 'De mens, elk mens, ieder leven is een tijdperk' is een uitspraak van hem die zijn dochter Nicolette op zijn begrafenis op 30 januari 1996 zal aanhalen. Hij is ook diep gelovig, daarin lijkt hij – misschien wel het meest van alle kinderen Andriessen – op zijn vader. Die vroomheid vloekt overigens niet met zijn lidmaatschap van Teisterbant. Deze lichtelijk anarchistische Haarlemse kunstenaarskring was in 1949 opgericht door Godfried Bomans, en onder anderen beeldend kunstenaars Kees Verwey en Anton Heyboer en schrijver Harry Mulisch maakten er deel van uit.

Ook al werd Nico Andriessen geen musicus, muziek bleef een belangrijke factor in zijn leven. Hij was meer dan twintig jaar klavecinist van het ensemble Die Haerlemsche Musyckkamer en in 1992 was hij het brein achter het Andriessen Eeuwfeest, een groots opgezet festival ter ere van het feit dat honderd jaar eerder Hendrik Andriessen was geboren. Dat hij de enige was van de zes kinderen Andriessen die zijn leven niet aan de muziek heeft kunnen wijden heeft hem volgens zijn vrouw Marianne Andriessen-Canoy altijd verdriet gedaan. Maar hij was een Andriessen: dus daar praatte hij niet over.[29]

Beeldhouwer van het verzet

In de Haarlemse kunstenaarssociëteit Teisterbant komt Nico regelmatig zijn oom Mari tegen. De beeldhouwer Mari Silvester Andriessen (1897-1979) is de jongste broer van Nico's vader, maar een totaal ander mens.

De Andriessens zijn qua uiterlijk in twee soorten onder te verdelen: Andriessens met ronde en Andriessens met smalle gezichten. Hendrik is overduidelijk van het eerste type, net als zijn broer Willem en zijn zonen Jurriaan en Louis. Mari hoort – net als zijn neef Nico – bij de tweede soort. Maar de verschillen tussen Hendrik en Mari gaan veel verder. Mari is politieker, rebelser en meer bohemien dan zijn oudere broers. Hij is bovendien stukken minder gelovig. 'Je suis athée, mais naturellement catholique,' is een veel gebezigde ironische uitspraak van hem. Zijn zoon Maap beschrijft hem als 'een bijzondere man, een echte kunstenaar (…) Van alle Andriessens was hij de gekste en de minst ambitieuze.'[30] De dichter Roland Holst (1888-1976) beschreef hem als 'een van de verrukkelijkste mensen die je in je leven kon ontmoeten.'[31] Mari is buitengewoon humoristisch, maar ook heel muzikaal. Omdat thuis de piano altijd bezet was door zijn oudere broers 'Hen' of 'Wim' heeft hij nooit goed piano leren spelen, zo vertelt hij altijd.

Zijn ouders weten aanvankelijk niet goed wat ze met hem aan moeten, maar zijn moeder Gesina herkent zijn talent voor tekenen en stuurt hem naar de bevriende beeldhouwer Jan Bronner. Na het zien van het eerste beeldje dat de jonge Mari in Bronners atelier boetseert (*De Zaaier*: het zal nog lang bij zijn zoon Maap in huis staan) zegt de beeldhouwer: 'Nu zie ik 't… je bent een beeldhouwer.'[32] Na de benodigde kunstopleidingen trouwt Mari in 1921 met Nettie Koot van de bekende pianohandel Koot uit Haarlem. Ze wordt door haar echtgenoot steevast liefdevol aangesproken met 'Koot'. Het echtpaar vestigt zich in het 'Huis met de Pilaren' aan de Wagenweg in Haarlem. Ze krijgen twee zoons: Mari, die om verwarring te voorkomen Maap wordt genoemd, en Frits.

Als de Tweede Wereldoorlog uitbreekt staat Mari Andriessen, die het tot die tijd vooral moest zien te rooien met vaak slechtbetaalde opdrachten (gevelstenen, religieuze beelden) van de katholieke kerk, op het punt door te breken als beeldhouwer. Maar eind 1940 weigert hij net als zijn broers Hendrik en Willem de afstammingsformulieren, beter bekend als de arierverklaring, in te vullen.[33] Vanaf dat moment heeft hij nauwelijks werk en inkomen. Het gezin heeft het nog extra moeilijk omdat zoon Frits lijdt aan het zeldzame syndroom van Little, een ongeneeslijke aandoening die hem spastisch en epileptisch maakt.

Mari Andriessen wordt een belangrijke figuur in het verzet. Hij biedt tijdelijk onderdak aan mensen die gevaar lopen en zoekt veilige onderduikadressen voor hen. Hij zorgt er bijvoorbeeld voor dat componist en dirigent Jan van Gilse, die zich vanaf het begin van de oorlog fel verzet tegen de nazi's, een veilig onderkomen krijgt. Vanuit het Huis met de Pilaren worden verzetsplannen gesmeed, sabotageacties georganiseerd en soms ook executies. Koeriers en verzetsstrijders komen regelmatig over de vloer, onder wie de jonge Hannie Schaft. Het 'meisje

Hendrik en Tine omstreeks 1950. (Bron: familiearchief)

met het rode haar' wordt op haar vijfentwintigste gevangenge-
nomen en geëxecuteerd.

In oktober 1944 komt de onvermijdelijke inval van de *Sicherheitspolizei*. Mari en de leden van de Raad van Verzet ver-
gaderen steeds in de voorkamer, die een handige uitbouw heeft
waardoor de Wagenweg goed in de gaten gehouden kan worden. Ze zien het gevaar dus aankomen en weten ongezien te
verdwijnen. Mari verstopt zich in het vluchtkamertje dat hij
in zijn atelier heeft gebouwd. Zijn zoon Maap die zijn invalide
broer Frits niet alleen wil laten, ontvangt de Duitsers zittend op
een emmer granaten: 'Die kerels liepen het hele huis door en
het is niet te geloven dat ze niets gezien hebben,' vertelt hij, na al
die jaren nog nagenietend. 'De wapens staken zo uit in het atelier en in de wasmand zaten Duitse uniformen die we gebruikten bij sabotageacties.' Als de bezetters de voorraad aardappelen
aantreffen vraagt hij ze koelbloedig of ze denken dat het genoeg
zal zijn tot het einde van de oorlog.

In de jaren na de oorlog wordt Mari Andriessen bekend als
de 'beeldhouwer van het verzet'. Hij ontwerpt het ene oorlogs-
monument na het andere, zoals het uit zes beelden bestaande
monument in Enschede; de *Weduwe van Putten* in Putten; *Anne
Frank* bij de Westerkerk in Amsterdam; en het monument voor
de gevallenen aan de Lijnbaan in Rotterdam. In Haarlem staat
De man voor het vuurpeloton, waarover Harry Mulisch schrijft:
'Andriessens mannetje is nog niet getroffen, hij staat stil, dood-
stil, op zichzelf teruggedreven, één en al ethos en wacht af. Zo
zeer als zijn handen hebben nog nooit twee handen het leven
losgelaten. Ook zijn sjofele pakje is klaar voor de dood.' Het
beeld doet in zijn naakte machteloosheid en berusting denken aan *De Gijzelaar* die onderdeel is van de beeldengroep in

Enschede. Hij maakt ook het grafmonument voor componist
Jan van Gilse die in 1944, ziek en ontroostbaar na de executie
van zijn twee zoons, overlijdt op zijn laatste onderduikadres bij
componist Rudolf Escher.

Als de oorlogsmonumentenstroom is opgedroogd krijgt
Mari veel andere staatsopdrachten, waaronder het bekende
beeld van een onverzettelijke *Koningin Wilhelmina* in het
Utrechtse Wilhelminapark en dat van ingenieur Cornelis Lely
op de Afsluitdijk. Zijn beroemdste werk is de stoere *Dokwerker*
op het Jonas Daniël Meijerplein in Amsterdam, het monument
ter herinnering aan de februaristakingen van 1941.

Andriessen, ik bemin u: thans til ik u op

Mari Andriessens beelden zijn over het algemeen naturalis-
tisch, maar gestileerd en van een pure en krachtige directheid.
Een van zijn markantste kunstwerken dateert nog van voor de
oorlog. Het is het machtige hoofd van de dichter Lodewijk van
Deyssel.[34] Deze theatrale man is een van de kleurrijkste mensen
uit zijn vriendenkring. Hij maakte zich onsterfelijk in de familie
Andriessen door eens tijdens een diner binnen te stappen en
zijn armen om Mari Andriessen heen te slaan met de woorden:
'Andriessen, ik bemin u; thans til ik u op.'

Mari Andriessen zelf heeft het niet zo op dramatiek. Daarin
lijkt hij veel op zijn broers Willem en Hendrik. Het woord 'natuurlijk' ligt hem in de mond bestorven. 'Je moet die expressie
er niet uitpersen' is een van zijn bekende uitspraken.

Na de oorlog zal hij nooit meer armoede kennen. Vanaf de
bevrijding tot aan zijn dood heeft hij altijd meer dan genoeg
opdrachten.

Toch bleef muziek, naast het beeldhouwen, zijn grote liefde. Maap Andriessen ziet nog voor zich hoe intens zijn vader, voorovergebogen in zijn stoel, kon luisteren naar muziek. Beeldhouwer Mari Andriessen die verschillende kleine beeldjes maakte van componisten als Mozart, Schubert en Rossini en van sommige figuren uit de liederen van Schubert, zoals *Die Leierman*, begon zijn dagen altijd aan de piano met een stukje Bach.

Het traagste en zwaarste op dit pleintje is de man die zich pas geleidelijk ging aanpassen aan de helderheid van dit stille leven hier

Alle Andriessens komen heelhuids de oorlog door. Hendrik Andriessen pakt na de bevrijdingsfeesten zijn werk weer op aan het Utrechts conservatorium en aan de Utrechtse kathedraal. Hij heeft er in het gijzelingskamp zelfs nog een baantje bij gekregen. Met medegijzelaar Robert Peereboom, directeur van het *Haarlems Dagblad*, heeft hij afgesproken dat hij na de oorlog voor zijn krant korte artikelen zal schrijven over muziek.

'Geschreven op een gloeiende Augustusdag,' noteert hij bij een van die stukjes. Het is een van die uitzonderlijk hete augustusdagen van 1947, waarop Hendrik Andriessen wat afkoeling zoekt bij het fonteintje met de brevierende monnik in de kloostertuin van de Utrechtse Dom. Hij laat er zijn gedachten de vrije loop en zet ze op papier. Dan blijkt hoe poëtisch hij kan zijn, maar vooral ook dat hij in de oorlog niets van zijn filosofische levenshouding, humor en optimisme heeft verloren: 'Thans klateren hier vier vrolijke straaltjes water in het ronde bassin en dit geestige gespartel is mij thans liever dan iedere lectuur over mijn vermoeiende vak (…) Neen, hier is wel schaduw, maar het is niet de schaduwzijde van het leven. Het traagste en zwaarste op dit pleintje is de man die zich pas geleidelijk ging aanpassen aan de helderheid van dit stille leven hier. Hij is hier de mindere en wordt verrijkt; hij behoeft niets te doen, niets te betalen, niemand iets te verantwoorden en mag – omdat hij dit niet kan laten – aan muziek denken. Hij mag ook sentimenteel worden, maar het tafereel zelf zal er hem van afhouden. Stelt u zich voor, dat deze man een idealistische toespraak tot het beeldje gaat houden over de vergeestelijking der muziek! En stelt u zich dan voor, dat het monnikje plotseling zou opkijken en lachend zeggen: houd je hoofd eens onder het fonteintje, dat zal je goed doen.'[35]

Om de bevrijding te vieren wordt een aantal componisten gevraagd een stuk te schrijven voor de eerste 'vrije' concerten van na de oorlog op 9 en 10 juni 1945 in het Amsterdams Concertgebouw. Hendrik componeert voor die gelegenheid zijn *Psalm 47*. Het wordt samen met zijn in 1943 geschreven *Te Deum Laudamus* uitgevoerd. Vlak voor het feestelijke concert wordt de dirigent ziek. De negentien jaar jonge Jurriaan Andriessen vervangt hem.[36] Eindelijk klinkt Hendrik Andriessens muziek weer in een vrij Nederland, met hemzelf achter het orgel. En gedirigeerd door zijn zoon Jurriaan, die een mooie muzikale toekomst tegemoet lijkt te gaan.

3 Bevrijding

Toen ik dertien jaar was zei ik tegen m'n moeder, dat ik toch eigenlijk liever niet met muziek doorging, omdat daar geen geld mee te verdienen was

Jurriaan Andriessen, de één na oudste zoon van Hendrik Andriessen, heeft in de oorlog bepaald niet stilgezeten. Hij is nog geen vijftien als de oorlog begint. Zijn hele puberteit brengt hij min of meer opgesloten in huis door, deels omdat er voor een musicus in spe niet veel te doen is, maar later ook om te voorkomen dat hij wordt opgepakt voor de Arbeitseinsatz. Zijn enige verweer tegen de verveling en de benauwdheid is pianospelen en componeren. Tijdens – en mede dankzij – de Tweede Wereldoorlog wordt hij componist. Ook al heeft hij wel eens stoer geroepen dat hij nooit in de muziek zou gaan, omdat 'daar geen geld mee te verdienen was'.[1] Of hij dat echt meende, of dat het vooral een uiting was van puberverzet tegen zijn vader, doet er niet zo veel toe. Zo'n verzet zou overigens niets uithalen, want 'als vader zei dat je in de muziek ging, dan deed je dat.'[2]

Zijn oudere broer Nico, die als het even kan de hele dag Bach speelt, wilde juist wel graag de muziek in, maar doet dat niet omdat zijn vader vindt dat hij daar niet geschikt voor is. Zo gaat dat nou eenmaal in dit gezin. En of Hendrik gelijk heeft in de keuzes die hij voor zijn zoons maakt? Als componist, conservatoriumdirecteur en koorleider moet hij toch oog en oor hebben voor talent.

Misschien ziet Hendrik Andriessen in eerste instantie eerder een pianist in Jurriaan dan een componist. In 1949 zegt hij daarover in een interview: 'Jur heeft bij mij aan het conservatorium in Utrecht gestudeerd. Hij speelt goed piano en componeerde ook wel. Ik heb dit echter nooit aangemoedigd. Toen hij zei dat hij daarvan zijn hoofdvak wilde maken, heb ik alleen maar gewaarschuwd: "maar dán goed!"'

Je kunt het vader Andriessen niet kwalijk nemen dat hij in zijn één na oudste een opvolger ziet. Op familiefeestjes – en dat zijn er nogal wat met al die kinderen en een moeder die graag alles viert wat er maar te vieren valt – improviseert hij regelmatig met zijn vader à quatre mains aan de piano. 'Dan spraken ze een toonsoort af en riepen ze al spelend naar elkaar bijvoorbeeld "nu naar g,"' herinnert Jurriaans jongere zus Caecilia zich.[3] Als Hendrik tijdens de oorlog als gijzelaar gevangenzit, vervangt Jurriaan hem soms op het orgel in de Catharijnekathedraal en ook wel in het klaslokaal van het conservatorium. Bovendien componeert 'Jur' net als zijn vader al zo ongeveer vanaf zijn twaalfde. En dat met evenveel gemak en flair als waarmee hij door het leven gaat.

Jurriaan is geen volgzaam type. Hij is behoorlijk lastig, maar door zijn charme, kwetsbaarheid en muzikaliteit windt hij iedereen om zijn vinger. Dat begint al vroeg. Om hem aan de dagelijkse piano-oefeningen te houden wordt het kindermeisje naast hem aan de piano gezet. De dan tienjarige pianist weet niet dat ze noten kan lezen. Ze betrapt hem erop dat hij maar

Herenstraat 5 in Utrecht. Het geboortehuis van Louis. Hendrik en Tine woon-
den er met hun gezin van 1934 tot 1950. (Foto: Ton Feil)

zo'n beetje in het wilde weg zit te improviseren en te componeren in plaats van braaf de stukjes uit het lesboek te spelen. Ze
verklikt hem niet. Daarvoor vindt ze hem te leuk en bovendien
is ze diep onder de indruk van de vanzelfsprekende vaardigheid
waarmee hij speelt en componeert.[4]

'Jurriaan had al vroeg vriendinnetjes. Ik was zo'n vriendin-
netje,' vertelt Liesbeth Hoppen. Ze weet nog precies waar en
wanneer ze Jurriaan voor het eerst tegenkwam, pseudo-non-
chalant leunend tegen een pilaar in de Utrechtse muziekschool.
In die tijd van tienerverliefdheid krijgt ze van hem een paar van
zijn prille composities toegestuurd, waaronder een stuk voor
blokfluit met maar liefst zeven mollen en een *largo* voor piano
met de geweldig artistiek klinkende en in 'zijn beste Frans' geschreven opdracht 'À mon cheriche'.[5]

Een briefje naar de schouwburg

Ook al wil hij dan geen componist worden, tijdens de oorlogsja-
ren begint Jurriaan Andriessen zijn composities wel zo serieus
te nemen hij ze opusnummers geeft. Opus 1 is niet gedateerd,
maar aangezien opus 2 de datum januari 1942 draagt en opus 1
een kerstliedje is, moet zijn officiële eersteling wel aan het eind
van 1941 zijn ontstaan.[6] Vader Hendrik heeft waarschijnlijk een
flinke vinger in de pap gehad bij de keuze van het onderwerp
voor deze compositie. Het is in ieder geval moeilijk voor te stellen dat de jonge componist, die net zestien is als hij dit schrijft,
uit zichzelf een vrome tekst van Guido Gezelle uitkiest om op
muziek te zetten. Op die leeftijd twijfelt hij namelijk al ernstig
aan het vaste geloof van zijn vader, ook al houdt hij dat voorlopig nog voor zich.[7]

De titel op het voorblad van de partituur, netjes geschreven in blauwe potloodletters verraadt de hand van Tine. Zij schrijft ook altijd met blauw potlood de verschillende partijen van Hendriks koorwerken uit.[8] De negentiende-eeuwse Vlaamse priesterdichter Guido Gezelle is een van Hendriks lievelingsdichters. Hij paart devotie aan humor en intelligentie, en brengt deze elementen samen in een vindingrijke en bondige taal. Eerder in 1941 is Hendrik zelf begonnen aan een compositie op een tekst van Guido Gezelle, het passiestuk *De Veertien Stonden*. In de sobere indrukwekkende muziek voor orgel, koor en verteller wordt Christus met het kruis gevolgd op zijn weg naar de kruisiging. De slepende voetstappen, het lijden – het is er allemaal in te horen. Maar de muziek wordt nooit loodzwaar. Doordat Hendrik gregoriaanse en Poulenc-achtige wendingen in de partituur mengt, klinkt er ook poëzie en lichtheid in door.[9]

Jurriaans opus 2 is al meer 'eigen' werk: '*Jan. '42*', en '*Suite voor cello en piano*', staat in de houterige potloodletters van Jurriaan zelf op het voorblad. Na dit stuk volgen de opusnummers elkaar snel op. In april ontstaat *Gebeth*, een lied voor sopraan en piano dat hij opdraagt aan 'tante Marie'. Zij is sopraan en de vrouw van oom Willem Andriessen, de pianist. Hij en zijn echtgenote vormen jarenlang een duo dat regelmatig concerten geeft. In 1942 schrijft Jurriaan zijn eerste compositie voor muziektheater, een genre waarin hij later de beste en meest productieve componist van Nederland zal worden. Het is muziek bij het toneelstuk *Noah* van Joost van den Vondel. Het jaar erop komt hij met een *Concertino voor piano en orkest* dat verschillende keren door zijn oom Willem zal worden uitgevoerd (onder meer voor de Nederlandse radio). Dan ontstaat ook *Vijf Nageldeuntjes* voor sopraan of tenor en piano, ook weer op teksten – maar dan grappige, wereldlijke – van Guido Gezelle. Er staat vast een flinke bundel Guido Gezelle in de boekenkast van Herenstraat 5. De lichtvoetige, absurdistische zangstukjes van de zeventienjarige Jurriaan met teksten als 'Men scheert geen ei, waarom? 't En groeit geen haarken op!', worden regelmatig uitgevoerd en worden in 1999 op cd gezet.[10]

In 1943 wordt er in Utrecht door de Sicherheitspolizei jacht gemaakt op jongens en mannen die zich niet vrijwillig hebben aangemeld voor de Arbeitseinsatz. Jurriaan wordt opgepakt en met een groot aantal lotgenoten opgesloten in de pas gebouwde Utrechtse stadsschouwburg. Dankzij een kleine hartafwijking staat hij al na twee dagen weer op de stoep van zijn ouderlijk huis. Als hij aanbelt, steekt zijn vader zijn hoofd uit het raam – het zijn onzekere tijden en je kan niet voorzichtig genoeg zijn. Hendrik ziet zijn zoon, schreeuwt 'Jur!' en stormt naar beneden.

Jurriaan vertelde dit verhaal jaren later aan zijn kinderen en dan zei hij er altijd bij dat hij nooit meer is vergeten hoe dat klonk.

Met dit verhaal waren alle oorlogservaringen van Jurriaan verteld. 'Hij werd altijd kwaad als ze het weer over die oorlog hadden. "Laten ze toch eens gewoon verder gaan," zei hij dan altijd,' vertelt zijn jongste zoon Nils. Vader Jurriaan kon mooi vertellen, een echte Andriessen-eigenschap, maar praatte nooit over zijn diepere gevoelens. Nare en ingewikkelde zaken stopte hij ver weg. 'Struisvogelpolitiek,' zo noemde hij het zelf ook.

Na zijn dood, in 1996, vindt zijn vrouw Kathenka een oude portefeuille tussen zijn spullen, met daarin een briefje. In dat briefje (hem toegespeeld door een bewaker?), staat een bemoedigende boodschap van zijn vader, geschreven tijdens de dagen

Hendrik Andriessen aan het componeren. (Bron: familiearchief)

dat hij vast zat in de Utrechtse stadsschouwburg. Hendrik laat hem weten dat hij en zijn moeder naar de schouwburg waren gekomen, maar dat ze niet bij hem mochten. Zijn vader voegt er nog aan toe dat hij zeker weet dat Jurriaans positieve houding en humor hem op de been zullen houden. 'Dat briefje heeft hij zonder dat iemand dat wist zijn leven lang bij zich gedragen in zijn portefeuille,' vertelt Kathenka Andriessen na al die tijd nog steeds verbijsterd. Het is alsof dat briefje een talisman was geworden, een geheim tovermiddel dat zijn kracht zou verliezen zodra andere ogen dan de zijne de woorden zouden lezen. Elke keer wanneer hij een nieuwe portefeuille nodig had moet hij het briefje weer in een vakje hebben gestoken. Het zegt veel over hoeveel zijn vader voor hem betekende.[11]

't Is voor de Bakker

Op maandagochtend 7 mei 1945 rijden de eerste tanks en vracht-
wagens van de Britse en Canadese bevrijders Utrecht binnen.
Een dag later al zijn de klokken van de Domtoren teruggehan-
gen. Die waren aan het begin van de oorlog uit de toren gehaald
en verstopt, om te voorkomen dat de Duitsers ze om zouden
smelten voor de wapenindustrie. Die dag stroomt heel Utrecht
het Domplein op. Het gezin Andriessen – ze wonen praktisch
om de hoek – is er ook. Op Jurriaans jongste broertje, de vijfja-
rige Louis, maakt dat allereerste klokgelui dat hij van zijn leven
hoort diepe indruk: 'Het stond zwart van de mensen. Mijn vader
greep mij bij de hand. Het geluid van die klokken was absoluut
onvergetelijk, fantastisch. Ik heb met tranen in mijn ogen staan
luisteren naar het eerste luiden van die klokken.'[12]

De bevrijding is ingeluid en wordt vervolgens uitbundig gevierd. De familie doet daar op haar eigen manier vrolijk aan
mee. Jurriaans grote zussen Gesina en Heleen (Hiek en Leentje)
halen Canadese soldaten naar binnen, nadat ze wel even hebben geïnformeerd of ze van klassieke muziek houden. Er wordt
muziek gemaakt en charade gespeeld, maar dan wel – ter ere
van de Canadese gasten – in het Engels.

Uiteindelijk herneemt het leven zijn normale loop. De muzieklessen die Jurriaan thuis had gekregen, eerst van zijn moeder en later van zijn vader, worden formeel voortgezet op het
Utrechts conservatorium, waar zijn vader directeur is. Jurriaan
studeert er onder meer piano bij Job Wilderbeek en dirigeren
bij Willem van Otterloo, die hem vrolijk plaagt met zijn adora-
tie voor Igor Stravinsky.

Zijn examenstuk – *Symphonietta Concertante* – is een concert voor vier trompettisten, geschreven voor Anton Bakker,

trompettist van het Utrechts Stedelijk Orkest, en zijn trompet-
spelende zoons. Motto: ''t Is voor de Bakker'.

Tussen 1941 en 1945 had Jurriaan ruim vijftig stukken geschreven. Tijdens zijn conservatoriumtijd komen daar nog een
handjevol bij. Dus als hij in 1947 afstudeert, begint hij zijn com-
ponistencarrière met een oeuvrelijst waarvoor menig componist zich aan het einde van zijn loopbaan niet zou schamen.
Bovendien is er dan al verschillende keren muziek van hem
uitgevoerd.

Nog tijdens zijn conservatoriumtijd is er al een stuk van
hem gedrukt en uitgegeven door muziekuitgeverij Wagenaar
in Utrecht. Het is een bundeltje met korte pianocomposities,
dat hij *De tuin van Eros* heeft gedoopt en waarin, volgens een
recensie in een *Volkskrant* van eind 1947, 'men reeds zijn in-
strumentale aanleg en een goede pianistische schrijfwijze kan
bemerken'. Elk stukje is opgedragen aan een andere (mooie en
jonge?) dame. Het pittige *Danse* is 'Voor Jeanne-Marie' en een
lyrische *Romance* draagt het opschrift 'aan Pauline'.

In plaats van het gapende gat tussen studentenleven en praktijk, dat de doorsnee conservatoriumstudent na het behalen van
het diploma meestal moeizaam moet zien te overbruggen, is er
voor Jurriaan dus eerder een mooi geplaveid pad naar het werk
als componist. Hij hoeft alleen maar verder te gaan met waar hij
al die tijd al mee bezig was. Natuurlijk is het ook handig dat hij
een zeer geacht componist als vader heeft, waardoor hij blinde-
lings de weg weet in muziekland.

Zo vlak na de oorlog is muziek een veelgevraagd artikel. Vijf
jaar heeft het Nederlandse muziekleven stilgestaan. Het land zat
cultureel op slot, en nu het weer opengaat, voelt iedereen wat
er al die tijd heeft ontbroken: men snakt naar kunst en cultuur.

Componisten stropen hun mouwen op en muziekliefhebbers staan te trappelen voor de deuren van de concertzalen.[13] Jurriaan kan meteen aan de slag!

Op zondag 4 november 1945 wordt er in Bilthoven een huisconcert gegeven op een bijzondere plek: Villa Gaudeamus. De Nederlandse componist Julius Röntgen heeft het huis laten bouwen en na zijn dood in 1932 wordt het bewoond door zijn zoon. Het is een opvallend huis met een steil hoog rieten dak (Bilthovenaren noemen het 'de theemuts') en een ruime halfronde, houten muziekzaal. Op zich is dat concert, met muziek van Julius Röntgen, Johannes Brahms en Ludwig van Beethoven niet bepaald wereldschokkend. Maar zowel de man die het organiseert, als de Villa Gaudeamus, zal een belangrijke rol gaan spelen in het Nederlandse muziekleven.

Ondanks het weinig opvallende concertprogramma stromen de toehoorders toe. Er komen zoveel mensen op af dat niet iedereen naar binnen kan. In plaats van teleurgesteld naar huis te gaan blijven veel mensen buiten staan om via de opengezette ramen toch nog iets van de muziek te kunnen meepikken.

Organisator is de Duits-Joodse muziekkenner Walter Maas, een groot liefhebber en promotor van nieuwe muziek. In 1933 is hij uit Duitsland gevlucht voor het antisemitisme. Hij gaat in Bilthoven wonen en nadat hij tijdens de oorlog enige maanden in de villa ondergedoken heeft gezeten, neemt hij er na de oorlog zijn intrek – in huize Gaudeamus vindt hij een nieuwe toekomst. Tijdens dat eerste huisconcert kondigt Maas aan de muziekkamer van zijn huis voortaan 'belangeloos af te staan aan musici en andere kunstenaars om een kleinen steen bij te dragen tot het geestelijk herstel van Bilthoven en den cultureelen opbouw van Nederland.' Een maand later al klinkt in

Gaudeamus voor het eerst muziek van een jonge Nederlandse componist. Het zijn de *Spaanse Liederen* van Jurriaan Andriessen, uitgevoerd door hemzelf en zijn zus Gesina, die inmiddels getrouwd is met Daniël de Lange jr. en in Bilthoven woont.

Maas houdt woord. Vanaf 1947 worden er in Gaudeamus de Eigen Werken-concerten georganiseerd, een hele serie met uitsluitend muziek van jonge componisten. Bilthoven wordt vanaf dat moment de ontmoetingsplek voor aanstormend talent, waar ideeën kunnen worden uitgewisseld en plannen beraamd. Jurriaan Andriessen en zijn leeftijdgenoten Sas Bunge, Matti Niël en Jaap Geraedts zijn er dikwijls te vinden. Tijdens het eerste concert van die serie wordt Jurriaans *Sonate voor viool en piano* gespeeld.[14]

Ook op Herenstraat 5 wordt het leven weer opgepakt. Het huis stroomt weer regelmatig vol met mensen en muzikanten van diverse pluimage, er wordt muziek gemaakt, gediscussieerd, feestgevierd, gelachen, gelezen, geleerd, gewerkt, en charade gespeeld. Louis begint zijn partijtje aardig mee te blazen. Hij wordt daarbij door zijn veel oudere broers en zussen zowel geknuffeld als geplaagd. Nico en Jurriaan vormen een bondgenootschap, ze zijn bijna even oud. Ze delen een slaapkamer en vinden het heerlijk samen het jongste zusje en broertje te pesten. Caecilia is vaak het slachtoffer, met Louis gaan ze 'voorzichtiger' om.

'Ze waren twee handen op een buik,' vertelt Louis Andriessen tijdens een interview. 'Ze zeiden dingen als: pas op, anders gooien we je zo tegen de muur dat je er langzaam weer van afdruipt en er alleen nog een grote vetvlek overblijft.' En met een zachte grinnik: 'ik was geloof ik dik in die tijd.'

Louis leert van zijn moeder pianospelen en uit school voet-

Willem Andriessen aan de vleugel met onbekenden omstreeks 1915. (Bron: Neder-lands Muziek Instituut)

balt hij op de Oudegracht, het liefst met de latere tekenaar Peter Vos die vlak bij hem woont. Peter is vier jaar ouder maar dat maakt niet zoveel uit: hij heeft wel lol in dat enthousiaste 'op-scheppertje'. Bovendien raakt ook hij verknocht aan die leven-dige familie in de Herenstraat.

'Ik was er graag en ben er veel geweest. Mijn ouders waren allebei krakkemikkig en mijn vader invalide. Maar dáár was al-tijd een stoet van mensen: ze ondernamen steeds van alles, ze hielden charades, en maar kwekken. Met Pasen gingen we al-lemaal eieren kleuren. Dat was heel gezellig. En Hendrik schil-derde dan altijd zich herhalende patronen van kleine figuurtjes. "Dat is typisch een Pappa-ei," werd er dan gezegd. Soms las Hendrik ons voor uit *The Pickwick Papers* van Charles Dickens. Ik kan nu nog zo uit mijn hoofd de introductie van dat boek opzeggen: "Wie Samuel Pickwick aanschouwde verbaasde zich er altijd over dat zijn brillenglazen niet spatten van het vuur dat uit zijn ogen kwam." Die typisch Dickensiaanse overdrijving, daar waren ze allemaal dol op. Er was warmte, en het leefde er zo. Ik ben in feite gedeeltelijk door ze opgevoed. Ze waren een voorbeeld voor me: zó wilde ik ook worden.'

De vader van Peter, Cornelis J. Vos, was journalist en uitgever van een katholiek maandblad. Hij was bevriend met Louis' vader. 'Toen mijn vader en moeder twaalf en een half jaar getrouwd waren, kwamen er opeens aan het eind van de morgen vier Andriessens op bezoek. Jurriaan, Heleen, Gesina en Nico. Mijn invalide vader lag op bed. Mijn moeder moest uit de keuken komen en naast hem gaan staan. Toen stelden ze zich op met zijn vieren, haalden muziek tevoorschijn en zongen een kwartet dat Hendrik speciaal voor hen had gecomponeerd. Eerst werd nog even gezegd: "Jur geef nog even een A," want Jur had een absoluut gehoor. Mijn vader was zo verguld, hij heeft er nog jaren over verteld.'[15]

De eerste stem in dit gelegenheidskwartet werd ongetwijfeld gezongen door Gesina. Behalve danstalent (ze gaf balletles) had ze ook een goede stem. Thuis zong ze vaak de *Mélodies* van Gabriel Fauré, en na de oorlog trad ze op onder de artiestennaam Francis Silver met een repertoire van Engelse en Franse populaire liedjes, onder andere voor de radio.

Jurriaan was iemand die bezeten was van muziek

De muziek die Jurriaan tijdens zijn eerste componistenjaren maakt, heeft wel wat weg van Ravel en Poulenc. Er klinkt ook een echo in door van de mooie akkoorden van zijn vader, met

hier en daar een dwarse noot. Maar er is geen spoor in te vinden van de nieuwe stroming in de muziek die vanaf de jaren
twintig en dertig voor zoveel opschudding zorgde en die vooral
uit Oostenrijk en Duitsland kwam. De neuzen van de Andriessens stonden altijd al meer naar het zuiden dan naar het oos-
ten en daar heeft de oorlog bepaald niet veel aan veranderd. Ze
staan daarin niet alleen. De twaalftoonsmuziek van Oostenrijkse componisten als Arnold Schönberg, Alban Berg en Anton
Webern slaat in Nederland überhaupt niet zo erg aan. Althans:
voorlopig niet.

In de naoorlogse jaren veertig schrijven Jurriaan en zijn
collega-componisten muziek, niet om die te vernieuwen, maar
voor hun eigen plezier en voor dat van het publiek. Het zijn
composities die bedoeld zijn om de in de oorlog ontstane honger naar kunst en cultuur te stillen. In de woorden van componist en musicoloog Leo Samama: ze componeren stukken 'voor
direct gebruik, voor een bestaand publiek, voor en vanuit hun
eigen tijd en hun eigen maatschappij'.

Tien jaar later zal dat allemaal anders worden. Dan zal de
moeilijk toegankelijke, aan strenge regels gebonden nieuwe muziek zorgen voor een kloof van jewelste tussen de Nederlandse
componisten. Én voor een aardverschuiving in de opvatting
over wie een goed en belangrijk componist is – en wie niet. Dan
zal Gaudeamus, dat vriendelijke kaboutereske huis met zijn rieten daken, een internationaal centrum worden van radicale muzikale revoluties waar ook Jurriaan onzacht mee te maken krijgt.

Maar in de stilte voor die storm groeit en bloeit Jurriaans
muziek. In 1947 (zijn afstudeerjaar) en 1948 boekt hij zijn eerste successen en krijgt hij zijn eerste compositieopdrachten.
Zijn *Concert voor 2 piano's zonder orkest* wordt uitgezonden op

De St. Catharinakathedraal in Utrecht waar Hendrik het koor leidde en het orgel bespeelde. (Foto: Ton Feil)

de radio, uitgevoerd door de bekende Nederlandse pianisten Hans Henkemans en Luctor Ponse, wat aangeeft hoe er over de kwaliteit van dat werk wordt gedacht.

Tijdens een concert in Hilversum ontmoet Jurriaan Andriessen Lia Palla, een jonge pianiste. Zij is zó goed dat ze een beurs heeft gekregen om in Frankrijk te studeren bij de legendarische pianist Alfred Cortot, de leraar van grootheden als Clara Haskil en Dinu Lipatti. Tijdens dat concert voert ze het *Concert voor twee piano's* van Igor Stravinsky uit, samen met Stravinsky's zoon Soulima. Jurriaan valt als een blok. Voor de muziek natuurlijk – Stravinsky is zijn grote held – maar zeker ook voor de flamboyante pianiste. Het klikt zo tussen hen dat Lia Palla hem uitnodigt naar Parijs te komen, waar ze sinds haar studie is blijven wonen.

'Jurriaan was iemand die bezeten was van muziek en een componist met een groot talent,' vertelt ze in 2008. Ze is dan in de negentig, maar staat nog midden in het leven. Ze woont aan de Rue de Rivoli, vier hoog zonder lift, in een appartement vol herinneringen. Ze is nog altijd elegant en modieus. Destijds was haar huis een bruisende ontmoetingsplaats van een bonte club musici, beeldend kunstenaars, schrijvers en theatermakers.[16]

En Jurriaan gaat inderdaad naar Parijs. Hij vindt zowaar een kamer in de kunstenaarswijk Montmartre, volgt analyselessen bij (de dan nog niet zo bekende) Olivier Messiaen, en wordt een van de vaste bezoekers van Lia Palla. Zij is ook gecharmeerd van de jonge joyeuze Hollandse componist. Bij een erg innig afscheid in de hal worden ze betrapt door de echtgenoot van de pianiste, de muziekkenner en muziekjournalist Frank Onnen. Die is echter wel wat gewend en negeert het stel totaal.[17]

Lia Palla studeert in die tijd het *Capriccio pour piano et*

Orchestre in van Stravinsky, dat ze later dat jaar in Nederland zal uitvoeren. Die muziek inspireert Jurriaan tot het componeren van zijn *Pianoconcert,* dat hij in een paar maanden tijd in Parijs voltooit. De zin in het leven klatert uit het *allegro moderato*, het verlangen zoemt in het nachtelijke, sensuele *lento* en het jazzy slotdeel klinkt als een opwindend feest.[18] Jurriaans 'buurman' in de Utrechtse Herenstraat en op dat moment Nederlands bekendste muziekjournalist Wouter Paap schrijft er een uitgebreide analyse van in *Mens en Melodie*, het oudste en lange tijd ook het belangrijkste muziekblad van Nederland.[19] De stad Parijs, de interessante mensen die hij er ontmoet, en zijn verliefdheid op de mooie maar getrouwde Lia Palla, maken een stroom van inspiratie los in Jurriaan Andriessen. Hij feest in Parijs, maar hij werkt ook als een bezetene. Behalve zijn *Pianoconcert* (dat hij natuurlijk opdraagt aan Lia Palla), schrijft hij filmmuziek, *Etudes voor piano*, een *Concertouverture* voor een Delfts studentenorkest en de muziek bij een openluchtspel voor het 700-jarig bestaan van Den Haag (*Het wonderlijk uur).*

'De muziek van Messiaen liet nauwelijks sporen na in zijn muziek,' vertelt Lia Palla. 'Jurriaan vond Messiaens instrumentaties fantastisch, maar zijn levensfilosofie, zijn ideeën over God en religie vond hij maar niets.'[20] Poulenc liet meer sporen na, en Stravinsky nog weer meer – vooral in Jurriaans *Pianoconcert*. Lia Palla bracht het concert op 26 mei 1948 in Nederland in première met het Radio Philharmonisch Orkest onder leiding van Willem van Otterloo.

Begin 1948 is Jurriaan weer terug in Nederland en meteen regent het compositieopdrachten. Hij mag een stuk schrijven voor groot orkest voor het vijftigjarig regeringsjubileum van koningin Wilhelmina (dat wordt *Marche Royale*) en geeft sa-

men met Lia Palla concerten. Onder andere het humoristische
– en bepaald niet gemakkelijke – *Concert voor twee piano's* van
Poulenc.

In diezelfde periode wordt tijdens de Haagse jubileumfees-
ten het openluchtspel *Het wonderlijk uur* opgevoerd waarvoor
hij de muziek (voor twee piano's, blazers en slagwerk) schreef.
Tijdens de première krijgt hij op het Haagse Binnenhof de eerste Johan Wagenaarprijs uitgereikt, een prijs die dat jaar is ingesteld ter bevordering van nieuwe muziek. In *de Volkskrant*
schrijft collega-componist en muziekjournalist Jan Mul lovend:
'Melodisch expressief en duidelijk, rhythmisch levendig en
stuwkrachtig, was de muziek: weloverwogen en harmonieus
van samenklank en doorzichtig en beweeglijk van instrumentatie.' Mul (een vroegere leerling van Hendrik Andriessen) besluit
zijn recensie met de voorspelling dat 'deze jonge componist
door zijn natuurlijke aanleg en grote werklust nog menigmaal
onze belangstelling zal vragen.'[21]

Zestig jaar later zal Jurriaans jongere broer Louis ook de Johan Wagenaarprijs krijgen, voor zijn hele oeuvre.

De toekomst lacht Jurriaan toe. Hij is nog maar 22 jaar, en de
meest besproken jonge componist in de Nederlandse kranten.

4 De tweede generatie

Personification of youth

Van een wereldstad met bohemiens en vrijgevochten kunstenaars, waar een man er niet van opkijkt als je in de gang zijn echtgenote staat te zoenen, is Jurriaan weer terug in het provinciale Utrecht en het behoudende Nederland. Veel tijd om te acclimatiseren is er niet. Een paar maanden later is hij alweer gevlogen, dit keer naar Amerika met een beurs van UNESCO waarmee hij een zomercursus kan bijwonen van het Tanglewood Music Center.

Tanglewood is een groot landgoed in de buurt van Boston, waar ieder jaar zomercursussen en een muziekfestival worden gehouden voor jonge componisten, musici en dirigenten. Ze kunnen er zo'n zes weken lang hun vak in de praktijk uitoefenen. De orkestklassen worden meestal gegeven door het Boston Symphony Orchestra, een van de beste orkesten van de Verenigde Staten. In 1949 staat het onder leiding van zijn beroemde Russische chef-dirigent Serge Koussevitsky, die tevens de geestelijke vader is van de *Summerschool*.

Begin dat jaar vertrekt Jurriaan voor een paar maanden naar Amerika, met 1000 gulden op zak. Het geld komt van het mi-

nisterie van Onderwijs, Kunsten en Wetenschappen en is bedoeld voor een nog te componeren muziekstuk. Dat schrijft
hij na zijn verblijf in Tanglewood in New York. *Berkshire Symphonies* noemt hij de vierdelige symfonie, naar de heuvelachtige
landstreek waarin Tanglewood ligt.

Maar nog vóór hij een noot van dat werk – dat zowel in de
Verenigde Staten als in Nederland een doorslaand succes zal
worden – op muziekpapier zet, is het talent van de jonge Neder-
lander al opgevallen bij toonaangevende Amerikaanse musici.
Met als eerste de grote Koussevitsky himself die Jurriaan vraagt
of hij het volgend jaar terug wil komen om als zijn assistent
de orkestklassen te leiden. Een andere grootheid die 'zijn talent
en ondernemende geest'[1] inziet, is componist Aaron Copland.
Hij is een van de belangrijkste componisten van de Verenigde
Staten die – net als de vroeg gestorven generatiegenoot George
Gershwin en de jongere Leonard Bernstein – nieuwe klassieke
klanken en compositiemethoden mixt met de populaire muziek van de blanke en zwarte Amerikanen.

Aaron Copland is die zomer ook in Tanglewood. Hij geeft er
cursussen en lezingen over componeren en nieuwe muziek. Jurriaan voelt zich aangesproken door zijn muziek en zijn ideeën
en wil graag les van hem. Maar Copland heeft al snel in de gaten dat hij Jurriaan weinig meer kan bijbrengen. 'Ga maar eens
lekker van het mooie weer genieten. Wat ik je te leren heb, dat
kun je al,' zegt hij.[2] Hij zorgt er wel voor dat Jurriaan Andriessen, koud drie weken in Tanglewood, een opdracht krijgt van
de United States Information Service om muziek te schrijven
bij een documentaire over het landgoed en de zomerschool. In
die film is te zien hoe idyllisch golvend en groen Tanglewood is
en hoe overal onder de bomen muziek wordt gemaakt. Jurriaan

Jurriaan Andriessen dirigeert zijn muziek in Tanglewood.

is zelf ook te zien als dirigent van zijn *Tanglewood Ouverture* (de muziek komt terecht in de later gecomponeerde *Berkshire Symphonies*): ontzettend jong met keurig achterovergekamd haar, onzeker en tegelijkertijd vol bravoure.[3]

Jurriaan Andriessen kwam naar de Verenigde Staten, zag en overwon. Binnen een paar weken is hij er al helemaal thuis.

In Nederland gaan ondertussen de wildste geruchten rond: Amerika zou in die jonge ambitieuze Hollander, die in eigen land nog met enig voorbehoud werd aangemoedigd, een groot componist hebben ontdekt.[4]

Leonard Bernstein geeft die zomer van 1949 ook les in Tanglewood (hij is ook in de documentaire te zien). Zijn populairste muziekstuk, *West Side Story*, moet nog worden gecomponeerd (dat zal hij in 1957 doen), maar zijn tweede symfonie, *The Age of Anxiety* heeft hij net af. Het stuk is in april in première gegaan bij het Boston Symphony Orchestra, met de componist zelf aan de vleugel. Of Jurriaan dit werk gehoord heeft op Tanglewood is niet met zekerheid te zeggen. Maar, toeval of niet: net als de opening van *The Age of Anxiety* begint Jurriaans *Berkshire Symphonies* met een langzame, languissante solistische hout-blazers-inleiding. Daar houdt de overeenkomst verder ook op. Er klinkt vooral Stravinsky in door, gemengd met Franse licht-heid en Amerikaans optimisme.

De muziek die Jurriaan die eerste zomer in Tanglewood hoort is enorm divers. Het gaat van Bach tot Britten en van Schubert tot eigentijdse muziek van onder meer de Ameri-kaanse componist Randall Thompson. De stukken worden uit-gevoerd in de 'Music Shed', de grote concertzaal van Tangle-wood, waarin plaats is voor zesduizend (!) toehoorders. De zaal is gebouwd in de vorm van een reusachtige landbouwschuur. Door de halfopen constructie kan ook liggend op het gras naar muziek worden geluisterd. Dat doen de jonge componisten en dirigenten in die mooie zomers dan ook, vaak tot diep in de nacht. Een ongekende ervaring voor Jurriaan.

In Tanglewood maakt Jurriaan ook kennis met een andere invloedrijke Amerikaanse beroemdheid, die belangrijk zal zijn voor zijn toekomst: de huischoreograaf van de Summerschool George Balanchine van het New York City Ballet. Als Jurriaan hem de partituur van *Berkshire Symphonies* laat zien, besluit de wereldvermaarde balletmeester er onmiddellijk een dansvoor-stelling op te maken. Dat wordt *Jones Beach*, over jonge mensen die zich vermaken aan het strand bij New York. Jones Beach is voor New York zoiets als Zandvoort voor Amsterdam.

Nog vóór de Amerikaanse première van *Jones Beach* gaat *Berkshire Symphonies* in Nederland in première bij het Radio Philharmonisch Orkest onder leiding van Willem van Otterloo. Er wordt wat zuinigjes gereageerd. Opgelucht constateert men weliswaar dat het nogal meevalt met de 'veramerikanisering, vervlakking en verjazzing', maar na veel vriendelijke woorden wijst men ook tekorten aan in het werk, zoals de 'onbekommerd klinkende banaliteiten' in het derde deel en 'dode' maten in het laatste deel.

De New Yorkse première van het ballet *Jones Beach* met Jurriaans muziek vindt plaats op 9 maart 1950 en maakt de jonge componist uit het kleine Nederland in één klap bekend in de Amerikaanse muziekwereld. 'Alle grote figuren uit het muziekleven'[5] zijn aanwezig. Het is voor Jurriaan de avond van zijn leven, het hoogtepunt van zijn verblijf in de Verenigde Staten. Hij ontmoet er zijn grote held en voorbeeld Igor Stravinsky, die hem 'de hand kwam drukken'. Leonard Bernstein complimenteert hem en zegt dat hij vooral door moet gaan met componeren: 'You must write, write, write.'[6] De Amerikaanse kranten beschrijven *Jones Beach* als een 'vital ballet', waarvan de energie en vitaliteit zónder de 'splendid score' van Jurriaan Andriessen toch een stuk minder sterk zou zijn overgekomen. Het ballet met de muziek van Jurriaan wordt de 'personification of youth' genoemd.[7]

Het weekblad *Elsevier* heeft zijn muziekjournalist naar de première in New York gestuurd. 'Goede beurt van Nederlandse Muziek' staat er boven zijn verslag. In de tekst prijst hij Jurriaan Andriessens 'vibrante begaafdheid' en noemt hij hem een 'perfecte vakman'. Hij besluit zijn beschrijving: 'Wanneer

Andriessen in de Verenigde Staten slaagt – de kans daartoe is aanwezig, gegeven ook het feit dat de New Yorkse pers in zeer prijzende bewoordingen zijn muziek beoordeelt – dan heeft hij dit naast zijn talent ook te danken aan zijn persoonlijkheid welke Amerika zo goed ligt: een Maurice Chevalier-achtige gamcric cn datgene wat hier "relaxed" genoemd wordt (…) daarachter bruist een vehemente muziekdrift die echter, om zo te zeggen, geadministreerd wordt door een koele zakelijkheid welke ononderbroken het gestelde doel voor ogen houdt. Geen Nederlandse componist die zich na '40 manifesteerd heeft (…) in de Verenigde Staten bereikt wat Jurriaan Andriessen tot dusverre bereikt heeft.'[8]

Het zal niemand verbazen: Jurriaan Andriessen heeft het geweldig naar zijn zin in de Verenigde Staten. Al die hartelijkheid en waardering: het is voor de componist als een warm bad.

Gezien de geplande studiereistijd moet hij zo langzamerhand terug naar Nederland, maar hij staat bepaald niet te trappelen.

Gelukkig krijgt hij tot twee keer toe een nieuwe beurs (een *fellowship*) van de Rockefeller Foundation, zodat hij alles bij elkaar ruim twee jaar kan blijven. In de geschiedenis van de Foundation, die vooral jonge wetenschappers ondersteunt, zijn nog niet eerder twee studiebeurzen toegewezen aan een jonge componist. Wat de reden is dat dit nu wel gebeurt, behalve dat Jurriaan kennelijk grote indruk heeft gemaakt, is niet bekend. Wel weten we dat hij een paar goede ambassadeurs heeft: na Copland en Koussevitsky nu ook de befaamde George Balanchine. Die schrijft hoogstpersoonlijk een brief aan de Commissioner of Immigration met het verzoek Jurriaan Andriessen een verblijfsvergunning te geven, omdat hij 'an exceptionally accomplished composer' is. Er waren al tachtig werken van hem uitgevoerd, voegt hij eraan toe. Dat is een beetje overdreven, zelfs voor de vierentwintigjarige Jurriaan Andriessen. Maar het doel heiligt de middelen.[9]

Jurriaan vindt Amerika een fantastisch land. 'De Amerikanen leven veel ruimer, veel gemakkelijker,' vertelt hij aan de verslaggever van *De Spiegel*. In een *Rotterdamse Courant* uit 1949 klinkt hij zelfs euforisch: 'Wat een land; het is of je op een andere planeet bent! Het leven hier, wát een tempo! De mensen, wat een vitaliteit! Hier componist zijn, wát een vreugde!' Hij is in New York ook nog een oude bekende tegen gekomen, pianist Soulima Stravinsky, de zoon van de Russische componist. Ze

Scène uit Jones Beach, *ballet van George Balanchine op* Berkshire Symphonies *van Jurriaan Andriessen. (Bron: Nederlands Muziek Instituut)*

hadden elkaar eerder ontmoet in Nederland bij een concert dat
Soulima gaf met Lia Palla en later hadden ze elkaar weer gezien
in Parijs. Als Soulima Stravinsky in 1951 weer eens te gast is in
Nederland vertelt hij in een interview in de *AVRO-bode* dat zijn
beroemde vader over Jurriaan Andriessen had gezegd: 'That
man is wonderfully talented.' Soulima zegt zelf over Jurriaan:
'Drie jaar geleden ontmoette ik Jurriaan voor het eerst. Dat was
in Parijs. Ik heb nog nooit iemand gezien, die zich overal zo op
zijn gemak voelt. In New York ook, het is of hij er zijn hele leven
heeft gewoond.'

Er is maar één ding dat Jurriaan absoluut níet bevalt in Amerika: de rassendiscriminatie. Nog in 1955 zal de zwarte Rosa
Parks gearresteerd worden, omdat ze in de bus zit op een plaats
die gereserveerd is voor blanken. Vijf jaar daarvoor ontdekt
Jurriaan dat de zwarte slagwerkster die hem komt helpen bij het
componeren van een samba, het New Yorkse appartementen-
gebouw waar hij woont alleen binnen mag via de dienstingang.
Hij protesteert daar zo heftig tegen dat hij het voor elkaar krijgt
dat ze voortaan door de voordeur wordt binnengelaten.[10]

Ook muziek mag geen onrecht worden aangedaan. De samba die hij wil componeren moet een authentieke zijn en geen
stukje muziek dat alleen maar zo'n beetje het gevoel van een
Latijns-Amerikaanse dans oproept. De samba komt terecht in
het laatste deel van *Berkshire Symphonies*, het *Allegro ritmico
alla breve*. De Amerikaanse pers beschrijft dat deel als 'a terrific
sambamovement: witty, romantic and jazzy.'[11]

Jurriaan werkt als een paard in Amerika. In de 27 maanden
dat hij er woont, componeert hij behalve *Berkshire Symphonies*
nog verschillende andere stukken. Zoals de muziek bij een documentaire over het Yellowstone National Park; de balletmu-

ziek *The Seals* die hij zelf dirigeert bij het National Symphony Orchestra; 32 korte pianostukken die zijn geïnspireerd op de fotopagina in het blad *Life* en een driedelig virtuoos *Concerto for flute and orchestra*. Ook werkt hij aan een *Magnificat* voor het Rotterdams Philharmonisch Orkest. Zo'n vijftig jaar later zal zijn broer Louis een melodie uit dit werk gebruiken in zijn opera *Writing to Vermeer*.

'Ik hield veel van het stuk,' schrijft Louis decennia later in zijn boek *Gestolen tijd*, 'en ik heb het veel gehoord en bestudeerd. De prachtige melodie in de sopraan, heel zacht in Jurriaans stuk, laat ik in Vermeer opbloeien, heel luid als een hommage aan hem...'[12]

Achter de piano, tijdens de wekenlange repetities met de dansers van het New York City Ballet voor het ballet *Jones Beach*, wordt Jurriaan smoorverliefd op een van de leidende danseressen van dat wereldberoemde balletgezelschap, Tanaquil le Clerq. De drieëntwintigjarige 'long legged beauty', zoals ze in de Amerikaanse pers wordt genoemd, valt ook op de jonge componist. Nu wil hij natuurlijk helemáál niet meer terug naar Nederland. Maar zijn visum verloopt nu echt definitief en bovendien raakt het geld op. En dus moet hij halverwege 1951 Amerika en zijn Amerikaanse liefde verlaten.

Direct na zijn terugkomst probeert hij nog (pikant genoeg via een connectie van Lia Palla) een nieuw, permanent visum te krijgen voor Amerika. Dat mislukt. Een poosje later krijgt hij een brief van Tanaquil, waarin ze vertelt dat George Balanchine haar ten huwelijk heeft gevraagd. Ondanks het leeftijdsverschil – Balanchine is 25 jaar ouder – heeft ze toch 'ja' gezegd (ze wordt zijn vijfde echtgenote). Dat betekent het definitieve einde van Jurriaans Amerikaanse droom.[13]

Jurriaan met zijn vader Hendrik aan de piano in het ouderlijk huis in Den Haag.
Louis kijkt toe, 1952. (Bron: familiearchief)

Dezelfde spontane en eenvoudige jongen die bijna drie jaar geleden naar het land der duizend mogelijkheden vertrok

Begin september 1951 landt Jurriaan Andriessen op Schiphol. Hij wordt opgewacht door zijn vader Hendrik Andriessen en zijn moeder Tine Andriessen-Anschütz. Ook zijn twaalfjarige broer Louis Andriessen is erbij, helemaal opgewonden. Ten eerste omdat Jurriaan zijn grote held is – zeker na alle berichten over zijn avonturen en successen in Amerika – maar ook omdat hij voor het eerst op Schiphol is en een vliegtuig als de Lockheed Constellation in het echt ziet.

'Ik herinner me zijn aankomst hier, het was een van de eerste keren dat een familielid met het vliegtuig ging (...) Het bracht geen broer, maar een aartsengel! Jurriaan bracht platen mee van Bob Graettinger, die een soort Schönberg schreef voor de band van Stan Kenton, John Cage, Gershwins *An American in Paris*, Copland en anderen. Dat was zeer belangrijk voor mijn opvoeding.'[14]

Zoals Amerika van wezenlijk belang was voor het componeren van Jurriaan Andriessen, was zijn thuiskomst essentieel voor het latere componeren van Louis, vanwege de jazzgrammofoonplaten die hij grijs draaide. Jeugdvriend Peter Vos herinnert zich nog de opwinding die de woest vitale Amerikaanse muziek bij hen veroorzaakte.[15]

De vriendschap tussen Peter Vos, die geen noot kon lezen, zoals hij altijd vrolijk vertelde, en Louis is altijd gebleven. Bijna jaarlijks stuurde hij Louis op zijn verjaardag een speciale verjaardagstekening.

Hendrik en Tine nemen Jurriaan mee naar hun huis. Terwijl Jurriaan zijn jetlag wegslaapt op de bank in de woonkamer

krijgen de broers, zussen en vrienden die hem komen verwel-
komen een partituur in de handen gedrukt met een vers gecomponeerd lied van Hendrik, waarmee de Amerika-ganger
wakker wordt gezongen.[16]

Het huis van Hendrik en Tine staat inmiddels niet meer
in Utrecht. Hendrik is directeur geworden van het Koninklijk Conservatorium Den Haag. In januari 1950 is hij met zijn
vrouw, Caecilia en Louis verhuisd naar de Ernst Casimirlaan
(die nu Catsheuvel heet) in Den Haag. De andere kinderen
– Gesina, Heleen en Nico – zijn getrouwd en uitgevlogen. In
de zomer ervoor hebben Hendrik, Tine en Caecilia zes weken
doorgebracht op het landgoed van de Engelse organiste Lady
Susi Jeans, die na een bezoek aan Hendrik ook was gevallen
voor de familie. Daar in het landelijke Dorking componeerde
Hendrik in alle rust zijn nog altijd veel uitgevoerde *Ricercare*[17]
voor orkest: geheimzinnige, fijnzinnige muziek, waarin hij
speelt met contrasterende thema's. Het is ook een ode aan Bach:
de letters van zijn naam, omgezet in notentaal (bes-a-c-b) vormen een van de thema's.

Hendrik heeft in de Utrechtse Catharinakathedraal zijn geliefde orgel achter moeten laten. In Den Haag moet hij net als
een gewone parochiaan in de kerkbanken zitten.

'Dan zaten we met zijn drieën naast elkaar op het bankje,' vertelt Louis daar jaren later over. 'Hij vond die organisten natuurlijk
vreselijk lelijk spelen, maar was te beleefd om dat te zeggen.'

Hendrik Andriessen (inmiddels zestig jaar) heeft verschillende functies die hij in Utrecht en Amsterdam bekleedde laten
vallen. Daardoor heeft hij meer tijd gekregen om te componeren. In de tijd dat Jurriaan in Amerika zit, schrijft hij onder
meer een orgelconcert, het *Concerto per organo e orchestra*. Het

gaat in première bij het Concertgebouworkest onder leiding van Pierre Monteux, met Hendrik zelf achter het orgel. Het is een van de laatste keren dat hij als orgelsolist optreedt. Enkele jaren ervoor had hij eindelijk een grote wens kunnen vervullen: hij schreef een opera. *Philomela* heet het muziekdrama, gebaseerd op 'een barbaars gegeven', zoals hij dat zelf omschrijft in een radiointerview uit 1963. In datzelfde gesprek vertelt hij dat hij al heel lang een 'furieuze opera' wilde schrijven. 'Ik had het verlangen een bepaald soort muziek te maken. Die muziek had ik ook in me, maar die kon ik nergens anders kwijt. Niet op het orgel, niet in kamermuziek of in een zangstuk. Maar nu kon het. Dat was die opera. Mensen hebben vaak gedacht hoe kan die man nu zo'n woeste opera maken? Ja, dat heeft-ie toch gedaan.'[18]

Philomela gaat, in het heel kort, over de tiran Tereus die de zuster van zijn vrouw verkracht, de tong uitsnijdt en laat opsluiten. Wanneer de zussen (Prokne en Philomela) elkaar desondanks toch vinden nemen ze wraak door Tereus' zoon te slachten en zijn vader het vlees te laten eten.

De opera wordt in 1950 door de Nederlandse Opera tijdens het Holland Festival uitgevoerd in de Koninklijke Schouwburg. Het van erotiek en wreedheid doorspekte libretto is gebaseerd op een tekst uit de *Metamorfosen* van Ovidius en geschreven door de Utrechtse dichter Jan Engelman. Hij is een leeftijdgenoot van Hendrik en een – vooral in katholieke kringen – omstreden auteur. Wat hij schrijft is totaal andere koek dan de vriendelijke teksten van Guido Gezelle, waar Hendrik in de jaren dertig mee werkte. Het tekent zijn open, onafhankelijke geest, maar het betekent zeker niet dat hij in de loop van de jaren minder gelovig is geworden. Dat Jurriaan, eenmaal te-

Jurriaan componerend in het ouderlijk huis in Den Haag, 1952. (Bron: Haags Ge-meentearchief)

rug uit Amerika, er openlijk voor uitkomt dat hij absoluut niet meer in God gelooft, schokt Hendrik diep.

Jurriaan wordt, zodra hij weer in het land is, bestormd door journalisten van diverse Nederlandse kranten en tijdschriften. Maar een van de eerste dingen die hij doet is, net als vroeger, met zijn vader vierhandig piano spelen. Hij met een bunge-lende sigaret losjes tussen de lippen, zijn vader met een pijp in de mond en de twaalfjarige Louis vol bewondering ernaast. Zo worden ze gefotografeerd door de fotograaf van het weekblad *De Spiegel,* 'enkele weken na zijn thuiskomst'. De *Spiegel*-jour-nalist beschrijft in het artikel Jurriaan als 'nog dezelfde spon-tane en eenvoudige jongen die bijna drie jaar geleden vol goede moed en enthousiasme en een beetje verbaasd over de eer die hem met die uitnodiging te beurt viel, naar het land der dui-zend mogelijkheden vertrok.'

De spontane jongen kan meteen aan de slag. Hij krijgt opdrachten van de radio, waaronder het schrijven van muziek
voor hoorspelen (het kinderhoorspel *Peppino en zijn ezeltje* in
1953 en *Wat is geluk* uit 1954). Daarmee treedt hij in zekere zin
in de voetsporen van zijn vader die na de oorlog voor de KRO
schoolradiouitzendingen maakte over muziek en over componisten. Hendrik schreef de teksten zelf en las ze ook voor. Zo
begon hij op 30 oktober 1948 een les over *Eine kleine Nachtmusik* van Mozart: 'Neen, Nachtmusik is niet iets donkers, al
betekende zeer lang geleden, dat een nachtmuziek (serenade)
des avonds of des nachts werd gespeeld. De bedoeling van dit
stuk van Mozart is juist de opgewektheid te doen klinken.'[19]

Jurriaan pakt ook de draad weer op bij de Haagse Comedie, het toneelgezelschap waarvoor hij al voor zijn vertrek naar
Amerika verschillende toneelcomposities heeft geschreven. Hij
is een fervent autorijder. In de Verenigde Staten heeft hij een
open sportwagen gekocht, en hij mag daar, met veel Amerikaans flair, graag in rondtouren. Hij beweert dat hij tegelijkertijd kan autorijden en componeren.[20] Dat kan hij waarschijnlijk
ook echt, net zoals zijn vader Hendrik in zijn hoofd kon blijven
doorcomponeren terwijl hij andere dingen deed.

In augustus 1952 krijgt Hendrik Andriessen er weer een baan
bij. Hij wordt benoemd tot buitengewoon hoogleraar muziekwetenschap aan de Radboud Universiteit. Vanaf dat moment reist
hij wekelijks van Den Haag naar Nijmegen om college te geven.

De heren willen het met je proberen

In het Haagse huis van Hendrik is het een stuk minder druk en
hectisch dan het in Haarlem en Utrecht was. Maar levendig is

het er nog altijd. Tekenaar Peter Vos komt er geregeld over de vloer. Hij herinnert zich met terugwerkend plezier de verhalen die Hendrik aan tafel vertelde tijdens het eten.

'Hij had een vrolijke, enthousiaste manier van vertellen. Omdat hij te aardig was om te weigeren kreeg hij op het conservatorium altijd de rottige klusjes toegeschoven. Dus wanneer er leerlingen waren afgewezen of gezakt, moest hij de nare boodschap overbrengen aan de ouders. Eens vertelde hij aan tafel dat hij zo'n gesprek had moeten voeren met een dame die nogal hardhorend was. Haar zoon was voor de tweede keer afgewezen en ze begreep maar niet waarom, want – zo vertelde ze aan Hendrik – een bepaalde docent van het conservatorium vond haar zoon erg begaafd. Waarop Hendrik Andriessen tegen haar moest zeggen: "Dat kan heel goed, maar die mijnheer bepaalt niet wie er toegelaten wordt, maar ik." Maar omdat ze zo slecht hoorde moest hij dat een paar keer herhalen en steeds harder. En dan klinkt het heel anders. En dan deed hij voor hoe akelig en autoritair dat dan klonk. Ik hoor het hem nog zeggen en weet nog hoe we daar om moesten lachen.'[21]

Aan Louis hoeft Hendrik geen nare boodschappen over te brengen. Louis slaagt glanzend voor zijn toelatingsexamen. In 1954 wordt hij toegelaten voor de hoofdvakken piano, compositie en muziektheorie. 'De heren willen het met je proberen,' zegt Hendrik Andriessen met een mooie mengeling van humor, trots en ernst als hij hem kan vertellen dat hij is aangenomen. Het is een understatement van jewelste, dat jarenlang als grap door de familie zal gaan.

Jurriaan blijft niet lang bij zijn ouders wonen. In 1952 verdwijnt hij een paar maanden naar Milaan met een studiebeurs van de Italiaanse regering. Bij de Haagse Comedie heeft hij intussen actrice Kathenka van der Werff ontmoet. Hij wordt verliefd op haar en zij – het duurt een poosje voor ze erachter komt dat die branieschopper in zijn sportwagen in wezen een onzekere lieverd is – ook op hem. Eigenlijk gelooft Kathenka 'absoluut niet in het huwelijk'. Tot ze Jurriaans ouders leert kennen. 'Die twee mensen waren zo echt gelukkig met elkaar dat ik dacht: misschien bestaat het toch wel.'[22] Hendrik en Tine sluiten Kathenka meteen in hun hart, ook al is zij niet katholiek en moet Jurriaan, zoals Kathenka dat uitdrukt 'daar veel over praten met zijn vader'. Hendriks vriendelijkheid, brede belangstelling, gevoel voor humor en opgewektheid nemen haar meteen voor hem in en zij plaagt Jurriaan regelmatig door te zeggen dat ze alleen maar met hem trouwt om zijn vader. Ze trouwen in juli 1953 – Jurriaans oudere broer en bondgenoot uit zijn jeugd Nico is getuige – en gaan wonen op de Laan van Meerdervoort in Den Haag.

In 1955 begint Hendrik, die Louis vanaf zijn jonge tienerjaren ('met grote strengheid') heeft geholpen met zijn vroege composities, met zijn gezondheid te sukkelen. Jurriaan neemt die taak dan van zijn vader over. De volgende anderhalf jaar stapt Louis regelmatig op zijn fiets om bij zijn grote broer 'over de noten te praten'. Het zijn de beste lessen die hij ooit zou krijgen. 'Dat ging voornamelijk over de praktijk, hoe je technische problemen oplost.'[23]

Om goed te leren componeren had hij zich geen betere leraar kunnen wensen. Jurriaan heeft tegen deze tijd een schat aan praktische compositie-ervaring opgedaan. Hij heeft al heel veel filmmuziek, balletmuziek en toneelmuziek geschreven. Hij weet precies wat werkt en wat niet, hoe je muziek moet aanpassen aan de omstandigheden waarin ze moet gaan klinken, welke

Jurriaan in de Verenigde Staten, begin jaren vijftig. (Bron: Nederlands Muziek Instituut)

klankkleuren en effecten je kan bewerkstelligen en wat de specifieke technische en sonore eigenschappen van alle mogelijke instrumenten zijn. Om teksten en beelden kracht bij te zetten of associaties en emoties op te roepen, is Jurriaan alsmaar inventiever geworden in het inzetten van ongebruikelijke instrumenten. In de muziek die hij schrijft bij het toneelstuk *De Storm* van Shakespeare verwerkt hij een Hammond-orgel, dat hij onaardse klanken laat produceren die goed werken bij de magische scènes in het stuk. In een ander Shakespearestuk gebruikt hij om de sfeer van die tijd op te roepen juist weer blokfluiten, hoger gestemde altviolen (om het effect van een oude vedel te bereiken), tamboerijn, klavecimbel of een celesta. Voor een theaterstuk gebaseerd op een Chinees verhaal verdiept hij zich uitgebreid in Chinese muziek met kwarttonen. Ook verwerkt hij regelmatig op band opgenomen geluiden in zijn composities.

Jurriaans opdrachten voor radio, film, ballet en toneel brengen het nodige brood op de plank, niet onbelangrijk voor een componist die aan het eind jaren vijftig van de twintigste eeuw een gezin heeft met twee schattige kinderen (Gijs en Nils). Daarnaast blijft hij op gezette tijden ook niet-functionele muziek componeren, zoals *Astrazione per pianoforte* uit 1958. Voor dat stuk bedenkt hij zelfs een nieuw toonsysteem, net als later Peter Schat met zijn 'toonklok' zal doen en Anton Schönberg met zijn twaalftoonsmethode deed.[24]

Louis heeft zelf nog een eigenwijs stuk voor ons gecomponeerd, waarbij we halverwege van plaats moesten wisselen

In 1958 ontstaat de eerste twaalftoonscompositie van Louis Andriessen, *Séries*, voor twee piano's. Het is een van de eerste Nederlandse twaalftoonswerken. Het Koninklijk Conservatorium in Den Haag, waar Louis compositie studeert, heeft zich onder leiding van componist en docent Kees van Baaren ontwikkeld als broedstoof voor de moderne muziek die zich via Oostenrijkse componisten als Anton Schönberg, Alban Berg en Anton Webern over het Europese componeren verspreidde. Voor de componisten van die stroming is de tonale muziek passé. Met de twaalftoonstechniek zijn alle twaalf noten van de toonladder even belangrijk geworden. Kees van Baaren is een vurig voorstaander van het nieuwe componeren en geleidelijk aan voelt ook Louis zich helemaal thuis bij de avant-garde van de twaalftoonsmuziek.

Dat betekent niet dat Louis de oude vertrouwde klassieke muziek overboord gooit, want in diezelfde periode begint hij met zijn acht jaar oudere zus Caecilia op te treden als pianoduo. Zij is een aantal jaren hiervoor afgestudeerd aan het Haagse conservatorium en heeft een groeiende lespraktijk. Met de komst van dit duo verschijnt er dus een vierde Andriessen op de muziekpodia. Louis en Caecilia voeren muziek uit van verschillende muzikale periodes en stijlen, van de eind-zestiende-eeuwse Engelse virginalisten tot eigentijdse werken.

Het duo was spelenderwijs ontstaan, vertelt Caecilia Andriessen: 'We speelden thuis allemaal met elkaar in diverse combinaties, maar vooral veel quatre-mains. Als kleuter maakte ik muziek met mijn moeder, daarna met mijn zusjes en vervolgens met mijn broers. Er was een hele hoop quatre-mains-muziek in huis.'[25]

Caecilia woont dan nog bij haar ouders. De oudere broers en zussen zijn al lang de deur uit, alleen Louis is er nog. Ze zitten dus vaak samen achter de piano.

Caecilia Andriessen heeft het opgroeien in een gezin vol muzikale talenten altijd ervaren als 'erg leuk', hoewel het haar ook een 'minderwaardigheidscomplex' bezorgde. Dat kwam vooral door haar zus Leentje (Heleen), met wie ze een sterke band had. 'Leentje was mijn voorbeeld, die kon álles: prachtig pianospelen en fluitspelen, leuk improviseren én tekenen (er hangen twee schilderijen van Leentje in het huis van Caecilia). Daardoor dacht ik: ik moet maar niet naar het conservatorium, want wat Leentje kan, dat kan ik toch niet.'

Bij de Andriessens gaat 'iedereen in de muziek', maar Caecilia zoekt het ergens anders. Op de Haagse hbs ontwikkelt ze samen met haar schoolvriendin Annet Nieuwenhuyzen (de latere actrice) een ware passie voor toneel. Ze gaan zo vaak ze kunnen. Geld voor toneelvoorstellingen hebben ze niet, maar ze ontdekken dat ze via de artiesteningang en de foyer zonder betalen de zaal in kunnen als ze doen of ze erbij horen. Na een paar keer worden ze betrapt door de schouwburgdirecteur. Hij strijkt zijn hand over zijn hart en geeft ze vanaf dat moment af en toe vrijkaartjes.

Caecilia speelt zoveel ze kan in het schooltoneel. Ruim een halve eeuw later kan ze nog proestend van de lach vertellen hoe ze eens in een stuk van Godfried Bomans de hoofdrol had, en Annet (met wie ze nog altijd bevriend is) een figurantenrolletje.

Na de hbs gaat Caecilia naar de toneelschool, maar na een halfjaar weet ze al dat ze daar niet thuishoort. Ze zal er een prachtige dictie aan overhouden, en een podiumprésence van jewelste. Dat komt haar later goed van pas, als ze door het hele land lezingen geeft. Of die nu gaan over haar eigen familie, vrouwelijke componisten, of over muziekstukken: wie haar bezig ziet weet dat ze het heerlijk vindt op het podium.

Het wordt uiteindelijk toch het conservatorium voor Caecilia. Ze studeert er piano en orgel en heeft in het eerste jaar
analyse van haar eigen vader. 'Pappa gaf briljant les. Hij had
zo'n eigen kijk op de dingen.' Haar prestaties zijn zo goed dat
ze tot twee keer toe een beurs van de Italiaanse regering krijgt
om in Italië de handschriften te bestuderen van de sonates van
Domenico Scarlatti.

In die tijd, de eerste helft van de jaren vijftig, moet ze al gemerkt hebben dat ze niet op mannen viel. Lesbisch zijn was toen
een levensgroot taboe, dus die gevoelens hield je geheim, zelfs
voor jezelf. Nog maar in 1949 was grote ophef ontstaan over
de homo-erotische passages in *Eenzaam avontuur* van Anna
Blaman. Het moet voor Caecilia dan ook een benauwende ontdekking geweest zijn, waarover ze met geen mens kon praten.
Dat hoefde ook niet, want haar moeder had het al begrepen.
Caecilia: 'Ik was 22 toen mijn moeder na een bezoek aan een
Duitse zangeres, die samenwoonde met een vriendin, tegen me
zei: "Als ik zie hoe gezellig die het samen hebben: nou, dat kan
ook heel goed. Dus als jij geen zin hebt om te trouwen: van mij
hoef je niet hoor, het huwelijk is ook niet alles.' Daar ben ik haar
eeuwig dankbaar voor. Daardoor dorst ik mijzelf te bekennen
dat ik van een vrouw kon houden." Tine praatte er niet over
met Hendrik, want 'over zulke dingen praatte je nu eenmaal
niet met vader. Mijn moeder vond dat je niet alles hoefde uit te
spreken. Dat was een grote wijsheid van haar.'

Later hoorde ze dat Nico aan zijn oudste zus Gesina gevraagd had: 'Zou Caecilia lesbisch zijn geworden, omdat Jur
en ik haar vroeger zo geplaagd hebben?' Ze schatert als ze het
vertelt. 'Hij had spijt, maar dat hoefde niet hoor, want ik was
heel gelukkig in het leven.' Tussen de katholieke kerk en Cae-

Hoofden boven een muurtje (1954). Links Hendrik, derde van links Wim Witteman en naast hem Louis. Laatste twee: Caecilia en Peter Vos. (Bron: familie-archief)

cilia botert het niet. Ze gaat nog wel eens naar de kerk, maar de houding van 'Rome' ten opzichte van vrouwen en homofilie zint haar niet: 'Hoezo onnatuurlijk, ik volg juist mijn natuur.' Ze weigerde eens een interview te geven aan het conservatieve *Katholiek Nieuwsblad*. Dáár wilde ze haar naam niet in hebben.

Het pianoduo Caecilia en Louis Andriessen speelt in het circuit van kleine zalen, zoals De Suite in Amsterdam, Het Venster in Rotterdam en De Zingende Zolder in Den Haag. Ook treden ze regelmatig op voor de radio. Ze spelen stukken als *Ma Mère l'Oye* van Ravel, *Jeux d'Enfants* van Bizet en *Pupazzetti* van Alfredo Casella (dat Louis in 2003 nog zal bewerken voor ensemble). Voor nieuwe stukken kloppen ze aan bij bevriende componisten.

'We hadden aan Rob du Bois, toen een componist in opkomst, gevraagd een stuk voor ons te schrijven. Het stuk heette

Rondeaux.[26] Ik moest behalve pianospelen een gedicht zeggen, en samen moesten we allerlei slagwerkinstrumenten bespelen.

Louis heeft zelf ook nog een eigenwijs stuk voor ons gecomponeerd, waarbij we halverwege van plaats moesten wisselen. Dat was natuurlijk nergens voor nodig, maar in de zestiger jaren deed je dat soort dingen.'

Samenspel-lessen en lezingen

Na een jaar of zes houdt het duo op te bestaan. Louis is afgestudeerd aan het conservatorium en wil niet meer als pianist optreden. 'Ik wil componeren, ik ben componist,' zegt hij. Caecilia heeft het ook te druk. Ze heeft zich ontwikkeld tot een pianopedagoge die geen genoegen neemt met de uitgesleten paden van de pianopedagogiek. Ze geeft onder meer les aan de Rotterdamse Muziekschool, en bedenkt nieuwe groepslesmethodes.

'Dat is voor kinderen namelijk veel leuker dan als je in je eentje naast die pianojuf zit die alles al kan. Als je iets moeilijk vindt en je ziet je vriendje verderop aan de piano die het ook moeilijk vindt, dan heb je steun aan elkaar.' Groepslessen op de muziekschool houden meestal in dat iedereen om de beurt zijn opgedragen stukjes speelt terwijl de anderen wachten op hun beurt. Caecilia maakt er een samenspel-les van. 'Op een muziekschool was er nooit samenspeel-mogelijkheid voor pianisten. Zangers konden in het muziekschoolkoor, instrumentalisten hadden het orkest of konden in ensembles spelen. Maar pianisten vielen altijd buiten de boot.'

Ze bedenkt iets waardoor alle leerlingen tegelijk samen kunnen spelen. Ze laat bijvoorbeeld een paar kinderen de eerste hand spelen van een pianostukje en een ander groepje de an dere, waarna de rollen worden omgedraaid. Of ze laat een leerling het ritme klappen terwijl de anderen spelen en ze leert ze ook improviseren. Haar methode wordt een succes. Ze geeft er door het hele land lezingen en demonstraties over, en later ook in Duitsland. De methode slaat zo aan, dat haar wordt gevraagd iets dergelijks voor volwassenen te doen. Nog altijd geeft ze groepspianolessen voor volwassenen op verschillende plaatsen in Nederland en jaarlijks ook een periode in Engeland.

Tot haar spijt heeft ze de methode nooit op schrift gesteld. De pianolesboeken die ze samenstelde zijn wel uitgegeven en sommige worden nog veel gebruikt. Voor die pianoboeken, zoals *Avonturieren op twee klavieren*, bewerkte ze niet alleen bestaande werken maar componeerde ze ook nieuwe stukken. Als ze ergens niet uitkwam kon ze altijd bij broer 'Jur' aankloppen om advies.

Ze schreef onder andere een bundel met korte speelstukjes in oude en moderne toonreeksen (*Mini en Modern),* en een verzameling met jazzy stukjes die de naam *Easy Pop* kreeg. De illustraties in *Easy Pop* (tekeningen van schildpadden en poezen) waren van haar neef Jurriaan Andriessen jr. Hij was graficus en de zoon van Caecilia's oudste broer Nico. Ook verscheen er van haar hand een bundel voor beginnende violisten (*Little things for open strings*) en een voor kinderkoor (*Beestebende*), met muziek van Caecilia en op tekst van kinderboekenschrijver Dolf Verroen. Met plezier en trots vertelt ze dat ze eens muziek heeft geschreven voor een mammoetmanifestatie in de grote zaal van De Doelen in Rotterdam. Op het podium stonden twintig piano's met aan elk instrument drie leerlingen. Voor dit 'piano-orkest' schreef ze vijfstemmige stukjes waarin vijf groepen van vier piano's hetzelfde speelden. Ook die stukken zijn uitgegeven onder de naam *Spelen met Liszt*. Een van haar eerste

Het pianoduo Caecilia en Louis Andriessen. (Bron: familiearchief)

pianoboeken, *Sinterklaas, ik kan al pianospelen* gaat nog altijd, zoals ze zegt, 'als kadetjes'. De opvolger met kerstliedjes evenzo.

Naast haar drukke lespraktijk was Caecilia Andriessen dertig jaar lang dirigente van het koor van de Russische Katholieke Kerk in Den Haag.

Op het moment dat dit boek verschijnt geeft ze nog altijd les. Zowel 'gewoon' pianoles, bij haar thuis, maar ook samenspellessen (of workshops) voor volwassenen. Daarnaast geeft ze lezingen over verschillende onderwerpen (Russische componisten, vrouwelijke componisten, de 'Groupe des Six', Schubert) en houdt ze toelichtingen bij concerten van het Rotterdams Philharmonisch Orkest. Ook gaat ze jaarlijks mee met een busreis voor muziekliefhebbers naar een 'Schubertiade' in Oostenrijk. Op de heenreis vertelt ze in de bus over het leven van Schubert en over de kunst van het begeleiden van liederen. Aan de hand van muziekvoorbeelden laat ze horen dat de pianopartij even belangrijk en moeilijk is als de zangpartij en dat het dus in feite niet juist is de pianist 'begeleider' te noemen.

Objectief gezien is Caecilia Andriessen bejaard, maar geen mens geeft haar de leeftijd die ze officieel heeft. In 2009 verloor ze haar partner, de pianiste Tan Krone met wie ze zeventien jaar een relatie had en met wie ze in 2008 was getrouwd. 'Toen Tan gestorven was dacht ik dat ik zelf ook wel gauw zou doodgaan. Maar dat gebeurde niet, ik ben veel te gezond. Toen dacht ik: ik moet in ieder geval mijn werk goed doen. Ik krikte mezelf op en ging weer lessen geven en cursussen. Zo wilde Tan dat ook. En zo kan ik het volhouden zonder haar. Het werken houdt me op de been.'

Door het samenspelen als duo, maar ook doordat zij en Louis samen als laatste thuis waren overgebleven, heeft Caecilia een speciale band met haar jongste broer. Louis schrijft composities voor haar als cadeau voor mijlpaal-verjaardagen, zoals *Romance for Caecilia* in 1991, toen ze zestig werd.

Hier worden inderdaad drukke discussies over de systemen in de muziek gevoerd

Ook Louis gaat na de opheffing van het (overigens naamloze) duo Andriessen hard aan het werk. Aan het begin van de jaren zestig heeft hij al heel wat stukken op zijn naam staan die geschreven zijn met gebruikmaking van de verschillende moderne compositiemethoden.

Aan tafel in de Haagse Ernst Casimirlaan wordt veel gepraat over de nieuwe manier van componeren. Dat blijkt uit een brief uit februari 1959 die Hendrik schrijft aan Annie van Os, een oude huisvriendin: 'Hier worden inderdaad drukke discussies over de systemen in de muziek gevoerd. Ik moet de jongens wel manen in vrede te blijven (Jurriaan is zéér tegen de Webernianen).'[27] De Oostenrijkse componist Anton Webern, leerling van Arnold Schönberg, heeft de aanzet gegeven tot de veel dogmatischer stroming van strenge seriële muziek, waarbij alles – melodie, harmonie, ritme, klanksterkte, enz. – dient te worden geconstrueerd volgens reeksen. Jurriaan vindt die manier van componeren, gebaseerd op berekeningen en regels, helemaal niets. Het stuit hem tegen de borst. 'Ik ben niet bereid alles van tevoren te gaan vastleggen: dat kan ik fysiek gewoon niet opbrengen. Ik wil het idioom, de klank, het effect van een stuk oproepen tijdens het componeren en niet alles van tevoren becijferen. De gedachtegang is belangrijker dan de meetlat,' zegt hij in een interview met componist Otto Ketting in het weekblad *Elsevier*.[28]

Hij kan het wel, serieel componeren – Jurriaan beheerst in feite iedere compositiestijl – maar zijn stijl en compositie-middelen zijn ook echt alleen 'middelen', gereedschappen om 'mooie muziek' te kunnen schrijven, zoals hij dat simpelweg noemt. Nooit doel op zich.

Ook Hendrik Andriessen laat in sommige werken, zoals in de *Symfonische Etude* uit 1952, de tonaliteit los, maar de super-constructivistische manier van het modernistische componeren past hem niet.

Omdat hij het in zijn hoofd hoorde rammelen

Een paar jaar na zijn terugkeer uit Amerika heeft Jurriaan Andriessen uiteindelijk zijn draai gevonden in Den Haag. Met Kathenka en hun twee zoontjes, en met een agenda die voortdurend volstroomt met opdrachten. Hij begint al een beetje een onderkin te krijgen en rookt inmiddels – net als zijn vader – af en toe een pijp.

Caecilia achter het clavichord. (Bron: familiearchief)

Jurriaan wordt in 1954 huiscomponist van de Haagse Comedie (Muzikaal Adviseur, zo heet zijn functie officieel). Daarnaast schrijft hij aan de lopende band andere stukken. Voor radio, film en televisie, maar ook op zichzelf staande composities.

Tegen het eind van het decennium overkomt hem nog iets eervols. In november 1959 komen koning Bhumibol en koningin Sirikit van Thailand op regeringsbezoek. Daarbij wordt het Thaise koningspaar vergast op een galaconcert door de Koninklijke Militaire Kapel in de Kurzaal van Scheveningen. Er wordt een aantal muziekstukken van Nederlandse componisten uitgevoerd, maar het belangrijkste werk is de *Rhapsodie Thai* van Jurriaan Andriessen. Hij heeft het stuk gecomponeerd op basis van vier melodieën die koning Bhumibol, die graag een beetje in de muziek liefhebberde, zelf had aangeleverd. Op een foto is te zien hoe Jurriaan de koning van Thailand met een buiging (hij moet ook wel, want de koning is niet zo groot) de partituur overhandigt. Jurriaan wordt bij die gelegenheid benoemd tot Ridder in de Orde van de Witte Olifant.[29]

In opdracht van de Nederlandse regering schrijft hij in 1962 de televisieopera *Kalchas*, naar een toneelstuk van Tsjechov. Net als zijn vader wilde Jurriaan altijd al graag opera's schrijven. In het interview met Otto Ketting zegt hij: 'In de eerste plaats ben ik toneelcomponist. Maar als er een opera in Nederland was, was ik in de eerste plaats operacomponist. Mijn terrein is de opera, dat doe ik ook gewoon goed: emoties vertellen in muziek, en daarvoor is de opera het aangewezen terrein.' *Kalchas* wordt door de pers met gemengde gevoelens ontvangen, toch noemt hij het werk in het interview met Ketting een van zijn beste stukken.

In diezelfde periode componeert hij de muziek bij de Nederlandse speelfilm *Dorp aan de rivier* van regisseur Fons Rademakers naar een boek van Anton Coolen.

Jurriaan Andriessen is op dat moment een van de toonaangevende componisten van Nederland. Als er iets belangrijks te
herinneren of te vieren is, wordt hij gevraagd om voor die gelegenheid de muziek te schrijven.

Componeren doet hij dan ook elke dag, gedisciplineerd
en gestaag, als een ambtenaar: van halfnegen tot halfvijf. Wat
hij componeert is bijna altijd in opdracht. Heel soms niet. Zo
schrijft hij in 1994 een *Trompet-sonate*, gewoon, omdat hij 'het
in zijn hoofd hoorde rammelen.'[30] Bovendien treedt Jurriaan
ook nog zo af en toe op in een jazzcombo onder de naam 'Leslie
Cool' (naar het sigarettenmerk dat hij in Amerika rookte).

Hoe druk hij het ook heeft, hij is nooit de vaak afwezige vader die Hendrik was. Voor zijn zonen Nils en Gijs zet hij alles
opzij. Hij helpt ze met hun huiswerk en haalt ze als het zo uitkomt midden in de nacht op van een feestje of als ze ergens met
een lekke band staan.

'Je kon over alles met hem praten,' zegt zijn zoon Nils. 'Hij is
met mij naar de NVSH gegaan om de morningafterpil te halen,
terwijl de ouders van het meisje niet eens wilden weten dat we
al seksueel contact hadden.'

Bij Jurriaan was het niet zo'n open huis als bij Hendrik. Nils:
'Mijn vader was helemaal niet zo sociaal. Veel vrienden over de
vloer, dat vond hij maar lastig. Hij was altijd wel heel gezellig
op repetities en zo, maar de mensen die hij tijdens zijn werk
ontmoette hoefden wat hem betrof niet allemaal mee naar huis.'
In andere opzichten lijkt Jurriaan wel op zijn vader, voor wie hij
grote bewondering heeft. Zo zegt hij in het al eerder aangehaal-

de interview met Otto Ketting: 'Ik heb niet wat sommige romanschrijvers hebben, dat ze op het laatst niet meer weten wat hun personages gaan doen. Ik kan de eerste maat niet opschrijven als ik niet weet hoe de laatste maat eindigt. Niet dat ik alle noten gehoord heb, maar de grove lijnen. In het boek *Compositionslehre* van Hindemith staat daar een aardige zinsnede over. Die begint met "Hoe kan een componist zich herkennen? Dat is als hij 's avonds in het donker voor het raam staat en hij ziet niks, er komt een bliksemflits en hij ziet het hele landschap."'

Het doet denken aan wat Hendrik Andriessen in een radio-interview in 1972 zou zeggen: dat hij een compositie in zijn geheel in zijn hoofd bewaarde tot hij tijd had om hem uit te schrijven.

Naar Amerika zal Jurriaan nooit meer teruggaan. Van zwierige jongeman, een globetrotter die zich overal thuis voelde, wordt hij iemand die het liefst thuis zit. Soms voor de televisie 'om zijn hoofd leeg te maken'. Gewapend met een stok zodat hij zonder op te staan de tv kan bedienen, zoals zijn zonen zich later grinnikend zullen herinneren. Maar meestal is hij aan het componeren in zijn werkkamer.

Jurriaans componeren is wezenlijk beïnvloed door Amerika, en waarschijnlijk ook de manier waarop hij in het leven staat. Amerikaanse componisten hebben minder last van de Europese muzikale traditie van grootheden als Bach, Mozart, Beethoven, Mahler en Wagner – eeuwenlang de maatstaven van het componeren. De drang om radicaal te experimenteren met nieuwe muziek is dan ook minder groot dan bij hun Europese collega's. Ze kunnen vrij kiezen uit wat ze van vroegere of eigentijdse Europese componisten oppikken, en combineren dat zorgeloos met wat er in eigen land aan muziek is ontstaan. De grens tussen serieuze (klassieke) muziek en niet-serieuze muziek (jazz, gospel, musical, filmmuziek of popsongs) is er minder scherp en minder aanwezig dan in Europa.

Jurriaan is aangestoken door de zorgeloze houding waarop Amerikanen omgaan met verschillende muziekgenres. Hij is de eerste Nederlandse componist die popmuziek, jazz, wereld-muziek en andere 'triviale' muzikale genres in zijn composities verwerkt. En hij schrijft net zo gemakkelijk muziek voor film, toneel, of reclames. (Zeg 'Zanussi' en bij velen zal Jurriaans mu-ziekje nog dagen door het hoofd spelen.)

Jurriaan voelt zich niet (zoals zijn broer Louis) geroepen de muziektaal te vernieuwen. Hij zal daar in de jaren zeventig, wanneer componisten die tonale muziek schrijven genadeloos aan de kant worden gezet, behoorlijk last van krijgen.

5 Verschuivend landschap

De Hollanders hebben gevoelsschaamte...

Aan het begin van de jaren zestig zijn er drie componerende Andriessens in Nederland: Louis krijgt in 1960 zijn eerste staatsopdracht, een kamermuziekstuk voor drie blazers.

Hendrik blijft actief en aanwezig in het muziekleven. Op 7 januari 1960 (67 is hij dan) krijgt hij de Professor van der Leeuwprijs uitgereikt, die is ingesteld door Philips Phonografische Industrie.[1] Hij krijgt hem voor de acht jaar eerder geschreven *Symfonische Etude*. Het was in de loop van de jaren een repertoirestuk geworden dat in binnen- en buitenland veel werd uitgevoerd. In dat jaar is de *Etude* op langspeelplaat uitgebracht – vandaar de prijs. Muziekcriticus Wouter Paap schrijft in het tijdschrift *Mens en Melodie*: 'Het stuk bezit het vermogen om de toehoorders als bij toverslag in het rijk der muziek te verplaatsen.' Hendrik Andriessen krijgt het voor elkaar om met dit stuk, waarin twaalftoonsmuziek en melodieuze tonale muziek harmonieus samengaan, vriend en vijand van de moderne muziek (al dan niet tijdelijk) met elkaar te verzoenen.

Een paar maanden later componeert hij een nieuwe mis, de *Missa Cogitationes Cordis*. Oók een vernieuwend stuk, want het is moderne liturgische muziek met een ingecomponeerde, actieve rol voor de kerkbezoekers: ze mogen meezingen. 'Hendrik Andriessen heeft de kerkcompositie zowel in geestelijk als in melodisch en contrapuntisch opzicht aan een bijna rigoureus vereenvoudigingsproces onderworpen,' schrijft de onvermijdelijke Wouter Paap in zijn *Mens en Melodie*. In de mis zitten vierstemmige koorstukken om naar te luisteren en eenstemmige om mee te zingen. 'De melodieën voor de volkszang zijn eenvoudig, en kunnen zowel door volwassenen als door kinderen geleerd worden. Hoe meer schoolkinderen hoe liever,' schrijft Hendrik in het voorwoord van de mis. Een paar maanden later speelt hij in Utrecht op het Domorgel tijdens een orgelimprovisatieconcert met collega's Jan Mul[2] en Anthon van der Horst.[3] De organisten geven elkaar de thema's op waarop geïmproviseerd moet worden. In 1961 wint Hendrik weer een prijs, de Sweelinckprijs,[4] voor zijn bijdrage aan de Nederlandse orgelcultuur.

Hij is veel ziek geweest in de jaren vijftig. Zo ziek zelfs, dat hijzelf en iedereen om hem heen dacht dat hij zou sterven. Twee keer wordt hij met de heilige sacramenten van de katholieke kerk 'bediend'. Want hoe open Hendrik ook staat tegenover nieuwe en moderne ideeën en opvattingen: hij blijft zijn kerk trouw.

Daar is niets tegenstrijdigs aan, legt Louis Andriessen jaren later uit: 'Het was de instelling van: als je iets doet, moet je het ook echt en goed doen. Net als bij musiceren of schaken: als je muziek maakt moet je je aan de regels van het musiceren houden, en als je schaakt aan de regels van het schaken. Vader accepteerde alle kerkelijke regels.' Tine was daarin heel anders: 'Tijdens zijn ziekte kon vader natuurlijk niet naar de kerk, dus stuurde hij mijn moeder. Die had daar in haar eentje geen zin in en ging dan een eindje fietsen.'[5]

Scène uit de televisieopera De Spiegel van Venetië (1965) van Hendrik Andriessen.
(Bron: ANP Photo)

Na die ziekteperiode moet Hendrik zich gevoeld hebben
alsof hij weer helemaal opnieuw mocht beginnen. Toch wordt
hij wat voorzichtiger met zijn energie. Hij stopt – na bijna tien
jaar – met het schrijven van columns over muziek in het *Haarlems Dagblad*. Zijn vroegere stadgenoten moeten het voortaan stellen zonder zijn mooie zinnen zoals: 'Muziek deelt een
licht mede en degene die zich in dit licht verliest, is gelukkig
te prijzen.' Of: 'Ik blijf – ondanks herhaalde aanvechtingen van
de duivel – geloven dat de Hollanders muzikaler zijn, dan zij
schijnen te wezen. De Hollanders hebben gevoelsschaamte...'[6]

Zijn broer Willem, conservatoriumdirecteur, pianist en componist – die nog geregeld concerten geeft (met onder meer zijn eigen *Pianoconcert*) – neemt het van hem over. Willem Andriessen (dan 73) neemt in 1960 ook zitting in de jury van de allereerste Edisonprijs, die is ingesteld door de vereniging van platenhandelaren. De Edisons zullen vanaf dat moment jaarlijks worden uitgereikt voor muziekopnames op grammofoonplaat (en later op cd en dvd).

Hendrik lijkt aan een tweede jeugd begonnen. Hij schrijft een *Concert voor viool en orkest*, en een tweede opera: *De Spiegel van Venetië*, op een tekst van Hélène Nolthenius.[7] Hij laat zich hierin van zijn lichtvoetigste kant zien, een groter contrast met zijn voorgaande 'woeste' opera *Philomela* is er niet. *De Spiegel van Venetië* is een knipoog en buiging naar de Italiaanse achttiende-eeuwse commedia dell'arte: met verkleedpartijen en dubbele bodems, maar dan zich afspelend in de oer-Hollandse setting van De Muiderkring in de tijd van P.C. Hooft.

Wanneer hij in 1962 zeventig wordt staat hij weer even in het

Herdenkingspostzegels uit 1965 met De Dokwerker *van Mari Andriessen. Ontwerp O.H. Treumann.*

middelpunt van de belangstelling met verschillende uitvoeringen van zijn stukken, in concertzalen en op de radio. Hendrik componeert zijn eigen feestconcert, het *Pezzo festoso* voor orgel en koperkwartet, dat wordt uitgevoerd tijdens het Holland Festival. Daar wordt ook zijn eerste muziektheaterwerk *Philomela* weer uitgevoerd, dat in 1950 in het Holland Festival in première was gegaan. Twaalf jaar na dato heeft het nog evenveel succes. 'Mij trof vóór alles de felle gloed van het totaal der muziek,' schrijft de recensent van het communistische dagblad *De Waarheid*. Hendrik is er natuurlijk bij in Carré en wordt na afloop, samen met dirigent Paul Pella en librettist Jan Engelman, in de bloemen gezet.

Op de dag van zijn verjaardag, maandag 17 september 1962, stromen de gelukstelegrammen binnen. 'Reeds in enkele uren was hun aantal opgelopen tot een honderdtal,' schrijft de landelijke pers. In alle dagbladen staan lovende artikelen over Hendriks werk: 'Wat in Andriessens muziek treft is de grote eerlijkheid, het onopgesmukte, en het zingende element,' aldus (alweer) *De Waarheid*.[8]

Tweede jeugd of niet, in 1963 stopt Hendrik met zijn hoogleraarschap muziekwetenschap aan de universiteit van Nijmegen. Dat mag dan ook wel voor een eenenzeventigjarige. Wanneer hij 75 wordt, volgen er nieuwe huldigingen, waaronder een concert te zijner ere op het gerestaureerde orgel van de kerk waar het voor hem allemaal begon: de St. Josephkerk in Haarlem. Aan het eind van het decennium verschijnt er een Amerikaanse dissertatie over Hendrik Andriessen aan de Eastman School of Music van de Universiteit van Rochester.[9] Hendrik Andriessen wordt dan dus ook in het buitenland gezien als een belangrijk Nederlands componist.

Dat Mari Andriessen 70 jaar zou zijn kan niemand geloven en moet op een vergissing berusten

De 'eerlijkheid' en dat 'onopgesmukte' dat de *Waarheid*-recensent hoort in de muziek van Hendrik Andriessen is ook terug vinden in de beelden van zijn jongere broer Mari Silvester Andriessen. Ook hij staat dit decennium in de schijnwerpers. In 1967 is er ter gelegenheid van de zeventigste verjaardag van Mari een grote overzichtstentoonstelling van zijn werk in het Frans Hals Museum in Haarlem. Om hem te huldigen schrijft dichter Adriaan Roland Holst een gedicht, waaruit weemoed spreekt en vriendschap. Het laatste couplet gaat als volgt:

> *Zoo vieren wij dan frank en onbevreesd*
> *Zijn feest, en vierend wordt het ook óns feest.*
> *En steekt buiten de wind op, wij bedenken*
> *Hoe schoon het leven is, en is geweest*

Godfried Bomans schrijft in de catalogus van de tentoonstelling: 'Dat Mari Andriessen 70 jaar zou zijn kan niemand geloven en moet op een vergissing berusten. Hiermee is hij voldoende getekend.'[10]

Schrijver P.H. Schröder beschrijft de beeldend kunstenaar als volgt: 'Hij heeft iets van een engel en iets van een duivel, maar álles van een kunstenaar, niet alleen beeldhouwer, maar ook musicus, ook schrijver en bovenal toneelspeler, dat maakt hem zo boeiend.'

Dat muziek belangrijk is voor Mari Andriessen is ook op te maken uit deze overzichtstentoonstelling. Van de bijna honderd beeldhouwwerken zijn er zeventien die met muziek te maken hebben, zoals vier beelden van Mozart en twee van Schubert.

1968: Mari Andriessen en koningin Juliana bij de onthulling van het beeld van koningin Wilhelmina in het Wilheminapark te Utrecht. (Bron: ANP Photo)

In 1968 wordt zijn bronzen beeld van *Koningin Wilhelmina* door koningin Juliana in het Utrechtse Wilhelminapark onthuld. Mari vereeuwigt de oude koningin niet als hoog boven het volk staande vorstin met hermelijnen mantel. Ze lijkt eerder de moeder te zijn van zijn *Dokwerker* die sinds 1952 op het Jonas Daniël Meijerplein in Amsterdam vastberaden staat te wezen. Het beeld van Wilhelmina heeft dezelfde strijdvaardige en onverzettelijke houding.

Het gevoel dat alles anders moet – beter, vrijer, moderner en rechtvaardiger

Nederland is in de eerste helft van de jaren zestig een welvarend land, ook op muziekgebied. Er zijn vijftien symfonieorkesten actief (ter vergelijking: in 2012 zal dat aantal bijna gehalveerd zijn, terwijl het aantal inwoners is toegenomen met circa 5 miljoen). Er zijn ook veel uitstekende Nederlandse componisten (onder wie Leon Orthel, Henk Badings, Rudolf Escher, Peter Schat, Hans Kox, Ton de Leeuw, Jan van Vlijmen, en de drie componerende Andriessens). Internationaal gewaardeerde dirigenten als Bernard Haitink, Eduard Flipse, Willem van Otterloo en Edo de Waart zorgen voor perfecte uitvoeringen.

Toch begint er in Nederland iets te gisten, en niet alleen in de muziekwereld. Ook in de rest van Europa en in de Verenigde Staten wordt het gevoel steeds sterker dat 'het' anders moet. Niet alleen in de muziek en de andere kunsten, maar ook in maatschappij en politiek. Kortom: het hele leven – alles – moet helemaal anders, beter, vrijer, moderner en rechtvaardiger. De Tweede Wereldoorlog is voorbij en de heropbouw voltooid. De wereld is groter geworden door de radio, maar vooral ook met de komst van de televisie. Het is nu voor iedereen zichtbaar hoe overheden en regeringen dezelfde fouten en misdaden begaan als waartegen in de oorlog was gevochten. Vooral Amerika rolt van zijn voetstuk. De gevierde bevrijder en vernietiger van het nazidom wordt het toonbeeld van onderdrukking van met name Vietnam en Latijns-Amerikaanse landen als Colombia.

In de muziekwereld wordt een grote groep jonge componisten en muziekstudenten steeds ontevredener over het beleid van orkesten en concertzalen. Want daar wordt veel te weinig eigentijdse (Nederlandse) muziek gespeeld.

Al in 1960 komt die verontwaardiging tot uiting. Niet in een gestencild conservatoriumblaadje, maar in het gerenommeerde *Mens en Melodie*. In een artikel valt Wouter Paap, de muziekjournalist die het Nederlandse muziekleven van haver tot gort kent, de concertorganisaties aan: 'Wanneer men de berichten omtrent benoemingen en engagementen in het Nederlandse orkestwezen van de laatste tijd eens overschouwt, staat men er versteld van met welk een snelheid en cynisme de directies en impresariaten bezig zijn, deze tak van ons muziekleven te ontnederlandsen (…) Dit betreft niet alleen de buitenlandse dirigenten, die voorop geschoven worden, maar dit heeft vanzelf zijn funeste weerslag op de hedendaagse Nederlandse scheppende toonkunst. Het moet voor de buitenlandse critici en muzikaal ontwikkelde bezoekers van het Holland Festival toch interessant zijn, kennis te maken met Nederlandse composities van deze tijd?'[11]

Daverende pret om Fats Domino

De componerende Andriessens lijken geen last te hebben van te weinig uitvoeringen. Hendriks muziek wordt regelmatig

Sculptuur Strijkkwartet van Mari Andriessen. (Bron: Nederlands Muziek Instituut)

gespeeld en ook Jurriaan heeft geen gebrek aan opdrachten, laat staan aan uitvoeringen van zijn werk. Alleen jammer dat zijn muziek nooit te horen is tijdens het prestigieuze Holland Festival.

In 1960 componeert hij in opdracht van het Nationaal Comité Viering Bevrijdingsdag 5 mei de muziek bij het *Bewegingsspel* dat tijdens de herdenking door de Koninklijke Militaire Kapel en het Nationaal Ballet wordt uitgevoerd. Ook schrijft hij *Balocco*, een zevendelige suite voor hobo solo, en verschijnt bij muziekuitgeverij Donemus zijn *Duo voor twee violen*. Zijn *Rouw past Electra* wordt later dat jaar uitgevoerd door het Frysk Orkest, in een programma samen met Hendriks *Ricercare*. En aan het eind van 1960 speelt het Nederlands Blazers Ensemble Jurriaans *Oktet*. Werk en uitvoeringen genoeg dus.

In 1962 verschijnt er in de KRO-*gids* een interview met Jurriaan naar aanleiding van een radio-optreden van hem met zijn trio Leslie Cool. 'Iedere muziekliefhebber weet dat Jurriaan Andriessen en Leslie Cool dezelfde zijn.' Zo begint het stukje. Jurriaan is in die tijd dus een nationaal begrip, alhoewel hij in dit artikel nog wel wordt aangeduid als 'de zevenendertigjarige zoon van professor Hendrik Andriessen'. Jurriaan woont inmiddels niet meer in Den Haag, maar in het chiquere Wassenaar. Uit dit interviewtje blijkt dat hij zich bewust is van – en meegaat met – de nieuwe tijd: 'Wij spelen de laatste tijd vaak atonale jazzmuziek en dat is toch wel iets eigens. Ik ben er in mijn muzikantenloopbaan genoeg mee in aanraking gekomen om mij erin thuis te voelen (…) Ik ga steeds meer dingen leuk vinden. Onlangs was ik op het jazzfestival in Juan-Les-Pins. Daar heb ik daverende pret gehad om Fats Domino. Is dat niet die zanger die zoveel aanhangers heeft onder de teenagers?'

Datzelfde jaar schrijft hij voor een internationaal congres van longspecialisten de vierdelige *Respiration Suite*. Een letterlijk en figuurlijk luchtig en Frans aandoend stuk (voor blazers, natuurlijk), waarin hij alle kleuren en mogelijkheden van de verschillende blaasinstrumenten, van piccolo tot fagot, prachtig en moeiteloos verwerkt. Er klinkt humor en zorgeloosheid uit deze compositie. Tijdens een diner van het congres wordt *Respiration Suite* door het Nederlands Blazers Ensemble uitgevoerd.

Frappant is dat de componist een stevige roker was. Jurriaan rookte zelfs zo veel dat zijn moeder Tine zijn toen nog aanstaande bruid Kathenka liet beloven dat zij ervoor zou zorgen dat hij stopte met roken. Het is haar nooit gelukt.

Als het om muziek gaat, kan Jurriaan alles. Voor een immens, bijna vierhonderdkoppig jeugdkoor en -orkest schrijft hij in 1964 *Aves*. Hij baseert zich op een tekst uit de klassieke Griekse oudheid van Aristophanes, over Atheners die uit onvrede met de wereld op zoek gaan naar de vogels, om met hen te leven. Hij schrijft een stuk met een flinke batterij slagwerk dat snel ingestudeerd kan worden maar toch uitdagingen genoeg bevat.

'Op zulk een klankrijk instrumentarium is de hedendaagse jeugd gesteld, zowel om het te bespelen als om ernaar te luisteren,' schrijft een muziekjournalist in *Mens en Melodie* waarderend. 'De koorpartijen bieden wat het "treffen" aangaat geen bijzondere moeilijkheden, hetgeen ook wel dienstig is, daar het werk, dat ongeveer 25 minuten duurt, in zeer korte tijd moet worden ingestudeerd. Op de verbale en ritmische behendigheid van de koristen wordt daarentegen bepaald geen mals beroep gedaan! (…) In het derde deel, een hymnische slotzang, worden de vogels voorgesteld als de muzen van het woud, die hun hulde betuigen aan de onsterflijke Apollo. Kwetterende bedrijvigheid en poëtische gestemdheid wisselen elkander af in deze Symfonie *Aves*, waarvan het onderwerp universeel genoeg is om weerklank te vinden bij de uit vele landen saamgestroomde muzikale jeugd.'[12]

Ik ben altijd reuze bang geweest om een kogel voor m'n raap te krijgen

Met zaken als 'poëtische gestemdheid' en passende muziek bij bepaalde gelegenheden, houdt een steeds groter deel van de Nederlandse componisten zich echter totaal niet bezig. Ze zijn op zoek naar nieuwe middelen, naar muziek die uiting geeft aan de vernieuwende elementen in de maatschappij. De muziek van

deze groep eist steeds meer de aandacht op. Langzamerhand
begint er in muziek-schrijvend en muziek-makend Nederland
een stemming te komen, waarin iedereen die niet meegaat in de
nieuwe ontwikkelingen van het moderne componeren wordt
beschouwd als een vijand van de vooruitgang.

In 1965 houdt componist Otto Ketting voor *Elseviers Week-*
blad een reeks interviews met jonge componisten om de stemming hierover te peilen. Hij begint dat gesprek steevast met een
citaat van de Italiaanse componist en dirigent Bruno Maderna:
'Alle goede muziek van tegenwoordig is serieel.' In maart 1965
legt Otto Ketting de uitspraak voor aan Jurriaan. Die reageert
als door een wesp gestoken: '... 't is geen punt of ik het er wel
of niet mee eens ben – het is gewoon onzin.' Uit het interview
blijkt dat Jurriaan zich behoorlijk bedreigd voelt door de nieu-

Louis en Jeanette Yanikian voor hun vertrek naar Milaan in 1962. Ze worden
uitgezwaaid door Hendrik en Tine. (Bron: familiearchief)

we muzikale tijdgeest: '… mijn grootste bezwaar (is) het in de verdediging dwingen van andersdenkenden. Peter Schat[13] is een heel aardige jongen, maar niet om mee te praten, daar word ik hoorndol van. Ik ga die jongen na een tijdje gewoon slaan. Er moeten natuurlijk wel barricadejongens zijn, maar we hoeven er niet bij te gaan lopen en van de barricadejongens zou het een denkfout zijn als ze dachten dat ze in het beloofde land waren. Maar ik ben altijd reuze bang geweest om een kogel voor m'n raap te krijgen. Nou jij weer.'

Jurriaan peinst er niet over om met de op dat moment overheersende mores mee te gaan. Hij heeft zijn eigen revolutionaire ideeën, die hij niet onder stoelen of banken steekt. Jurriaan Andriessen is net zo vernieuwend als 'de barricadejongens' en een minstens zo onafhankelijk denker. Hij is een van de eersten die vraagtekens zette bij de traditionele concertpraktijk: 'Nee, er is natuurlijk niets dooiers dan een troep zwartgerokte mestkevers,' zegt hij provocerend en kwaad in dit interview. 'Het concert heeft geen functie en dat bewijst het publiek: hoeveel mensen gaan er naar een concert? Maar iedereen gaat wel naar de film en ziet tv. Als ik voor die media goede functionele muziek schrijf, kan ik trouwens zeer moderne muziek schrijven, gewoon omdat de combinatie beeld-geluid een enorme hulp tot accepteren betekent.' Hoe hij met die 'zeer moderne muziek' weemoed, verdriet en spanning op weet op te roepen, is bijvoorbeeld te horen in de muziek die Jurriaan in die tijd componeert voor de films van Fons Rademakers, zoals *Als twee druppels water* uit 1963 en *Dans van de Reiger* uit 1966.

Jurriaan Andriessen weet natuurlijk best dat zijn eigen kleine broertje Louis, die hij anderhalf jaar lang de fijne kneepjes van het componistenvak heeft bijgebracht, een van die

Tine en haar mannen: Hendrik, Jurriaan, Nico en Louis, omstreeks 1955. (Bron: familiearchief)

'barricadejongens' is. Aan tafel bij Hendrik en Tine hadden ze veel met elkaar gediscussieerd over de nieuwe muziek. In de jaren zeventig zal het onderwerp de broers uit elkaar drijven.

For stompers only

Terug in de tijd: Louis, die op de lagere school met gemak een klas overslaat, blijft steken op het gymnasium. Na een roerige middelbareschooltijd waarin hij 'alle middelbare scholen van Den Haag had gezien' kan hij eindelijk naar het conservatorium. De maanden ervoor logeert hij bij de familie De Lange, het gezin van zijn oudste zus Gesina ('Hiek') in Bilthoven. In hun huis, vlak bij het kloppend hart van de moderne muziek, Villa Gaudeamus, komen veel jonge componisten en musici over de

Louis, Harry Mulisch, Misha Mengelberg en Peter Schat in Carré tijdens een politiek-demonstratief-experimenteel concert. (Bron: ANP Photo)

vloer, onder wie Misha Mengelberg en Ton de Kruyf. Vlak bij Bilthoven woont ook Annie van Os. Zij was al in Haarlem een goede huisvriendin van Hendrik en Tine. Ze paste soms op de kinderen en richtte met steun van Hendrik een muziekschool op in Zeist. Voor de kinderen van Hendrik en Tine is 'tante Annie' een begrip. In Bilthoven stoomt zij Louis klaar voor het toelatingsexamen van het conservatorium.

'Wij vonden het enig dat Louis kwam logeren,' vertelt Jeanne-Claire de Lange, de jongste dochter van Gesina en Daan de Lange over die tijd. 'Louis was een soort grote broer, waarmee je kon "keten". Annie van Os was onze pianolerares en blokfluit-juf, een geboren docente. Wij (Jeanne-Claire, haar zussen

Vera en Benedicta en broer Samuel) hadden allemaal les van haar. Tante Annie was een soort "groupie" van opa (Hendrik Andriessen). Ze woonde in een klein huisje in het bos en kwam iedere keer op haar Solexje naar ons huis om Louis les te geven. Louis was zestien toen. Af en toe mocht hij die Solex lenen en dan ging hij daarmee achter de meiden van Bilthoven aan. De deur was bij ons bijna nooit op slot, maar toch heeft hij een keer door het wc-raampje naar binnen gemoeten. Louis was leuk, kon ontzettend goed gekke verhalen vertellen en pingpongen, maar hij was monomaan als het om muziek ging. Hij kon urenlang pianospelen, zat altijd achter de vleugel, vaak ook samen met zijn neef Wim Witteman (zoon van een zus van vader Hendrik, en broer van tv-presentator Paul Witteman). Hij en Louis waren heel goede vrienden. Samen speelden ze bij ons in de kamer vierhandig boogiewoogie. Het gíng maar door. *"For stompers only"* schreven ze dan boven zo'n stuk.'[14]

Nadat Louis zijn toelatingsexamen met succes heeft afgerond, doorloopt hij soepeltjes het Haagse Koninklijk Conservatorium. Hij krijgt er les van componist Kees van Baaren. Deze gelooft heilig in het nieuwe atonale en seriële componeren en draagt die fascinatie over op Louis. In zijn klas vindt Louis geestverwanten, onder wie Reinbert de Leeuw, Misha Mengelberg, Jan van Vlijmen en Peter Schat. Deze laatste heeft als Utrechtse schooljongen (zoon van de bekende Utrechtse bakker Schat) ook les gehad van Annie van Os. Als apostelen van Kees van Baaren verkondigen zij allemaal vurig de boodschap van de twaalftoonsmuziek en het seriële componeren. Na zijn afstuderen in 1962 gaat Louis naar Milaan en Berlijn om lessen te volgen bij de Italiaanse componist Luciano Berio, een van de grote internationale vernieuwers van de muziek. Vergeleken met andere moderne muziekgoeroes als de Duitse componist Karlheinz Stockhausen en de Fransman Pierre Boulez, was Berio 'de meest muzikale en feestelijke'.[15]

Jeanette? Die is nergens bang voor

Op een foto in zijn boek *Gestolen tijd* zien we Louis samen met zijn vriendin, de gitariste Jeanette Yanikian, vlak voor hun vertrek naar Milaan. Ze staan voor het Haagse Station Hollands Spoor en nemen afscheid van Tine en Hendrik, bij welke gelegenheid Hendrik bij wijze van vaderlijke 'zegening' Jeanette een kruisje op haar voorhoofd geeft.[16]

Ze wonen dan al stiekem samen. Moeder Tine vermoedt wel iets maar zegt niets en al helemaal niet tegen haar echtgenoot. Op 20 januari 1965 schrijft zij aan goede huisvriendin Annie van Os: 'Ik geloof en vertrouw dat ze fatsoenlijk leven (…) En als het toch een span moet worden, dan is het toch leuk dat ze samen zoveel ervaringen hebben doorgemaakt.'

'Jeanette? Die is nergens bang voor,' zal Jurriaans vrouw Kathenka eens jaloers en bewonderend over haar eigenzinnige schoonzus zeggen. Jeanette Yanikian is als kleuter vanuit Bagdad naar Nederland gekomen. Zij en Louis hebben elkaar op het Haags conservatorium leren kennen. Ze zal later in veel stukken van Louis optreden, en is ook lid van het ensemble Hoketus dat in 1976 door hem zal worden opgericht. Jeanette zal als stimulator, geweten en inspiratiebron van wezenlijk belang zijn voor Louis. Maar het begint met een hevige verliefdheid.

In een radiointerview (2003) zegt Louis vertederd, nadat het eerste languissante en broeierige deel van zijn *Nocturnen*[17] voor sopraan en kamerorkest is uitgeklonken: 'Verliefde puber (…)

Ik was achttien toen ik dat maakte, overigens bij Jur. Ik hoor aan bepaalde akkoorden dat hij heeft verteld hoe ik moest instrumenteren. Ik was verliefd op een leerling op het conservatorium. Ze was eerstejaars gitaar. En dat is inderdaad – zij het veel later en na lang samenwonen, want trouwen was natuurlijk helemaal uit den boze in de jaren zestig/zeventig – mijn vrouw geworden, met wie ik nog steeds in vrede leef.'[18]

Luciano Berio leert Louis met name 'het een en ander over slagwerk'. Berio is getrouwd met zangeres Cathy Berberian. Louis begeleidt haar vaak en zal ook later met haar optreden. Voor Louis' ontwikkeling als componist is ze misschien wel even belangrijk als Luciano Berio. Haar manier van zingen is zo oorspronkelijk, virtuoos en natuurlijk, dat hij vanaf nu al zijn vocale composities zal schrijven voor vocalisten als Cathy: zangeressen die alles kunnen en durven met hun stem, daarbij niet gehinderd door een eventuele klassieke scholing of door de scheidslijnen tussen verschillende soorten muziek.

De drie jaar dat Louis in het buitenland verblijft, is hij ook buitenlandcorrespondent voor *de Volkskrant*. Net als zijn vader Hendrik schrijft hij graag en goed. In *de Volkskrant* doet hij onder meer verslag van het bezoek dat hij brengt aan Darmstadt, het mekka van de nieuwe muziek. Daar ontmoet hij componisten als Pierre Boulez en Karlheinz Stockhausen, die zoeken naar nieuwe methoden en uitdrukkingsmogelijkheden in de muziek en die het componeren ingrijpend zullen veranderen.

Dit is je reinste vadermoord

Wanneer hij in 1965 weer terugkeert in Nederland, vindt hij samen met Jeanette woonruimte in Amsterdam, waar de mu-

Louis, Reinbert de Leeuw, Misha Mengelberg en Peter Schat. (Bron: familiearchief)

zikale revolutie flink om zich heen begint te grijpen. Bevriend componist Peter Schat werkt aan een multimediale opera (*Labyrint*), die een jaar later op het Holland Festival in première gaat, en Louis componeert *Ittrospezione III (Concept II)*. Op 13 maart gaat het in première in het Concertgebouw, gespeeld door het Concertgebouworkest.

Het concert is het tweede 'Experimentele koncert' in de serie 'Aktuele Muziek' en Louis dirigeert het Concertgebouworkest zelf. In de zaal zitten die avond behalve Hendrik en Tine, ook Liesbeth Hoppen en haar echtgenoot, de pianist en componist Theo Bruins. Hij is net als Louis leerling geweest van Kees van Baaren. Ze zijn geschokt door de heftige, moeilijk te doorgronden muziek.

Liesbeth: 'Wat ik me voornamelijk herinner – en ik had

toch echt al het een en ander gehoord, en stond zo open als ik
weet niet hoe – waren drie trombones die alsmaar wonderlijke,
weerzinwekkende agressieve kreten slaakten. Ik dacht: dit kán
niet! De muziek was van een agressiviteit, dat houd je niet voor
mogelijk, en al helemaal niet in die heilige tempel van het Concertgebouw. "Dit is je reinste vadermoord," zei Theo. Op het
frontbalkon, op de plaats van de koningin bij wijze van spreken,
zaten Hen en Tine. Ik weet niet wat ze er van dachten.'[19] Bijna
een halve eeuw later kan Louis er nog om grinniken als hij vertelt dat Marius Flothuis, toen artistiek leider van het Concertgebouworkest, over het stuk gezegd schijnt te hebben dat hij
nog nooit zulke lelijke muziek had gehoord, op een stuk van
Enrique Raxach na.[20]

Ook Hendrik is wel het een en ander gewend, maar in een
brief aan Annie van Os laat hij zijn twijfels blijken over deze en
andere radicale composities van zijn jongste zoon. Aan Tine
schrijft Annie: 'Hij (Louis) is een eerlijk musicus, dat heb ik
Hen ook geschreven.' 'Tante' Annie gelooft rotsvast in de muziek van Louis: 'Ik hoor er fantastische dingen in. Het is zo anders, het is opwindend.'

Annie was min of meer de biechtmoeder van Hendrik en
Tine; met haar deelden ze hun ervaringen en zorgen, hun vrolijkheid en verdriet. Er zijn zo'n 150 brieven van Tine en Hendrik aan Annie van Os bewaard gebleven.[21]

Wanneer hem decennia later gevraagd wordt wat zijn vader
van zijn werk vond, aarzelt Louis Andriessen even: 'Nou... de
regel in huis was dat iedereen elkaar zo veel mogelijk stimu-
leerde, dus in principe was alles goed wat je deed. Ik heb nog
heel lang compositieles van hem gehad, tot na mijn zestiende,
en dan was hij wel heel erg streng; het was niet gauw goed wat ik

deed. Maar wat mijn werk betreft... Ik denk dat hij het allemaal wel goed vond.'

Hendrik maakt zijn kinderen nooit complimentjes; het is vanzelfsprekend dat je goed bent en altijd je best doet, vindt hij. Toch heeft hij zijn jongste zoon hoog zitten. In een brief van 1 april 1969 aan Annie van Os schrijft hij naar aanleiding van een radio-uitzending van Louis' *Souvenirs d'enfance,* dat hij de muziek 'heel aardig' vond en hij besluit de zin met de woorden: 'Louis is voor ons altijd de begaafdste van het stelletje geweest.' Dat is een groot compliment, voor Hendriks doen.

Souvenirs d'enfance is opgebouwd uit zeven zeer verschillende korte pianostukjes. De muziek is redelijk tonaal, maar met anarchistische trekjes. In de partituur geeft de componist aan dat de pianist de stukjes door elkaar mag spelen en ook tegelijk met andere pianisten, waarbij ze elkaar mogen onderbreken.

Als Louis in 1965 terugkeert uit Berlijn, wordt hij al snel opgenomen in de Amsterdamse kring van spraakmakende en radicale muziekvernieuwers: Peter Schat, Jan van Vlijmen, Reinbert de Leeuw en Misha Mengelberg. Datzelfde jaar wordt de anarchistische beweging Provo opgericht en de drukkerij van het gelijknamige blad bevindt zich in de kelder van het huis van Peter Schat op de Oudezijds Voorburgwal. Bij Peter Schat gaan muziek en politiek gelijk op. De anderen hebben dat minder, maar laten zich voor een groot deel wel door zijn ideeën leiden.

Schats multimediale opera *Labyrint* gaat in 1966 in première, hetzelfde jaar als Louis Andriessens *Ittrospezione III (Concept II).* Hoewel er dus toch met enige regelmaat muziek uitgevoerd wordt van de jonge rebelse garde – en er in het programma van het Amsterdams Concertgebouw zelfs een serie wordt opgenomen met de naam *Experimentele Koncerten* – blijft de onvrede.

Volgens veel jonge Nederlandse componisten bevat de serie te weinig 'actuele muziek' en chef-dirigent Bernard Haitink wordt niet geschikt geacht om die muziek uit te voeren. Er moet actie worden ondernomen.

In het *Algemeen Handelsblad* verschijnt op 16 maart 1966 een open brief aan het bestuur van het Concertgebouw van het kwintet Schat, Andriessen, Van Vlijmen, De Leeuw en Mengelberg. Ze stellen voor om de Italiaanse componist Bruno Maderna (die Schats *Labyrint* dirigeerde) als dirigent voor de eigentijdse muziek aan te stellen. Op de brief komt geen antwoord. Een door de vijf georganiseerd openbaar debat in Belllevue heeft evenmin effect.

Ook elders in het land worden discussies en debatten gehouden over het programmabeleid van de geïnstitutionaliseerde muziekinstellingen. Daar gaat al het subsidiegeld naartoe, maar in de ogen van de jonge componisten doen ze niet wat ze moeten doen: de nieuwe muziek uitvoeren. Al die acties halen voorlopig maar weinig uit. Er zal meer moeten gebeuren om het establishment wakker te schudden.

De bruiloft van prinses Beatrix en prins Claus wordt op 10 maart 1966 met rookbommen en rellen verstoord. Jurriaan Andriessen heeft voor de bruiloftsdienst in de Westerkerk een stuk geschreven, *Entrata Festiva*. Louis hoort bij de muzikale revolutionairen. Het verschil tussen beide broers is groot. De kloof zal aan het eind van de jaren zestig nog groter worden. Vanaf dan keert het tij voor de nieuwe muziek.

6 Reconstructie

Smeulend vuurtje

Als men het later over 'de jaren zestig' heeft, wordt bijna altijd het tijdperk bedoeld dat begint als het decennium al een eind over de helft is.

In 1968 begint het smeulende vuurtje van onvrede en veranderingsdrift, dat al zo'n tien jaar onder de oppervlakte ligt te broeien, een aardige brand te worden die zich over een groot deel van Europa en Amerika verspreidt. Er wordt gedemonstreerd, gestaakt en geprotesteerd door arbeiders, kunstenaars en studenten. Uit een algehele boosheid om de gezapigheid en zelfingenomenheid van de behoudende ouderen en gezagsdragers. Maar zeker ook vanwege het onrecht en de ongelijkheid in de wereld, die dankzij radio en tv steeds beter zichtbaar worden. Als voorbeeld hoe het dan wel moet, wordt door de demonstranten vaak gewezen naar communistische heilstaten als die van de Sovjet-Unie, China en Cuba. Veel van hen weten dan nog niet dat de vrijheid en gelijkheid die in die landen wordt gepropageerd meestal gepaard gaat met grote onderdrukking. En als ze het al vermoeden dan wíllen ze het niet weten.

Ook de jongere garde Nederlandse componisten en musici wil met hun kunst politieke en sociale vernieuwing aan de orde stellen. Er ontstaat een tamelijk dwingend streven om de eigentijdse muziek totaal anders te laten klinken, door middel van andere compositietechnieken en compositiemiddelen als atonaliteit, citaten, grafische partituren, en elektronica. De strenge seriële muziek (de zogeheten 'piep-knor-muziek') is alweer een beetje op haar retour.

Muziek moet een ander doel dienen dan het bieden van troost of vermaak. Ze moet vooral anders en eigenzinnig zijn, vragen oproepen en verbazen. Tegelijkertijd moet die voor de doorsnee concertganger vaak niet gemakkelijk te doorgronden nieuwe muziek een maatschappelijk-politieke boodschap brengen of ondersteunen. Dat is bepaald geen gemakkelijke opgave. Veel muziekliefhebbers haken dan ook af, terwijl anderen juist leren op een nieuwe manier naar muziek te luisteren.

Het is niet de tijd om door de Appassionata ontroerd te worden. Het is de tijd om schedels in te slaan

In Nederland is vooral de Amsterdamse groep componisten waarbij Louis Andriessen zich heeft aangesloten actief bezig met deze nieuwe manier van muziek maken. Louis wil in zijn composities zijn geëngageerdheid laten doorklinken; zijn ideeën over welke kant het op moet in de muziek, en in de wereld. Dat doet hij ook op papier. Hij publiceert in verschillende Nederlandse kranten en in het literaire tijdschrift *De Gids* waarvan hij tussen 1966 en 1969 een van de vaste schrijvers is.

In het voorjaar van 1968 wordt de Werkgroep Concerten van Nieuwe Nederlandse Muziek opgericht. Louis is een van de oprichters, samen met onder anderen de componisten Peter Schat en Misha Mengelberg,[1] dirigent Edo de Waart en leden van het Nederlands Blazers Ensemble. Doel is nieuwe composities uit te laten voeren door musici met hart voor de zaak. Onder de naam 'politiek-demonstratief experimenteel concert' wordt op 30 mei 1968 het eerste concert van de werkgroep gegeven in theater Carré in Amsterdam.

Die donderdagavond is het al vroeg onrustig aan de Amstel. Het gerucht gaat dat het theater bezet zal worden vanwege weer een ander gerucht, namelijk dat Carré verkocht zal worden aan de beruchte projectontwikkelaar Zwolsman, waardoor het als podium voor experimentele kunst verloren zal gaan. Voor alle zekerheid heeft de mobiele eenheid alvast een paar gevechts-

Louis Andriessen omstreeks 1969. (Bron: familiearchief)

Reconstructie-*overleg in 1969: Hugo Claus, Louis Andriessen, Misha Mengel-berg, Reinbert de Leeuw, Peter Schat, Harry Mulisch, Jan van Vlijmen. (Bron: ANP Photo)*

busjes met agenten klaargezet in een zijstraat. Dat maakt het er niet rustiger op.

Het kleine deel van het publiek dat puur voor de muziek komt, bladert ietwat verdwaasd door het programmaboekje: waar staat nu eigenlijk wat er die avond gespeeld zal worden? Eerst al die titel van het boekje die alleen door iemand met flin-ke longen en na een diepe ademhaling in één zin uitgesproken kan worden: *Muzikale en politieke commentaren en analyses bij een programma van een 'politiek-demonstratief experimenteel concert' met nieuwe Nederlandse muziek in negentienhonder-achtenzestig* staat er op het voorblad. Daarna is het eerste waar de concertgangers op stuiten een door Peter Schat geschreven – tamelijk bloeddorstig – motto. Vrij naar Lenin staat er: 'Ook ik ben ontroerd door de Appassionata. Maar het is niet de tijd om door de Appassionata ontroerd te worden. Het is de tijd om schedels in te slaan.' Onder die strijdlustige woorden legt Peter Schat uit dat in de teksten van het programmaboek muziek en politiek 'bewust door elkaar zijn gehaald', zodat het 'absoluut' duidelijk was dat deze concerten van de werkgroep niet konden worden beschouwd 'als een ideële bevestiging van ons maatschappelijk systeem'.

Vervolgens moet er een reeks politiek getinte artikelen worden doorgeworsteld. Onder anderen van de 'Grote Roerganger' Mao Zedong, de Duits-Amerikaanse marxistische filosoof Herbert Marcuse en de het jaar hiervoor geëxecuteerde Che Guevara. Aan deze Argentijnse rebellenleider is het concert opgedragen, getuige de vele foto's van 'Che' die in de zaal hangen. Pas daarna komen de teksten over de uit te voeren stukken: *Contra Tempus* van Louis Andriessen, *On Escalation* van Peter Schat en *Hello Windy Boys* van Misha Mengelberg. Die laatste distantieert zich trouwens van al dat politieke gedoe. In het programmaboek staat hij afgebeeld naast een borstbeeld van Socrates. Onder de foto staat te lezen: 'PS Ieder verband van mijn toelichting met de rest van dit als programmaboekje vermomde politieke schotschriftje wordt afgewezen.'

Louis Andriessens artikelen gaan vooral over muziek. Eén beschrijft het componeerproces van stukken als *Ittrospezione* en *Contra Tempus*. In een ander schrijft hij over Steim, de Studio voor elektro-instrumentale muziek, waarvan hij een van de oprichters is, en over het gebruik van elektronica in de muziek. Even verderop in het programmaboekje gaat het over 'Het nieuwe symfonieorkest' en legt hij uit dat het Concertgebouworkest in verschillende ensembles onderverdeeld zou moeten worden, zodat er ook iets anders gespeeld kan worden dan de traditionele romantische symfonieën en concerten. Het is in de voorgaande jaren al geprobeerd, onder anderen door orkest-directeur Piet Heuwekemijer, die vervolgens in 1967 werd ont-slagen.

Al met al is het een beladen concert, dit eerste van de Werk-groep Concerten van Nieuwe Nederlandse Muziek. In het be-gin hangt er dan ook een 'woelige atmosfeer' in een 'stikvol' Carré, zoals de recensent van *De Waarheid* zal schrijven. 'Een zeker percentage was stellig niet voor de kunst gekomen,' con-stateert hij, maar 'tenslotte bleek er toch iets waar te moeten zijn van de fabel, waarin de wilde dieren door de muziek wor-den getemd (…) men raakte voelbaar onder de ban van *Contra Tempus*. En daarin blijkt de niet geringe verdienste van com-ponist Louis Andriessen, die met de door hem zinvol gekozen klinkende en veelsoortige attributen een uitermate suggestieve muziek schreef.'[2] Als het concert afgelopen is, wordt er druk gediscussieerd over muziek en politiek. 'In naam van de sa-menleving' wordt ook een 'Manifest' uitgedeeld (afkomstig van de Provo-stencilmachine in de kelder van Peter Schat?). In het geschrift, met veel type- en taalfouten, wordt onder meer opge-roepen de bestaande orde te verwerpen, overbodige overheid op te heffen en de 'reklame' en sociale 'kontrole' af te schaffen. Het fonetisch schrijven is een veelgebruikt middel om de taal te 'versocialiseren'.

Hoewel Louis Andriessen eerder anarchist[3] is dan commu-nist of socialist, en zijn maatschappelijke bewogenheid vooral een 'muzikaal maatschappelijke bewogenheid' is,[4] staat hij ach-ter zijn ideologische vakbroeders. In het boek *Stemmen uit de Nederlandse muziek van nu* vraagt de schrijver, Harm Visser,

Componistenoverleg: met onder anderen Misha Mengelberg, Louis Andriessen en Peter Schat omstreeks 1969. (Bron: familiearchief)

naar Louis' voorkeur voor het anarchisme in een tijd van RAF en Rode Brigade. Hij antwoordt: 'Het is natuurlijk heel dom dat het anarchisme altijd vereenzelvigd wordt met terrorisme. Het heeft te maken met het feit dat mensen bang zijn. Want ze kunnen niet denken of functioneren zonder hiërarchie en onderdrukking. Maar ook in een anarchistische samenleving zal men grote bruggen bouwen en ook de autoriteit zal niet worden afgeschaft, wat iets anders is dan autoritair gedrag. Ik wil er ter verduidelijking trouwens wel iets aan toevoegen: ik heb sympathie voor de anarchistische gedachte, meer in filosofische dan in politieke zin. Ik ben ook communist, maar dan politiek tactisch. De anarchistische ideologie dient een motor te zijn voor de communistische politiek.'[5]

In een hartelijke en vaak ook geestige brief aan zijn oude

en op dat moment zieke leraar Kees van Baaren schrijft hij op 21 juni 1968 over de avond in Carré: 'Het concert met onze stukken had goede aspecten, bijvoorbeeld de muziek. Dat ik me volledig achter het politieke aspect geschaard heb, is niet zozeer omdat ik precies weet wat muziek met politiek te maken heeft, maar omdat ik absoluut overtuigd ben van de noodzaak tot maatschappelijke identificatie.'

Zo'n opera maken met een collectief kan eigenlijk helemaal niet

Uit de brief van Louis aan Kees van Baaren is ook op te maken dat de serie Politiek-demonstratief experimentele concerten van de Werkgroep de voorloper is van een muziektheaterstuk, waarin Louis een belangrijk aandeel heeft en dat in het jaar erop veel opzien baart in binnen- en buitenland: *Reconstructie*. Het is de eerste opera die door vijf componisten tegelijk is gecomponeerd.

Niet lang na de Politiek-demonstratieve experimentele concerten, die behalve in Amsterdam ook in Eindhoven, Den Haag en Groningen worden gegeven, begint het maakproces van *Reconstructie*. In Louis' brief aan Van Baaren worden de concerten en de voorbereidingen van *Reconstructie* in één adem genoemd. Met kameraadschappelijke humor beschrijft hij zijn mede-*Reconstructie*-componisten Misha Mengelberg, Reinbert de Leeuw, Jan van Vlijmen[6] en Peter Schat: 'Peter, die meer dan ooit overspoeld wordt door zijn eigen hartstocht, moet dikwijls geremd worden, maar dat gebeurt dan toch met tegenzin, omdat hij erg stimuleert en omdat de uitgangspunten altijd overeenkomen. Dat geldt ook voor Reinberts houding, de

slimme theoreticus, maar ondertussen meegesleept (…) Misha
ligt eeuwig dwars, de horzel van het gezelschap, maar wel altijd
te vinden voor en partijtje biljart of ping-pong. Over Jan niets
dan goeds, als hij zich ergert aan Peters hartstochtelijk gestotter
over het imperialisme, de bourgeoisie en de Derde Wereld heeft
hij natuurlijk gelijk.'

Als deze brief geschreven wordt, staat het bonte compo-
nistenclubje, aangevuld met de schrijvers Harry Mulisch en
Hugo Claus, op het punt een klooster in te duiken om daar de
gezamenlijke opera bij elkaar te bedenken en te componeren.
En dat allemaal, volgens de briefschrijver 'zonder vrouwen en
kroost, zonder genever, present bij de Lauden, de Vespers en de
Metten. God (als hij bestaat zullen we hem toch <u>daar</u> zeker wel
te spreken krijgen) zal zeggen wat er uit de bus komt. Want je
moet bedenken dat geen van ons vijven ook maar het geringste
vermoeden heeft van een systeem hoe je met elkaar een stuk

DE BOEVENWAGEN…

… Het benarde muzikale leven van een zittende magistratuur …

Tekening van Opland in de Volkskrant *van 26 november 1970.*

moet componeren. We zijn het er vooral over eens hoe het <u>niet</u> moet: ieder zijn eigen onderwerp, ieder zijn eigen instrumentarium, ieder zijn eigen fragment (…) Gek genoeg ben ik er zeker van dat we als we eenmaal aan het werk zijn een uitstekend systeem vinden.'

Vóór de tijdelijke retraite verhuizen Louis en Jeanette naar hun nieuwe woning, een geweldige plek aan de Keizersgracht. In de brief aan Kees van Baaren geeft hij een beschrijving van die verhuizing. 'Met ons huis is het goed, alleen steken we ons grotelijks in de schulden. Ik heb begrepen dat verhuizen is: aankomen in een geheel leegstaand pand, midden op de planken vloer gaan zitten, in de gang enige kruiwagens plaatsen die GEHEEL gevuld zijn met geld, bankbiljetten en munten, en dan komt er van tijd tot tijd een man, soms een loodgieter, soms een timmerman, een van die kruiwagens halen, tot er geen een meer staat. Dat is verhuizen.'[7]

Vanaf de nazomer van 1968 werken de vijf componisten in verschillende periodes met zijn allen bij elkaar in een klooster in Diepenveen aan *Reconstructie*.

'Zo'n opera maken met een collectief kan eigenlijk helemaal niet,' schrijft Louis Andriessen in *Gestolen tijd*. 'Ik denk dat het uiteindelijk gelukt is omdat we het erg eens waren over wat er artistiek aan de orde was. Nog belangrijker was dat we het politiek eens waren. Iedereen, niet alleen wij, maar iedereen die een beetje verstand had in die tijd, was tegen de oorlog in Vietnam. Wat daar aan bommen en rotzooi naar beneden is gegooid, is ongeveer tweemaal het totaal aantal bommen uit de Tweede Wereldoorlog.'[8]

Een werk als *Reconstructie* sluit in zekere zin ook wel aan bij de manier waarop Louis in die tijd componeert. In stukken als *Anachronie I* en *II*, uit respectievelijk 1967 en 1969, werkt hij op een montageachtige manier met fragmenten en stijlen van andere componisten[9] en in *Reconstructie* is het uitgangspunt al vijf totaal verschillende componeerstijlen.

Centraal in de opera staat de oprichting van een standbeeld voor de revolutieleider Che Guevara, ook een aanwijzing dat de opera een logisch gevolg is van het Politiek-demonstratief experimenteel concert in Carré. De totstandkoming van dat beeld duurde even lang als de voorstelling. Het moest het grootste monument voor Che ter wereld worden. Notoir ontregelaar Misha Mengelberg stelde nog voor om het beeld 'zo'n Kaiser Wilhelm-armpje[10] te geven, een te kort armpje,' vertelt schrijver Harry Mulisch in het boek *In intieme kring*. 'Ja, daar lachen we nu om, maar vooral Reinbert en ik waren fel tegen dat soort surrealistische malligheden.'[11]

De revolutie komt ook tot uiting in de muziek en het muzikale materiaal. Er komen geen symfonieorkest en klassiek geschoolde zangsolisten aan te pas. Er worden totaal verschillende muziekstijlen door en naast elkaar gebruikt.

'Je had zogenaamde moderne muziek, wat door de leken pingpongmuziek wordt genoemd, maar je had ook popsongs en royaal veel Mozart-citaten. We citeerden niet letterlijk maar schreven in Mozart-stijl, want de allegorie van het Amerikaans imperialisme was vertaald in een interpretatie van *Don Giovanni* van Mozart,' aldus Louis in *Gestolen tijd*.

De figuur van Don Giovanni (Don Juan) staat symbool voor Amerika en het grafbeeld van Anna's vader, Il Commendatore ('de stenen gast'), dat in Mozarts opera de meedogenloze rok-

Louis en Jeanette in 1969 in hun woning aan de Keizersgracht. (Foto: Steye Raviez)

kenjager ten val brengt, wordt in *Reconstructie* vervangen door het elf meter hoge beeld van Che Guevara.

Reconstructie - een moraliteit[13] gaat op zaterdagavond 29 juni 1969 tijdens het Holland Festival in première. 'De zes of zeven voorstellingen waren al een week van tevoren totaal uitverkocht,' vertelt Louis Andriessen in *Gestolen tijd*. De operabezoekers moeten behoorlijk door elkaar geschud geweest zijn. Er waren 36 instrumentalisten en drie koren (een groot koor, een koor van solisten en een spreekkoor) die aan de randen van het cirkelvormige podium stonden opgesteld. Naast veel lage strijkers waren er veel toetseninstrumenten, waaronder flink wat elektronische, en ook het uitgebreide slagwerk was elektronisch. Om de enorme hoeveelheid van verspreid opgestelde musici enigszins in de hand te houden, moesten vier van de vijf componisten ook dirigeren, onder wie Louis. Op een kranten-foto staat hij – gestoken in wit provopak[14] – woest de maat te slaan, het haar half voor zijn ogen. De vijfde componist (Misha Mengelberg) bediende de regeltafel.

Maar hoe klonk het? Volgens muziekcriticus Wouter Paap: 'In de eerste plaats (als) een hoeveelheid denderend lawaai, gebrul en geschreeuw, waarmee het Theater Carré vrijwel on-ophoudelijk tot in de nok gevuld werd.' Hij had te doen met de musici omdat de muziek die ze spelen voortdurend wordt overstemd door lawaai. Dat begon al met de ouverture, 'een ge-vijven in langdurig overleg zorgvuldig uitgekiend muziekstuk, dat al spoedig totaal over de kling gejaagd werd door de entree van hupse majorettes met schrille commandofluitjes.' Paap is niet negatief over de noten, daar zaten goede stukken tussen. 'Er werd een stuk beatmuziek geschreven dat er mocht zijn. Geen cliché-beat overigens.' Het miniatuuroperaatje in Mozart-stijl dat ook voorbijkwam, vond hij 'met groot raffinement ge-maakt.' Hij stoorde zich vooral aan het 'dol geren en lawijt' er omheen, waardoor – bovendien – de politieke boodschap niet overkwam. Paap beschrijft hoe aan het eind van de opera het beeld van Che Guevara voltooid is en Don Juan aan de voet ervan het loodje legt. De roep om opstand die daarop volgt viel volgens hem geen mens op door de herrie en het tumult op het podium.[15]

Dat vonden er meer. Het *Limburgs Dagblad* schreef: 'Tech-nisch gesproken is er gebruikgemaakt van elementen uit de traditionele opera, maar ook van de revue en het variété, van cabaret en van drama. Al naar gelang die elementen verandert ook de muziek van aard, van traditionele stijlen naar beat en stringente twaalftoonsreeksen. Naast zwakke scènes en warrige teksten, naast duistere en weinig originele muzikale elementen, staan reusachtig knappe fragmenten en ronduit briljante scènes.' Ook daar werd geconstateerd dat niemand na afloop de straat op rende om de revolutie te beginnen, want niemand had iets meegekregen van de oproep tot verzet aan het eind. 'Het publiek was erg enthousiast en applaudisseerde intens,' besloot de Limburgse recensent het verslag.[16]

Louis' vader Hendrik Andriessen zag ook goede dingen in *Reconstructie.* In een radiointerview over onder meer de toekomst van de opera, zei hij: 'Het is natuurlijk mogelijk een stuk te schrijven waarin verschillende artistieke krachten zijn aangewend voor een bepaald doel. En ik denk nu aan *Reconstructie* van de jongens uit Amsterdam. Het is een stuk dat veel krachtige elementen heeft, zeer zeker. Maar wat het verder voor de toekomst van de opera betekent, dat weet ik niet.'[17]

De Telegraaf was woedend. Er was met belastinggeld (*Reconstructie* was een opdracht van De Nederlandse Operastichting) een communistisch muziektheaterstuk gefinancierd dat één grote belediging was aan het adres van Nederlands beste vriend, Amerika. Louis zei daarover: 'Gelukkig hadden we toen een heel liberale minister van Cultuur, Marga Klompé. Zij heeft daar, toen het nodig was, zeer wijs op gereageerd.' Klompé was voor de KVP (nu CDA) minister van Cultuur, Recreatie en Maatschappelijk werk, en zat vooraan bij de uitvoering van *Reconstructie.* Later dat jaar zou nog eens blijken hoe ruimdenkend zij was. Toen overhandigde ze aan Gerard Kornelis van het Reve de P.C. Hooftprijs, een paar jaar nadat de schrijver was beschuldigd van godslastering omdat hij in zijn boek *Nader tot*

U beschreven had hoe hij gemeenschap had met God in de ge-
daante van een ezel. Tijdens de prijsuitreiking bedankte Van het
Reve haar met een dikke zoen. Het veroorzaakte een relletje.
Een minister zoenen, dat was toen volstrekt ondenkbaar. Maar
Klompé gaf geen krimp en nam de kus hartelijk in ontvangst.

Wat betreft relletjes was ze ook wel wat gewend, die waren
in de periode van haar ministerschap (1967-1971) niet van de
lucht. De belangrijkste van dat jaar 1969: de bezetting van het
Amsterdamse Maagdenhuis in mei; in oktober de Actie Tomaat
– bij de Haagse Comedie werd de uitvoering verhinderd van
De Storm van Shakespeare (nota bene met toneelmuziek van
Jurriaan Andriessen!) en de verstoring door Tilburgse muziek-

*Louis componerend op de zolder van zijn huis aan de Keizersgracht in Amster-
dam omstreeks 1969. (Bron: familiearchief)*

studenten van een concert van het Brabants Orkest om meer aandacht te eisen voor moderne muziek.

Het stof dat *Reconstructie* deed opwaaien is nog maar nauwelijks neergedaald of de vijf componisten van de opera, aangevuld met een flinke aanhang, zorgen al weer voor ophef en schandalen.

Je hoorde een soort bosrijke omgeving, met geritsel en gekraak. Dat was erg leuk

Op maandagavond 17 november heeft een groep van een stuk of veertig jonge componisten, musici en sympathisanten keurig een kaartje gekocht voor een doorsnee concert van het Concertgebouworkest onder leiding van Bernard Haitink. Op het programma staat onder meer een van de circa 300 erg op elkaar lijkende fluitconcerten van Johann Joachim Quantz. Haitink heft de armen en geeft de opmaat aan. En op dat teken komen van alle kanten geluiden van geklik, geritsel en gefluit, afkomstig van knijpkikkers, ratels, toeters en fluitjes uit de speelgoedwinkel.

'Je hoorde een soort bosrijke omgeving, met geritsel en gekraak. Dat was erg leuk,' vertelt Louis Andriessen later met kennelijk plezier. En Reinbert de Leeuw herinnert zich dat het klonk als 'een magisch muziekmoment. Zo werd het niet door het publiek ervaren, maar wel door ons.' Tijdens het bosgeluidenconcert worden er pamfletten uitgedeeld, waarna Bernard Haitink per megafoon wordt opgeroepen te discussiëren over 'het programmabeleid en de ondemocratische structuur van het Concertgebouworkest.'[18]

In 2008 kijken Reinbert de Leeuw, Frans Brüggen, Misha Mengelberg, Harry Mulisch en Louis Andriessen terug op die

Louis Andriessen en Cathy Berberian tijdens de première van Reconstructie,
1969. (Bron: familiearchief)

periode, gezeten in sociëteit De Kring aan het Leidseplein,
'waar het in de jaren zestig allemaal was begonnen'.

De Kring was de huiskamer en vergaderplek van intellectueel
en opstandig Amsterdam, 'ons commandocentrum', in de woorden van Misha Mengelberg. Louis bracht er heel wat avonden
door. Met Rijk de Gooyer bracht hij soms een heel repertoire aan
smartlappen 'op zijn Bachs' en hij speelde er fanatiek tafelvoetbal.
Toen de voetbaltafel onder het geweld bezweek en niet snel genoeg
werd gerepareerd, schreef hij een brief aan het Kringbestuur met
daarin de zin 'Lief bestuur, het ontbreken van een tafelvoetbalspel
wordt langzamerhand pijnlijk'. De brief wordt medeondertekend
door Reinbert de Leeuw, Peter Schat en Harry Mulisch.

Alle vijf zien hun notenkrakersactie in november 1969 absoluut niet als een jeugdzonde, zelfs niet als een vergeeflijke jeugdzonde. Niets van 'ach het was de tijd hè,' zoals voormalige Damslapers, communebewoners en spacecake-eters uit de jaren zestig nu vaak vergoelijkend zeggen. Daarmee had de rebellie van de notenkrakers niets te maken, ook al wordt die vaak in één adem met voorgaande vrolijkheid genoemd. Zij richtten zich op serieuzer zaken. Vier decennia na dato staan ze dan ook nog steeds voor de volle 100 procent achter de actie. 'Je moet je realiseren dat er veertig jaar geleden voor jonge componisten helemaal niets was: geen ensembles, geen orkesten die je muziek wilden spelen, geen concertzalen die nieuwe muziek programmeerden. Geen steun van de overheid,' zegt Louis Andriessen. 'Die actie heeft met name bij bestuurders en politici het besef van verantwoordelijkheid doen ontstaan (…) Een effect was ook dat iedereen op zijn eigen wijze allerlei initiatieven begon te ontplooien (…) Er kwamen ensembles voor nieuwe en oude muziek. Er kwamen kleinschalige concertpodia en componisten begonnen te schrijven voor alternatieve bezettingen (…) Hierdoor ontstond een veelzijdig klimaat waarin van alles kon ontstaan. En dat is gebeurd. Nergens ter wereld zijn zo veel goede ensembles als in Amsterdam. En dankzij die ensembles kunnen componisten hun werk uitgevoerd krijgen.'[19]

Ik sta hier ook niet voor lokaalvredebreuk terecht, maar eigenlijk wegens necrofilie

Later zal blijken dat Louis en zijn mede-notenkrakers de loop van de muziekgeschiedenis definitief hebben veranderd. De actie is het begin van een totaal andere manier van muziek maken, muziek componeren, en naar muziek luisteren. Maar op het moment zelf ziet het er niet naar uit dat hun actie effect heeft. Ze worden met 'harde hand' het Concertgebouw uitgezet, maar laten het er niet bij zitten. Ondanks hun soms 'ludieke' manier van doen is het ze heilige ernst: de muziek moet vooruit. Dus bezetten ze een paar maanden later, op 26 januari 1970, het administratiekantoor van de N.V. het Concertgebouw aan het Concertgebouwplein. Ze hebben nog altijd niets gehoord op hun vraag om een openbare discussie over het programmabeleid en eisen een gesprek met de Raad van Bestuur. Weer worden ze eruit gezet. Er komt zelfs een rechtszitting van, waarbij ze worden beschuldigd van lokaalvredebreuk. Een advocaat hebben ze niet nodig vinden ze: ze verdedigen zichzelf, allemaal op hun eigen manier.

Het Vrije Volk beschrijft op 24 november 1970 hoe 'componist Louis A.' "vechtlustig" zijn jasje uittrekt als hij als eerste voor het rechtbankhekje moet verschijnen. Als getuige heeft hij Misha Mengelberg meegenomen, die op zijn eigen barokabsurdistische manier vertelt hoe de notenkrakers tot hun actie werden gedreven. Hij beschrijft (en de krant citeert) hoe de jonge Nederlandse musici tot hun obstinate houding zijn gekomen: 'De verstening van het Concertgebouw dat vast in de fossiele greep van de hoofdstedelijke muziektraditie zit geklemd.' Dáár proberen zij verandering in te brengen. 'Louis A.' vult ter verheldering nog aan: 'Ik sta hier ook niet voor lokaalvredebreuk terecht, maar eigenlijk wegens necrofilie – ik heb geprobeerd een lijk in beweging te brengen…'

Het helpt allemaal niets. Het vonnis van de politierechter luidt: een week gevangenisstraf. Op 26 november 1970 staat in *de Volkskrant* een tekening van Opland.[20] Uit een vrachtwagen van het Concertgebouworkest loopt een 'groepje dissidente componisten en musici' de gevangeniscel in. De derde is 'dui-delijk' Louis (lang vlashaar, brilletje). De grimmig kijkende be-stuurder van de vrachtwagen is de president van de rechtbank. Annex vice-voorzitter Raad van Bestuur van het Concertge-bouw en lid van het bestuur van het Concertgebouworkest. De veroordelende politierechter wijst gebiedend naar de celdeur.

De groep gaat in hoger beroep en later ook nog in cassatie: de president van de rechtbank zou niet onbevooroordeeld zijn vanwege zijn bestuurlijke functies bij het Concertgebouw. La-ter verandert het vonnis in tien dagen hechtenis of 100 gulden boete.

Om van het gezeur af te zijn betalen ze uiteindelijk toch maar die 100 gulden.

7 Het symfonieorkest moet overboord

Toen wist ik, dat er iets faliekant mis was. Als ik zo zou doorgaan, zou ik in twee jaar rijk en wereldberoemd zijn

'In 1969 nam ik definitief afscheid van het symfonieorkest met een stuk dat voor de ene helft geïmproviseerd moest worden en voor de andere helft bestond uit een gigantisch strijkorkest dat allemaal aangehouden tonen speelde op losse, zij het afwijkend gestemde, snaren. De musici gebruikten hun linkerhand dus niet om te spelen, doch alleen om hun instrument vast te houden,' schrijft Louis in zijn toelichting bij *Symfonie voor losse snaren*[1].

Het oude vertrouwde symfonieorkest is een uitvloeisel van de klassieke muziek van de achttiende en negentiende eeuw en heeft een vaste samenstelling van aantallen en soorten instrumenten. Prima geschikt voor klassieke en romantische muziek, maar minder voor de moderne stukken van twintigste-eeuwse componisten die graag experimenteren met andere muzikale middelen, bezettingen en instrumenten. Louis' afkeer van het medium symfonieorkest dateert al van vóór 1969. Twee jaar eerder noemt hij zijn collage-compositie voor orkest, *Anachronie I*, waarmee hij aangeeft dat hij zo'n ensemble hopeloos achterhaald vindt.

Maar vooruit, in 1970 probeert hij het nog één keer. In opdracht van het Holland Festival schrijft hij *De negen symfonieën
van Beethoven* voor ijscokar-bel en orkest. Het stuk is een aan-
eenschakeling van door hem bewerkte fragmenten uit Beethovens symfonieën in chronologische volgorde. De stroom Beet-
hovenmuziek wordt meermaals onderbroken omdat het orkest
geregeld volledig lijkt te ontsporen en uitbarst in totaal andere
muziek, zoals de *Marseillaise*, *Für Elise* of een stukje boogiewoogie. De rinkelende bel van een ijscokarretje roept ze tot de
orde: terug naar Beethoven, jullie! Het succes van de eerste uitvoeringen van het stuk met een zaal vol lachende luisteraars
zorgt er pas écht voor dat Louis nooit meer voor symfonieorkest zal schrijven. 'Toen wist ik, dat er iets faliekant mis was.
Als ik zo zou doorgaan, zou ik in twee jaar rijk en wereldberoemd zijn.'[2] Louis Andriessen wil het zichzelf niet gemakkelijk
maken, want dan is voor hem de lol van het componeren eraf.
Dus dat kant-en-klare symfonieorkest moet overboord. 'Ik zou
prachtige symfonische muziek kunnen schrijven, althans: ik
beschik over de technische mogelijkheid om dat te doen,' zegt
hij in een interview. 'Maar dan doe ik niet wat ik vind dat ik
moet doen, namelijk een muzikale taal ontwikkelen die een
heel andere achtergrond heeft.'

Als bewijs dat het afscheid dit keer menens is, in ieder geval voor een heel lange tijd,[3] componeert hij *De Volharding*,
een stuk voor piano en blazers. Samen met saxofonist Willem
Breuker zoekt hij voor de uitvoering een gemengd ensemble
van klassiek opgeleide musici en jazzmuzikanten. Op 30 april
1972 is het voor het eerst te horen, op Koninginnedag.

Terwijl een deel van Nederland voor de televisie zit om naar
het defilé voor paleis Soestdijk en de wuivende koninklijke fa-

Louis tijdens de beginjaren van De Volharding. (Bron: familiearchief)

milie te kijken, of vlaggetjes zwaaiend langs het bordes loopt, demonstreert een ander deel in het Amsterdamse Bos tegen de oorlog in Vietnam. De regen valt met bakken uit de lucht. Toch zijn er zeker 12.000 (voornamelijk) jongeren op de been. Ze worden ondersteund door de klanken van Louis' *De Volharding,* een naam die associaties oproept met voetbalverenigingen, schaatsclubs, of een stoer vrachtschip ploegend door het kanaal met wapperende overalls aan de waslijn. *De Volharding* doet zijn naam eer aan: uit de blokvormige akkoorden, de unisono klanken en de vitaliteit van de muziek klinkt onverzettelijkheid, strijdvaardigheid en een samen-staan-we-sterkgevoel.

Na de eerste officiële uitvoering van het stuk, op 12 mei 1972 in theater Carré, besluiten de uitvoerders bij elkaar te blijven. De

Aankondiging concert Hoketus in 1978.

groep noemt zichzelf naar de compositie en vanaf die datum spelen de muzikanten van Orkest de Volharding in fabrieken, scholen en buurtcentra bij demonstraties, bezettingen, bijeenkomsten en stakingen. Staand in een halve cirkel om de piano, waaraan Louis vaak als pianist. Op het repertoire staan composities van Louis zoals *Dat gebeurt in Vietnam* en *Worker's Union* en van geestverwanten als Gilius van Bergeijk.[4] Doel van de optredens is luisteraars aan te sporen tot maatschappelijke en culturele solidariteit. Louis' composities uit die tijd zijn een cocktail van ingrediënten uit de Europese kunstmuziek en de Amerikaanse folk-, minimal- en jazzmuziek. Daarmee breekt hij de scheidingsmuren af tussen hoge en lage cultuur en maakt hij de muziek letterlijk (want zonder dirigent) en figuurlijk democratisch. Orkest de Volharding zal 35 jaar bestaan. In de loop van de jaren zeventig zal het orkest langzamerhand zijn protest- en demonstratiefunctie verliezen, en ook optreden in gewone concertzalen. Maar het zal de nieuwe muziek altijd trouw blijven.

In het begin van de jaren zeventig treden er vier nieuwe Andriessens voor het voetlicht. Het zijn de kinderen van Hendriks oudste dochter Heleen (Leentje), de pianiste en fluitiste.

Ze is kort na de oorlog getrouwd met chemicus en ondernemer Loek van der Grinten, een goed amateurviolist. Kort na elkaar kregen ze twee tweelingen: Frans en Hen, en Eugénie en Gijs. ('Typisch Leentje,' grappen ze in de familie, 'die overdrijft ook áltijd!') Zoals dat in die tijd ging met vrouwen en moeders: Heleen gaf haar professionele loopbaan als fluitiste op en richtte zich op het huishouden en de muziekopleiding van haar kinderen.

Heleen en haar man zijn erg actief in Venlo, waar ze wonen in een grote boerderij aan de Maas. Ze hebben een muziekschool opgericht, en Heleen is inmiddels het centrum van alles wat muzikaal is in Venlo en omstreken. Haar huis is een plek waar altijd muziek wordt gemaakt, door henzelf en door anderen.

De tweelingen worden door hun moeder opgevoed met muziek. Ze krijgen allemaal pianoles en kiezen daarnaast een eigen instrument. Al heel jong treden ze op als het *Gemini Kwartet*: Eugénie op fluit, Frans op cello, Gijs viool en Hen hobo. Opa Hendrik komt samen met oma Tine graag in Venlo logeren. Tijdens deze bezoekjes wordt altijd veel muziek geluisterd en gemaakt. Hendrik schrijft in 1967 een *Concert Spirituel* voor dit kwartet: zes serene, korte stukken die als tussenspelen kunnen dienen binnen de katholieke liturgie.

'Het repertoire voor die bezetting (fluit, cello, hobo en viool) was niet zo groot, maar toen we op het conservatorium mijn latere echtgenoot Maarten Veeze leerden kennen, die violist is, en pianiste Tilly Keessen, kregen we ontzettend veel meer mogelijkheden om stukken te spelen,' vertelt Eugénie in 2004 in het blad *Fluit*.

Het Gemini Kwartet wordt omgedoopt tot Gemini Ensemble en treedt vanaf 1972 25 jaar lang met succes op. Ze winnen een Edison en maken twee Amerikaanse tournees. Op het programma staat vaak het in 1972 speciaal voor hen gecomponeerde *Divertissement à cinque* van Hendrik, waarin hij, net als in het voor het kwartet geschreven *Concert Spirituel*, lichtjes naar de barokmuziek verwijst.

Louis is sinds 1974 docent aan het Koninklijk Conservatorium in Den Haag. Daar geeft hij in 1976 een workshop over mini-

Jurriaan Andriessen met technicus in geluidsstudio in 1976. (Bron: Nederlands Muziek Instituut)

mal music, een manier van componeren die eind jaren zestig in de Verenigde Staten is ontstaan. Kort gezegd is minimal music muziek met eenvoudige korte motieven die voortdurend herhaald worden met subtiele verschuivingen in ritme en melodie.

Amerikaanse componisten als La Monte Young, Steve Reich en Philip Glass gebruikten deze techniek. In Nederland zal ook Simeon ten Holt zich door deze stroming laten beïnvloeden. Zijn eerste compositie in die stijl, maar dan melodischer en gevarieerder dan de Amerikaanse minimal music, is *Canto*

Ostinato. Het zal in de jaren tachtig een regelrechte kaskraker worden en ook daarna veel worden uitgevoerd.

De Haagse conservatoriumstudenten zijn niet onder de indruk van die Amerikaanse minimal music, merkt Louis als hij de workshop geeft. 'Ze vonden het te simpel en associeerden het met tv-reclames. Ik vertelde ze dat deze muziek heel rigide en radicale wortels heeft en liet ze *In C* van La Monte Young[5] bestuderen en allerlei andere minimale technieken, uit Polynesië. Toen we *In C* begonnen te repeteren, speelden we het – om die tv-reclamesound te vermijden – 'Bang Bang Bang Bang Bang' en toen werd het meteen al iets. We kregen een helder beeld van wat we niet en wel wilden.'[6]

Door de minimal music stijl te combineren met dat 'Bang Bang Bang Bang Bang' en een compositiemiddel uit de late Middeleeuwen (de hoketus[7]), ontstaat in 1976 het stuk *Hoketus*: spannende, chromatische en ontregelende muziek die met geen mogelijkheid nog associaties oproept aan lievige reclamemuziek. Ook dit stuk is geschreven voor een onorthodoxe bezetting van panfluiten, altsaxofoons, basgitaren, piano's, elektrische piano's en trommels. Het ensemble is opgesplitst in twee gelijke instrumentgroepen die elkaar voortdurend afwisselen.

En, net als *De Volharding,* is ook *Hoketus* het begin van een nieuw ensemble, waarvan de leden zich noemen naar het stuk waarvoor ze bij elkaar zijn gekomen. Nederland is weer een ensemble rijker dat componisten prikkelt tot het maken van niet-alledaagse muziek. Na de eerste uitvoeringen in 1976 geeft Hoketus verschillende concerten in Nederland en al gauw ook over de grens. Ook dit gelegenheidsensemble zal lang blijven bestaan: tot 1987. Louis' vriendin, de basgitariste Jeanette Yanikian, maakt er deel van uit.

Je 'persoonlijke stijl', ontwikkelen: ijdele onzin. Je 'persoonlijke stijl' blijkt hoogstens uit je gebreken

Het is met *De Staat*, een 'uitbundige mengeling van piano's en blazers, basgitaren en close harmony-achtige koortjes,'[8] dat Louis Andriessen de gebeeldhouwde eikenhouten deuren van het traditionele symfonieorkest en het deftige concertgebouw met een denderende, tot over de grenzen doorgalmende, klap achter zich dichtslaat. *De Staat* is zijn eerste grootschalige werk, voor vier vrouwenstemmen en groot ensemble. Het is ook een manifestatie en een aankondiging. Met *De Staat* geeft hij aan dat hij niet langer de onschadelijke en te vermijden componist is voor specialistische muzieknerds.

'Ik wilde me niet laten wegproppen in kleine ensembles, maar me ook verhouden tot de grote tradities, de grote romantische werken. En dat deed ik door grote stukken te maken voor grote bezettingen.'[9]

Met *De Staat* laat hij zien dat er ook muziekstukken gemaakt kunnen worden met dezelfde lengte en voor een vergelijkbaar aantal uitvoerders als van een symfonie – maar met een totaal andere houding en inhoud. De bewuste wil tot verandering is hoorbaar in de muziek van *De Staat*. Dat had voor dorheid en drammerigheid kunnen zorgen, maar zo zit Louis Andriessen niet in elkaar. Anarchistische speelsheid, inventiviteit en streng vakmanschap gaan bij hem hand in hand en *De Staat* is een tintelende en opwindende compositie geworden.

Met *De Staat* gaat hij verder met het schrijven van politiek getinte muziek. Met een doorwrochte combinatie van tekst en muziek levert hij commentaar op de traditionele muziekpraktijk, op bestaande muziek, op de door hemzelf in het stuk gebruikte teksten én op de politiek-sociale omstandigheden van zijn tijd.

Het Beestenkwartet *getekend door Peter Vos.*

De Staat is daarnaast ook de in ritmes en klanken omgezette uitdrukking van saamhorigheid en samenwerking. Er zijn veel passages waarin alle 31 uitvoerders tegelijk spelen en zingen of reciteren, maar er is er geen één waarin een of meer uitvoerders er uitspringen, laat staan virtuoos kunnen schitteren.

De teksten die Andriessen in *De Staat* gebruikt komen uit de *Politeia* van Plato,[10] omdat, zo zegt hij, 'Plato zeer strenge regels stelt in de ideale staat die hij omschrijft. Dat is typisch voor totalitaire denkers die de macht hebben. Het voordeel van die manier van denken is dat alles zeer simpel is, ondialectisch. Plato was voor mij een perfect voorbeeld om aan wat ik noem de "vulgair-marxisten" van die tijd uit te leggen dat de problemen veel complexer waren dan zij dachten. Want zelfs zij konden begrijpen dat Plato geen gelijk had. Van de andere kant: Plato zegt in het slotkoor dat je de wetten van de muziek niet mag veranderen omdat dan ook de wetten van de staat veranderen.

Als componist betreur ik dat hij geen gelijk heeft. Stel je voor dat muziek die macht zou hebben. Dat zou voor componisten natuurlijk ideaal zijn. De woede van het stuk komt voort uit mijn teleurstelling over het feit dat Plato het mis had.'[11]

De Staat gaat in november 1976 in première. Het feit dat dat in het Amsterdams Concertgebouw gebeurt, is een teken dat er toch al wat aan het veranderen is in de Nederlandse 'muziekscene'. Het stuk wordt zowel in eigen land als in het buitenland positief ontvangen. Binnen een jaar na de première wordt *De Staat* door de vereniging van radiozenders uit dertig verschillende landen tijdens het jaarlijkse Rostrum of Composers uitgeroepen tot de compositie van het jaar. Het werk wordt aanbevolen bij alle aangesloten omroepstations, platenmaatschappijen en concertorganisaties. Datzelfde jaar wint Louis Andriessen

met *De Staat* de prestigieuze Matthijs Vermeulenprijs, de belangrijkste onderscheiding voor een Nederlandse compositie.
Snel daarna volgen uitvoeringen in Polen, Denemarken, Rus-
land, Engeland, Canada en de Verenigde Staten.

Muziekkenners, onder wie Elmer Schönberger, noemen *De
Staat* 'het geboorteuur van de "echte" Louis Andriessen,' omdat
er 'de voorecho's' in doorklinken 'van zijn voldragen klank.' 'De
vier altviolen, de knetterende koperblazers, de ratelende toets-
instrumenten (maar ook de opvallende afwezigheid van klari-
netten en fagotten in het hout), de hoketus-achtige battle tussen
trompetten en trombones, de blok-achtige vorm…'[12] Maar Louis
Andriessen weigert in termen als eigen stijl, of de typische Louis
Andriessen-klank te denken. 'Ik probeer juist altijd iets te doen
wat ik nog nooit gedaan heb. Dat lukt vaak niet en dan val ik

Jurriaan Andriessen omstreeks 1977. (Bron: Nederlands Muziek Instituut)

terug op oude dingen en dan zeggen de mensen: dat is typisch Andriessen, maar dat is nou juist iets wat ik wilde vermijden.'

In *the ear reader*, het 'webmagazine for contemporary composition' is hij nog uitgesprokener. 'Vanaf, ik schat 1954 (ik was toen 14) begreep ik misschien al dat de essentie van het componeren, zoals van elk sociaal gedrag, bestaat uit reageren op je omgeving. Dat je daarbij soms anders reageert dan andere mensen is naar mijn sterkste overtuiging een toevalligheid. Je "persoonlijke stijl" ontwikkelen: ijdele onzin. Je "persoonlijke stijl" blijkt hoogstens uit je gebreken.'[13]

Persoonlijke stijl of niet, met *De Staat* bereikt Louis Andriessen een mijlpaal in zijn componistenleven. Het wordt zijn internationale doorbraak.

De gepikte vogel

Jurriaan boert in de jaren zeventig ook lang niet slecht. Hij valt alleen wat minder op, doordat de aandacht van pers en publiek zich vooral richt op de muziek van de avant-garde componisten, onder wie zijn broer Louis. Bovendien heeft hij het gevoel, en dat is niet helemaal ten onrechte, dat hij en zijn vak- en generatiegenoten als Robert Heppener en Jaap Geraedts door de radicale vernieuwers uit Amsterdam niet helemaal serieus worden genomen omdat ze in hun ogen te veel leunen op de klassieke vormen en compositiemethoden. Maar hij gaat door op zijn eigen weg, los van 'de jongens in Amsterdam', zoals zijn vader de stevig op de vernieuwingsweg voortstappende componisten rond Louis noemt.

Volgens Caecilia Andriessen en Jurriaans zonen Nils en Gijs heeft Jurriaan geleden onder de goed van de tongriem gesneden en uitstekend voor zichzelf opkomende Amsterdamse componistengroep. 'In de late jaren zestig en aan het begin van de zeventiger jaren raakte de muziek van Jurriaan ontzettend op de achtergrond. Dat heeft hij erg gevonden. En terecht.' [14]

In die tijd ontstaat er een verwijdering tussen Louis en Jurriaan. Louis heeft in een kranteninterview iets onaardigs over zijn broer gezegd. Iets in de trant van: dat de muziek van Jurriaan hem niet zo interesseerde. Dat heeft Jurriaan gekwetst, vertellen zijn vrouw Kathenka en zoon Nils.[15] De broers hebben het er nooit over. Je gevoelens tonen en ruzie maken: daarin zijn de Andriessens niet bedreven. Zoiets werd thuis als niet beschaafd beschouwd.[16]

Later begint Louis zijn onnadenkende onaardigheid goed te maken door in praktisch elk interview te benadrukken wat hij allemaal aan zijn oudere broer te danken heeft: de fascinatie voor Stravinsky, de kennismaking met de Amerikaanse jazz, en 'de beste compositielessen ooit'. Als blijk van bewondering voor Jurriaans muziek pikt Louis, net als de componisten uit de barok dat deden, er soms fragmenten uit die hij in zijn eigen composities verwerkt. Dat doet hij bijvoorbeeld in *Anachronie I* uit 1967, waarin hij ook uit Hendriks muziek citeert.

Alle ogen zijn op Louis gericht. Jurriaans muziek trekt minder media-aandacht. Dat heeft onder andere te maken met het feit dat een groot deel van zijn composities bedoeld is als ondersteuning bij film en theater. Jurriaan is nog altijd de vaste componist van de Haagse Comedie. Zijn muziek staat in-dienst-van. Van die houding is ook zijn niet-functionele werk doordrongen. Jurriaan maakt muziek die gespeeld moet worden, stukken die goed zijn toegesneden op de musici voor wie hij schrijft. Maar

Jurriaan helpt zoon Nils met huiswerk, 1976. (Bron: Haags Gemeentearchief)

al staat hij wat minder in de schijnwerpers, zijn muziek wordt ook in de jaren zeventig veel gespeeld en gewaardeerd. Zijn stukken worden uitgevoerd door de beste musici, orkesten en dirigenten van Nederland, en zijn ook geliefd bij harmonieorkesten, fanfarecorpsen, amateurs of studentenensembles.

Het decennium begint heel succesvol voor hem met de première in 1970 van *Time Spirit*, zijn vijfde symfonie, een fantasierijk multimediaal stuk. Hij noemt het wel een symfonie, maar het is veel meer dan dat. Het is bijvoorbeeld ook een klarinetconcert, en een muziektheaterstuk. De instrumentatie is ook bepaald niet doorsnee: het Rotterdams Philharmonisch Orkest wordt uitgebreid met de destijds populaire popgroep Focus van de fluitist Thijs van Leer. Ook de opstelling van het orkest wijkt af van de traditie: alle instrumentalisten zitten en staan in een kring rond soloklarinettist George Pieterson, wiens spel elektronisch wordt bewerkt. De drie delen van *Time Spirit* worden afgewisseld met balletten, en tijdens de uitvoering zijn op een groot scherm 35 etsen van grafisch kunstenaar Maurits (M.C.) Escher te zien. Op 18 januari 1972 wordt *Time Spirit* op tv uitgezonden.

Een jaar later is van Jurriaan een totaal ander muziekstuk op tv te zien. Hij schrijft muziek bij het veel verkochte *Beestenkwartet* van tekenaar Peter Vos (met prachtig getekende figuren als de Kloothommel, de Klavierleeuw, en de Landrot). Zijn muzikale versie van het *Beestenkwartet* bestaat uit twaalf delen (de twaalf kwartetten), en elk deel bestaat uit vier onderdelen (de vier kaarten van een kwartet, bestaande uit kop, buik, benen en voeten van het beest). Het werk kan worden uitgevoerd als een orkestsuite door een symfonieorkestje, maar het kan ook worden gebracht als muziektheater. Dan wordt er door vier acteurs gekwartet, met rond iedere speler vier muzikanten. Wanneer een van de kwartetspelers een gevraagde kaart te pakken krijgt, bijvoorbeeld de buik van de Schijtlijster, speelt het bij de speler horende ensemble het bij de kaart passende muziekfragment. En als iemand alle vier de lichaamsdelen van bijvoorbeeld de Kamerolifant heeft (en dus een kwartet) wordt het hele Kamerolifant-nummer door het hele orkest gespeeld. In 1973 zal het als muziektheater op tv worden uitgezonden – gespeeld door actrice Adèle Bloemendaal, acteur Paul Steenbergen, *Beestenkwartet*-tekenaar Peter Vos, en Jurriaans oudste zoon Gijs.

Peter Vos kreeg de partituur van het *Beestenkwartet* cadeau: 'Jur zei: "je kunt geen noot lezen, maar ik vind dat je het toch moet hebben," en schreef er een opdracht in. En omdat we altijd zo tegen Jurriaan opzagen, voelde ik me waanzinnig vereerd.'[17]

In 1972 wordt Jurriaan benoemd tot Ridder in de Orde van Oranje Nassau vanwege zijn verdiensten op het gebied van de theatermuziek. Omdat hij zo gemakkelijk en snel componeert, wordt Jurriaan bijna iedere keer gevraagd als er in het land iets moet worden opgeluisterd met een passende compositie. Jurriaan Andriessen is in de jaren zeventig als vanzelf de – onofficiële – Componist des Vaderlands geworden. Zo schrijft hij in 1973 ter gelegenheid van het vijfentwintigjarig regeringsjubileum van koningin Juliana *Een Prince van Orangien* – een 'Wilhelmus-fantasie' voor koperblazers, slagwerk, koor en symfonieorkest.

Dat Jurriaan Andriessen zoveel gespeeld wordt heeft hij paradoxaal genoeg mede te danken aan die vermaledijde 'barricadejongens', zoals hij de Amsterdamse notenkrakers-club tien jaar eerder noemde.

In de nasleep van hun acties zijn behalve Orkest de Volharding en Hoketus nog veel meer ensembles met een niet-standaardbezetting en een niet-standaardmanier van muziek uitvoeren ontstaan. Zoals het Willem Breuker Collectief van componist en jazzmuzicus Willem Breuker, het Nederlands Blazers Ensemble, en ook het Ricciotti Ensemble dat bestaat uit jonge muzikanten die het liefst onverwachts en op de gekste plekken eigentijdse muziek spelen. Al dat soort orkesten zit te springen om componisten die muziek schrijven die bij hun bezetting past.

Volgens orkestleider Gijs Kramer van het Ricciotti Ensemble is dit orkest gegroeid, 'omdat componisten er stukken voor gingen schrijven. Vooral in de jaren zeventig. Dat was echte straatmuziek; muziek voor iedereen. Die typische "Ricciottistukken" uit die tijd hernemen we nog steeds heel vaak. Het grootste successtuk is *De gepikte vogel* van Jurriaan Andriessen,

Het Gemini Kwartet, bestaande uit de kinderen van Louis' zus Heleen: Frans, Gijs, Hen en Eugénie. (Bron: familiearchief)

dat in 1974 is geschreven voor het orkest. Het stuk is zo goed – en ook zo goed geschreven op het lijf van het *Ricciotti Ensemble* – dat we het nog altijd elke zomer meenemen op tournee. *De gepikte vogel* is de ultieme toegift. Op YouTube staan wel dertig uitvoeringen. Ken je het filmpje van het *Ricciotti* in een zweefmolen? Dan spelen we ook dat stuk. We hebben het al duizenden keren uitgevoerd.'[18]

Grote kans dat Jurriaan Andriessen dankzij zijn swingende en jazzy *De gepikte vogel* de meest uitgevoerde componist van Nederland is, zeker in de jaren zeventig.

Jurriaan is een gearriveerd componist met een mooie woning aan de lommerrijke Badhuisweg vlak bij Scheveningen. Op een foto uit 1976 zit hij aan tafel en helpt een van zijn zonen met zijn huiswerk. Op de achtergrond is een grote witte vleugel te zien die vol ligt met muziekpapier, potloden, meetlatjes en opname-apparatuur. Zijn werkkamer is veranderd in een elektronische studio. In een interview in de *Haagsche Courant* vertelt hij enthousiast over 'de miljoenen mogelijkheden van de elektronische muziek'. Hij heeft in zijn werkkamer onder meer een Moog-synthesizer met toongeneratoren, een elektronisch orgel, verschillende bandrecorders en mengpanelen. 'Het is wel een ontdekkingsreis,' zegt hij. 'Er wordt eindeloos geëxperimenteerd, maar ieder experiment wordt op papier vastgelegd. Ik kan alle geluiden weer terugvinden en opnieuw maken. Maar ik doe het niet allemaal alleen. Mijn twee zonen helpen me effectief. Gijs (18) geeft muzikale adviezen, Nils (16) bedient de apparatuur en adviseert, hij is freelance medewerker van de Haagse Comedie.'[19] Jurriaan is al bijna dertig jaar de vaste componist van het theatergezelschap. Voor de muziek die hij schrijft bij de toneelvoorstellingen maakt hij vaak en effectief gebruik van elektronica. Hij heeft er nog een baan bij gekregen als regisseur van muziekprogramma's en concertregistraties op radio en tv.

Dirigent Anton Kersjes, die hem vaak meemaakte in die functie, noemt hem jaren later in een interview 'een vakman, zoals er maar weinig rondliepen (…) Als je hem een opdracht gaf voor een stuk dat drie minuten en twee seconden moest duren, dan kon je er op rekenen dat hij er geen seconde naast zat.'[20]

Voor de kroning van koningin Beatrix (1980) componeert Jurriaan *Entrata della regina,* een plechtig feestelijk stuk met veel roffelende pauken en schetterende koperblazers. Terwijl het geroffel klinkt in de Nieuwe Kerk op De Dam, wordt er even verderop onder de leus 'geen woning geen kroning' gedemon-

streerd door rookbommen gooiende krakers die met water-
kanonnen vanaf ME-busjes worden weggeblazen.

Zij is degene tegen wie ik altijd graag als eerste, alles zeg

In 1972 is Hendrik Andriessen tachtig jaar geworden. In een
interview op de radio in dat jaar klinkt hij nog verrassend jeug-
dig en krachtig. Hendrik praat zorgvuldig en duidelijk. In het
gesprek kijkt hij tevreden en met lichte verwondering terug op
zijn leven: 'Ik heb nog nooit "ergens om" gecomponeerd, maar
altijd omdat ik het niet laten kon.' Hij toont zich openlijk trots
op 'zijn jongens': Nico, Jurriaan en Louis. 'Dikwijls zijn de stukken die Jur maakt veel beter dan de gemiddelde schouwburg-
bezoeker merkt.' 'En Louis, de jongste, die gaat wel degelijk van
de modernste dingen uit. Die vindt dat alles wat hij componeert
onmiddellijk ergens toe moet dienen. In het algemeen voor het
geluk van de mensen en, in de meest nauwsluitende zin, voor
de vooruitgang, de beweging.' De bejaarde Hendrik voelt zich
wat betreft de uitgangspunten van het componeren verwant
aan de hamerende akkoordblokken van zijn zoon Louis. In het
interview citeert hij Louis, die over zijn (Hendriks) kerkmuziek
tegen hem had gezegd: 'Alles wat je voor de kerk hebt geschreven en wat zich onderscheidt van de manier van componeren
die toen gebruikelijk was: dat deed je om mensen zo gelukkig
mogelijk te maken met stukken die jij zo goed als maar mogelijk was hebt gemaakt (…) Dus,' concludeert Hendrik, 'in zo-
verre lopen we op een bepaald punt samen.' Monter vertelt hij
in het interview dat hij nog bezig is aan een opdracht om een
nieuwe mis te schrijven.[21]

Voordat de vraag komt of hij nog door moet gaan met componeren, geeft hij zelf het antwoord in het liber amicorum dat ter ere van zijn verjaardag wordt uitgegeven. In het voorwoord, een met de hand opgetekende overpeinzing, schrijft Hendrik: 'Een dezer dagen wandelde ik op de Vrijheidsdreef in Heemstede en nam mij voor eens rustig op een bankje te zitten nadenken. Ik zag iemand voor mij uitgaan, die blijkbaar hetzelfde overwoog. Hij stond stil... Toen zag ik dat ik het zelf was en niemand anders. Hij groette vriendelijk en ik deed evenzoo.' (Hendrik voert hier zijn alter ego op, zijn 'artistieke geweten' genaamd Fermate, die 'onder hetzelfde schedeldak' woont.) 'Welnu, daar zaten wij, of liever: daar zat ík, want wij zijn immers dezelfde. Ik vroeg hem: Kan ik op tachtigjarige leeftijd aan Fermate nu voor goed vrijaf geven en zonder zijn toeziend oog voortgaan? Hij ant-

Louis Andriessen en Reinbert de Leeuw bij de instudering van een stuk. (Bron: familiearchief)

woordde prompt: je kunt Fermate nooit vrijaf geven, tenzij je zelf de aardse wandeling niet voortzet. Laten wij zo lang mogelijk met elkaar redekavelen en daarmee gelukkig zijn.'

De rector magnificus van de katholieke universiteit van Nijmegen, waar Andriessen acht jaar colleges muziekgeschiedenis heeft gegeven, geeft in het hetzelfde vriendenboek een opsomming van Hendriks karaktereigenschappen: 'nuchter zelfbezit, door geen roem te bedwelmen, eenvoud zonder pose, en met name de eigenschap die Chesterton eens "een gezonde krankzinnigheid" heeft genoemd.'[22]

Zoals blijkt uit Hendriks voorwoord in het boek woont hij niet meer in Den Haag. In 1971 verruilden Hendrik en Tine hun huis met tuin in Den Haag voor een verzorgingsflat in Heemstede. Eigenlijk niet nodig, want ze waren allebei nog gezond en niet hulpbehoevend. De verhuizing werd ze aangesmeerd door de eigenaars van het Haagse pand die er – eenmaal leeg – flink op konden verdienen. Hendrik vond het allemaal wel best. Tine had in de gaten welk spelletje er gespeeld werd, maar kon niet tegen haar meegaande man en de gewiekste eigenaars op. Voor Hendrik verandert er ook niet zo veel in Heemstede. Hij maakt zijn wandelingen en componeert, zij het in een wat rustiger tempo, gewoon door. Tine mist de tuin en de aanloop van kinderen en kleinkinderen. Ze heeft niets te doen en voelt zich niet gelukkig.[23]

In 1974 is er weer een vraaggesprek met Hendrik op de radio. Hij komt wat minder coherent over bij wat onvermijdelijk weer een terugblik is op zijn leven en werk. In bijna alle gesprekken met Hendrik in die tijd wordt de vraag gesteld wat hij van het werk van Louis vindt. Maar de milde Hendrik is niet te verleiden tot enige kritiek. Of hij de stukken van zijn zonen kan waarderen? 'Dat kan ik zeker! Heel goed!' Zijn jongens doen het goed, constateert hij tevreden, ze hebben het beter voor elkaar dan hij destijds. 'Ik moest ook conservatoriumdirecteur zijn. Het was toen een tijd dat er of géén opdrachten waren of kleine beetjes. Ik kon niet leven van het componeren. Mijn jongens wel en dat vind ik heerlijk. Zij kunnen zeggen: ik ben van mijn vak componist.' Hendrik noemt ook met trots zijn 'muzikale dochter Caecilia, de jongste. Ze bekommert zich om de Russische kerkmuziek en dirigeert 's zondagsochtends een koor dat Russische muziek zingt volgens de ritus van de orthodoxe kerk. Dat doet ze uitstekend.' Hij praat ook over Tine, die een 'zeer goed oordeel heeft over wat ik maak.' 'Dat komt waarschijnlijk omdat ze mij beter kent dan wie ook. Zij is een echte musicus. Zij is degene tegen wie ik altijd graag als eerste, alles zeg.'[24]

Een jaar na dit interview overlijdt Tine. Het is een grote slag voor Hendrik die hij nooit helemaal te boven komt. Tine was zijn anker en baken. Dankzij haar had Hendrik te midden van zijn zes drukke, goed gebekte kinderen ongestoord kunnen componeren en in hogere sferen verkeren. Ze bracht hem iedere keer weer precies op tijd terug op aarde, zodat hij belangrijke zaken als de verjaardagen en de feestjes niet vergat. Dankzij haar, zelf een uitstekend pianiste, groeiden alle kinderen Andriessen op een speelse en vanzelfsprekende manier met muziek op.

Haar jongste dochter Caecilia Andriessen hamert er regelmatig op: 'Denk erom, onderschat het aandeel van Tine niet. Zonder zo'n leuke moeder had Hendrik niet zulke leuke kinderen.' 'Tine was een ras-gastvrouw,' volgens Thieu Wertenbroek, de oude jeugdvriend die in de vooroorlogse jaren veel over de vloer kwam in de Utrechtse Herenstraat. 'Ze was hartelijk en

Zomerpostzegel uit 1979 met een fragment van de partituur van Jurriaan Andriessen. Ontwerp W. Crouwel.

druk en vond het altijd heerlijk mensen om zich heen te hebben.' Oudste zoon Nico schrijft naar aanleiding van Hendriks tachtigste verjaardag in *Preludium* over de rol van zijn moeder Tine: 'Hoewel vader een uitstekend pedagoog is, is zijn kwaliteit als opvoeder bepaald discutabel. De dagelijkse ondankbare taak, die drie vreselijke jongens groot te brengen is, omdat vader nu eenmaal altijd werkte, door onze onvolprezen moeder in feite volbracht. Tussen onze ouders heerste een voorbeeldige samenwerking. Zo schreef moeder, in de jaren dat vader directeur van het Kathedrale Koor in Utrecht was, op enorme vellen papier de grote koorboeken voor het jongenskoor uit.'[25] Tine maakte in opvoedingszaken geen enkel onderscheid tussen haar drie dochters en zonen, vertelt Caecilia. 'We werden net zo behandeld en net zo aangespoord. Mijn moeder was ontzettend geëmancipeerd. Ze was zelf ook zo opgevoed want háár moeder was een echte suffragette.'[26]

Hendrik was nogal behoudend als het ging om moderne zaken als radio, televisie en popmuziek. Tine nam haar kleinkinderen eens mee naar de Beatlesfilm *A Hard Day's Night*. Tegen Hendrik zei ze dat hij maar thuis moest blijven, anders bedierf hij toch maar de pret.[27] Tine was minder gelovig dan Hendrik, maar in 1953 schreef ze in een brief aan Jurriaan: 'Vanmorgen ben ik voor je naar de kerk geweest en heb Onzen-lieven-Heer om "het beste voor je" gevraagd.'[28] Jurriaan was toen zeventien en niet meer zo kerks (behalve dan als hij in het koor van zijn vader meezong) en dat wist Tine. In plaats van hem daar verwijten over te maken, zorgde ze er op haar manier voor dat haar middelste zoon toch onder de aandacht bleef van de god waarin hij zelf niet meer geloofde. Tine stierf op 15 juli 1975 en werd begraven op de r.k.-begraafplaats Berkenrode in Heemstede. Ze is 76 jaar geworden.

'Oma's begrafenis was indrukwekkend,' vertelde kleindochter Jeanne-Claire. 'We stonden om de kist. De lucht betrok, werd inktzwart. Er trokken bliksemflitsen door de lucht, gevolgd door een enorme donder. Maar opa was als verdoofd.'[29]

Erinnerung

Na de dood van Tine gaat het Hendrik, die al een beetje warrig begon te worden toen ze er nog was, geestelijk achteruit.

Cornelis van Zwol, voormalig hoofd van de muziekafdeling van de NCRV, die in die functie heel wat muziek van Hendrik Andriessen op de radio heeft gebracht, bezoekt hem in die tijd regelmatig. 'Hendrik miste Tine, maar ook het componeren, en

Affiche voor een tentoonstelling met werk van Mari Andriessen in 1978.

dat maakte hem depressief. Hij probeerde wel muziek te schrijven en te improviseren, maar het ging gewoon niet meer zo goed.' Om hem een beetje op te vrolijken en misschien ook wel om de geestelijke aftakeling tegen te gaan bedenkt Van Zwol een compositieopdracht. Hij vraagt Hendrik een pianostuk (*Erinnerung*) van Anton Bruckner te orkestreren. Een Duitstalige componist weliswaar, maar aan Bruckner had Andriessen geen hekel. Bruckner was geen Duitser maar kwam uit Oostenrijk, en bovendien was hij erg katholiek. Hendrik had al eens een onafgemaakte mis van Bruckner voltooid. Hij gaat monter aan de slag, maar uiteindelijk moet Jurriaan het afmaken. In de orkestbewerking van Bruckners *Erinnerung* staan Hendrik laatste noten. Het stuk wordt door het Radio Kamerorkest onder leiding van Ernest Bour op 27 januari 1978 in première gebracht en wordt rechtstreeks uitgezonden op de radio.[30]

'De laatste jaren was mijn vader er zelf niet meer,' zegt Louis 'Hij dementeerde en was erg in de war.' Als hij wordt opgenomen in een verpleeghuis zet Marianne, de vrouw van Nico, een rooster in elkaar zodat de kinderen en kleinkinderen hem beurtelings kunnen bezoeken. Jurriaan haakt op een gegeven moment af. Hij kan het niet langer aanzien dat zijn vader geestelijk zo achteruitgaat.[31]

In hetzelfde verpleeghuis in Heemstede bevindt zich ook zijn oudere zuster Laura. Zij was het zangtalent van de familie, maar een zangcarrière zat er voor haar niet in. Ze trouwde met Gerard Koot, die een pianohandel had in Haarlem, en kreeg acht kinderen. Erg gezellig met elkaar hebben broer en zus het niet in het verpleeghuis. Ze zijn beide zo dement dat ze elkaar niet herkennen. Wanneer ze elkaar tegenkomen op de gang groeten ze beleefd.[32]

Hendrik Andriessen overlijdt op zijn achtentachtigste op 12 april 1981. De kranten staan vol in memoriams. Zoals deze: 'Het belang van deze veelzijdig begaafde man, die zich op vrijwel alle terreinen van de muziek begeven heeft en daarnaast ook op publicistisch gebied zijn sporen heeft verdiend, is van blijvende betekenis.'[33] Hendrik wordt begraven vanuit de St. Bavokerk in Haarlem. Op het orgel speelt Albert de Klerk, Hendriks orgelleerling en vroegere buurjongen aan de Bakenessergracht in Haarlem.

'Andriessen was naast mijn muzikale vader mijn geestelijke vader. In mijn jeugd heb ik hem ingedronken,' zegt Albert de Klerk. Zijn lievelingsstuk is Hendriks *Passacaglia*. 'Het is het mooiste visitekaartje van Andriessen dat je de mensen kunt geven (…) Het indrukwekkendste van dit ongeveer tien minuten durende stuk is het zangerig beginnende contrapunt. Het begint heel ingetogen. In het midden komt een grote apotheose en tegen het einde ook. Dan denk je: op deze manier zal het wel aflopen. Het geniale is dat Andriessen niet doet wat je verwacht. Op een geweldig sterk akkoord in het manuaal ligt een heel zachte pedaalnoot. Merkwaardig is dat deze zachte pedaalstem toch doordringt. Het akkoord gaat weg. De zachte pedaalstem blijft over. Deze gaat lopen en neemt langzamerhand het beginthema weer op. Dan komt het zangerige contrapunt weer terug. De *Passacaglia* eindigt dan heel verfijnd en stil, als een gebed. Als kind heb ik dit werk horen componeren. Verschillende zondagen was Andriessen met ditzelfde thema bezig (…) Bij zijn begrafenis heb ik de *Passacaglia* gespeeld. Uit dankbaarheid aan de componist.'[34]

Sinds de dood van Tine en Hendrik komen Gesina, Heleen, Nico, Jurriaan, Caecialia en Louis jaarlijks op 17 september, de

verjaardag van hun vader, bij elkaar. Ze hebben een goede fa-
milieband, maar dat betekent niet dat ze iedere verjaardag bij
elkaar op de koffie komen. Af en toe zien sommige broers en
zussen elkaar bij een concert. De enige momenten waarop ze
altijd allemaal aanwezig waren, was op de feestjes die Tine zo
graag organiseerde. Nu die zijn weggevallen, zou de kans groot
zijn dat ze nooit meer met zijn zessen zouden samenkomen.
Dat willen ze niet laten gebeuren.

8 Muzikale goeroe voor een generatie componisten

Louis verliest zijn voornaam

Kort na de dood van Hendrik ziet Louis voor het eerst de opera *Parsifal* van Richard Wagner. 'Ik heb zitten janken. Ik hoorde dat die noten bij Amfortas[1] een beetje "Franserig" waren en leken op die van mijn vader. Wagner was voor hem taboe. Maar in *Parsifal* maakt Wagner een paar enorme deuken in de tafel, waar mijn vader toch alleen maar een kopje neerzette. Dat was ook wel een bevrijdende ontdekking.'[2]

Vanaf dat moment is er voor Louis, die tot dan toe met een grote boog en opgetrokken neus om de late romantiek heen is gelopen, nauwelijks meer muziek waardoor hij zich níet kan laten inspireren.

In juni 1981 is hij de centrale componist van het Holland Festival. Er worden veertien werken van hem uitgevoerd. Korte composities als *Ende* voor twee blokfluiten, bespeeld door één blokfluitist en *Le voile du bonheur* voor viool en piano, waarin de violist(e) na smeltend lyrische passages opeens ophoudt met spelen en een dommig schoolmeisjesliedje zingt; en grootschalige stukken als *De Staat* en het nieuw gecomponeerde *De Tijd*, dat live op tv wordt uitgezonden. Er is zelfs een hele avond met alleen maar Louis Andriessen-muziek: De Nacht van Andriessen, die rechtstreeks op de radio is mee te beleven. Muziekcriticus Ernst Vermeulen schrijft in *Mens en Melodie*: 'Men beluisterde diverse ensembles, variërend van symfonieorkesten tot Frank Zappa-achtige formaties, zoals De Volharding (…) Bovendien was de keuze van componist Andriessen qua diversiteit een schot in de roos; het zal niet meevallen om opvolgers te vinden die een dusdanig afwisselend oeuvre kunnen tonen. Het aantal stijlen dat de revue passeert, komt zijn favoriet Stravinsky nabij!'[3]

Met dit Holland Festival is de nationale erkenning van Louis Andriessen als toonaangevend componist een feit. Vanaf nu kan niemand er meer omheen: de muziek van Louis Andriessen doet er toe en is belangwekkend. Daarmee verliest Louis ook zijn voornaam. Als er voortaan over 'Andriessen' wordt geschreven of gesproken, is dat in negen van de tien gevallen Louis. De 'notenkraker' van toen is – mede dankzij artistiek directeur en programmeur van het Holland Festival, Frans de Ruiter – tot algemeen gerespecteerd musicus verklaard. En niet alleen hij: ook zijn makkers in de strijd van toen, Frans Brüggen en Reinbert de Leeuw die zijn stukken uitvoeren. Zij zijn elkaar al die jaren trouw gebleven, volgen elkaars loopbaan en promoten elkaars activiteiten. Met name Reinbert de Leeuw – die bijna ieder nieuw stuk van Louis Andriessen in première brengt – is van onschatbare waarde voor zijn muziek. Bovendien is hij een onafscheidelijke vriend.

Peter Schat wil er niet meer bij horen. Juist hij, die in de jaren zestig en zeventig het meest fanatiek en dogmatisch was, wil niets meer te maken hebben met de radicale politieke ideeën en de bijbehorende muziek van toen. In zijn boek *Het componeren van de hemel* keert hij zich tegen verschillende composities van

Louis in 1981. (Bron: Katholiek Documentatie Centrum, Nijmegen. Foto: Jan van Teeffelen)

Louis, waaronder *De Materie*, het stuk dat eind 1980 ontstaat. Peter Schat, nog even radicaal in zijn meningen, noemt het 'een sadistische aanslag op de kunst van het componeren'.[4]

Het was meer dan een volmaakte kalmte, het was een euforie die zo sterk was dat ik later besloot om daar een stuk over te maken

Het belangrijkste onderdeel van het Andriessen-programma tijdens dit Holland Festival is de première van *De Tijd*. Een stuk voor groot orkest en een vrouwenkoor dat teksten voordraagt van de vijfde-eeuwse kerkvader Augustinus. Voor het eerst in de geschiedenis van de Nederlandse muziek zijn er noten geschreven die zo'n filosofisch en ongrijpbaar onderwerp als het verstrijken van de tijd hoorbaar maken. 'Het (gaat over) het verschil tussen de realiteit en de ervaringen van tijd en snelheid, zeker als je naar muziek luistert,' schrijft Louis in een toelichting bij het stuk. 'Wanneer je bijvoorbeeld naar een muziekstuk luistert met een snel ritme en waarin veel gebeurt, gaat de tijd voor je gevoel sneller dan een even lang stuk waar nauwelijks iets in verandert. De tijd gaat snel als je een langzaam stuk hoort met een snel ritme bijvoorbeeld. En een snel stuk kan toch gevoelsmatig heel langzaam klinken (...) De aanleiding voor het maken van *De Tijd* was een unieke ervaring die me het gevoel gaf dat de tijd opgehouden had te bestaan, het gevoel van een eeuwigdurend ogenblik. Het was meer dan een volmaakte kalmte, het was een euforie die zo sterk was dat ik later besloot om daar een stuk over te maken.'[5]

Met *De Tijd* blijkt er een nieuwe fase aangebroken in het componeren van Louis Andriessen: die van het aan de orde stellen van filosofische, historische en natuurkundige onderwerpen. Muzikale 'leerstukken' noemt hij ze zelf wel eens. Het was al een beetje begonnen met *De Staat,* maar met *De Tijd,* het vervolgstuk *De Snelheid* en latere composities als *De Stijl,* worden zijn onderwerpen filosofischer en beschouwelijker.

De Tijd levert hem de Kees van Baaren Prijs op, een onderscheiding die eens per vier jaar wordt toegekend aan een baanbrekend orkestraal of muziekdramatisch werk. Het juryrapport vermeldt: 'Als na de gigantische eerste slag het uurwerk van Andriessens compositie *De Tijd* zacht gonzend op gang komt, dan lijkt het of deze tijd niet nu pas is begonnen te lopen, maar reeds lang in het onderbewuste voelbaar was.' Het is een treffende omschrijving van het werk.

In datzelfde jaar komt er ook een boek uit dat Louis samen met Elmer Schönberger[6] heeft geschreven. *Het apollinisch uurwerk*, een onorthodox en caleidoscopisch boek over zijn grote voorbeeld en inspirator Igor Stravinsky.[7] Het wordt zes jaar later vertaald in het Engels. De bekende Amerikaanse Stravinsky-biograaf Robert Craft vindt het erg goed. Hij omschrijft het boek als 'een spannend verslag van een externe en interne zoektocht naar de componist en de mens Stravinsky (…) Voorlopig is dit originele werk met scherpe observaties het meest ingenieuze boek dat er over de componist is geschreven'.[8]

En dan doet *De Staat* zijn intrede in de Verenigde Staten. De Amerikaanse componist en dirigent John Adams voert het uit, in San Francisco in een groot stadion voor een duizendkoppig publiek. Om de Amerikanen niet al te erg te laten schrikken, knipt hij er het meest complexe stuk uit. Daar had de componist geen toestemming voor gegeven. Maar John Adams is een goede vriend van Louis, dus als hij het achteraf hoort en er toch niets meer aan kan doen, accepteert hij de verminking. Het feit dat zijn muziek te horen was voor zo'n enorme hoeveelheid mensen maakt veel goed.[9] Terwijl *De Staat* in andere landen, in Engeland bijvoorbeeld, met gemengde gevoelens is ontvangen, zijn de Amerikanen en masse dolenthousiast. Voor het eerst horen ze een compositie, waarin de Europese moderne klassieke muziek heel goed samen blijkt te gaan met hun eigen Amerikaanse minimal music, jazz en rock-'n-roll. Het is voor jonge Amerikaanse componisten als Julia Wolfe, Michael Gordon en David Lang alsof ze een schakel vinden waarnaar ze al heel lang op zoek zijn. 'Vanaf het eerste moment dat we zijn muziek hoorden, raakten we geïnspireerd. Het was alsof er een vonk oversprong.'[10]

Vanaf nu reist Louis regelmatig naar de Verenigde Staten om op verschillende muziekafdelingen van Amerikaanse universiteiten (wat bij ons de conservatoria zijn) lessen en lezingen te geven. Hij wordt een muzikale goeroe voor een hele generatie Amerikaanse componisten.

Door *De Staat* wordt Louis een veel gespeeld componist in Amerika. Na de première in San Francisco wordt het nog op veel andere plaatsen in de Verenigde Staten uitgevoerd. Onder andere in Tanglewood, waar veertig jaar eerder *Berkshire Symphonies* van broer Jurriaan was ontstaan. Ook zijn volgende composities doen het er goed. In 2004 wordt er zelfs een Louis Andriessen Festival gehouden in New York. Dat Amerikaanse succes heeft hij, goed beschouwd, voor een deel te danken aan zijn broer Jurriaan. In de muziek van *De Staat* klinken de Amerikaanse bigbands door die Louis als jochie van twaalf hadden betoverd via de 78-toerenplaten die Jurriaan had meegenomen uit Amerika. Het land waar Jurriaan destijds, aan het eind van jaren veertig, even net zo'n beroemdheid was.

Vroeger was ik de zoon van mijn vader, nu ben ik de broer van mijn broer

De muziek van Jurriaan Andriessen verdwijnt in de jaren tachtig naar de achtergrond. Ze wordt overschaduwd door de meer vernieuwende en meer opzienbarende composities van de jongere generatie componisten, waaronder zijn broer Louis en Peter Schat. Volgens de lijst met werken van Jurriaan die worden uitgegeven door de Nederlandse muziekuitgeverij Donemus componeert hij in de jaren zestig ruim veertig stukken. In de jaren tachtig zijn dat er nog maar 23. In die Donemuslijst staan lang niet alle composities die Jurriaan schreef. Zijn film- en toneelmuziek staat er bijvoorbeeld niet in. Jurriaan heeft veel meer gecomponeerd dan de paar honderd werken in de Donemuscatalogus. Maar het is wel een aanwijzing dat hij na de succesvolle jaren zestig aanmerkelijk minder componeert. De stukken díe hij schrijft en die ook worden uitgevoerd, worden bovendien spaarzaam besproken.

Toch ontstaat in die tijd het werk dat Jurriaan zelf als een van zijn beste composities ziet: de toneelmuziek bij Shakespeares *Romeo en Julia* voor de Haagse Comedie, een muziekstuk voor vijfstemmig koor en countertenor.[11] Muziek die helaas alleen gehoord wordt door theaterbezoekers – en die komen toch meer voor het toneel dan voor de muziek. Het is de tragiek van een componist als Jurriaan wiens oeuvre voor het grootste deel bestaat uit functionele muziek. Maar ook de composities die hij níet voor een voorstelling, film of reclame produceert, raken uit het zicht. In 1984 schrijft hij bijvoorbeeld een bijzonder symfonisch werk: *Nazca, Time suspended.* Het is geïnspireerd op de geogliefen van de Nazca-indianen, de oudste bewoners van Peru.

Die geogliefen zijn kilometers beslaande, in de bodem uitgegraven of in rotsen gekerfde tekeningen en lijnen. De voorstellingen van dieren, mensen of geometrische vormen zijn alleen vanuit de lucht in hun geheel zichtbaar. Het is nog altijd een raadsel hoe en waarom ze gemaakt zijn.

Dit grote drie kwartier durende symfonische werk schrijft Jurriaan in opdracht van het Fonds voor de Scheppende Toonkunst.[12] Maar er is zelfs geen vermelding van het werk in het tijdschrift *Mens en Melodie,* dat toch veel aandacht besteedde aan eerdere composities van Jurriaan.

Een jaar later ontstaat een nog regelmatig gespeeld kamer-
muziekwerk van Jurriaan, *Due Canzone de Don Chisciotte* voor
viool en harp. In 1986 componeert hij zijn laatste filmmuziek,
voor *De Aanslag* (gebaseerd op het gelijknamige boek van

Portret van Hedwig

Portret van Hedwig, *grafiek en compositie van Jurriaan Andriessen jr., zoon
van Hendriks oudste zoon Nico. (Bron: familiearchief)*

Harry Mulisch). Regisseur Fons Rademakers wint met de film
een Oscar. In zijn dankrede noemt hij, tot grote ergernis van
Jurriaan en Kathenka die het op tv zien gebeuren, de maker van
de filmmuziek niet.[13]

In die tijd zegt Jurriaan tegen Cornelis van Zwol, hoofd
muziekafdeling van de NCRV, dat het lijkt of iedereen hem 'een
beetje vergeten' is. In een recensie van een van de zeer weinige
opnames die er van Jurriaans muziek zijn gemaakt schrijft Van
Zwol in het blad *Luister*: 'Met een variant op de uitspraak van de
vader van Felix Mendelssohn had Jurriaan Andriessen kunnen
zeggen: Vroeger was ik de zoon van mijn vader (Hendrik), nu
ben ik de broer van mijn broer (Louis).'[14]

In 1988 wordt het toneelgezelschap de Haagse Comedie opgeheven en daarmee vervalt ook Jurriaans functie van muzikaal
adviseur annex huiscomponist.

Je gaat voor de piano of aan je bureau zitten en kijkt naar buiten en dan hoor je wat

In dezelfde tijd dat Jurriaan *Nazca* voltooit, zorgt Louis voor
een logische opvolger van zijn *De Tijd* uit 1981: *De Snelheid*.
In beide stukken gaat het over de beleving van tijd en snelheid.
Toch zijn ze totaal verschillend. *De Tijd* roept met het geluid
van klokken en vervloeiende klankblokken associaties op met
mystieke rituelen. In *De Snelheid* wordt obsessief, veerkrachtig
getik op woodblocks gecombineerd met massieve syncopische
koperakkoorden. Dat werkt tegelijkertijd angstaanjagend en
vrolijkmakend.

Met die akkoorden van Louis Andriessen is iets bijzonders
aan de hand, en dat is niet alleen het geval in *De Snelheid*, maar

in bijna al zijn stukken. Er lijkt een gat in te zitten; een ruimte die, als gist in brooddeeg, lucht geeft aan het geheel.

Met *De Snelheid* kan er weer een nieuw markeringspaaltje in Louis' loopbaan gezet worden: het is zijn eerste compositie die, onder de naam *Velocity,* in de Verenigde Staten zijn wereldpremière beleeft. Een unaniem succes zoals bij *De Staat* is het dit keer niet. De première op 12 januari 1984 in San Francisco veroorzaakt, volgens Elmer Schönberger in *de Volkskrant,* een 'mini-schandaal'. *Velocity* wordt er drie keer uitgevoerd. Alle drie de keren is de zaal uitverkocht en alle drie de keren is 'het 3000-koppig publiek verdeeld in boeroepers, juichers, neutralen en weglopers'. Schönberger geeft in zijn bespreking een mooi beeld van waar het in de muziek van *De Snelheid* over gaat. 'Wie met duizend kilometer per uur over de oceaan van Amsterdam naar San Francisco is gevlogen, heeft het voordeel dat hij vanzelf al op het goede spoor is gezet. Uit het raampje heeft hij, ver onder zich, een onmetelijke en onveranderlijke waterspiegel nauwelijks merkbaar zien verglijden en geconstateerd dat de oceaan de snelheid, althans de ervaring van snelheid, tot bijna nul reduceert.'[15] *De Snelheid* wordt gezien als de directe inspiratiebron voor twee van de bekendste eigentijdse Amerikaanse componisten, John Adams en Steve Reich. Ze schrijven allebei minstens één werk waarin Louis' invloed duidelijk te horen is. Die composities horen meteen ook tot hun bekendste en populairste stukken: Adams' *Short Ride in a Fast Machine* en *Tehilim* van Steve Reich.

Wagner met heel veel foute noten

Ondertussen is Louis bezig aan wat tot dan zijn grootste compositie zal gaan worden: *De Materie.* Hij werkt er aan tussen

1984 en 1988. Het werk betekent een belangrijk keerpunt in zijn componeren.

'Vóór *De Materie* waren er voor mij twee manieren van componeren, het schrijven van theatermuziek en van grote concertstukken. Het componeren voor theater ging veel sneller en intuïtiever. Voor grote stukken als *De Tijd* had ik een heel andere benadering die veel meer tijd vergde. Maar in *De Materie* heb ik die twee manieren van componeren bij elkaar proberen te brengen. Dat heeft geloof ik wel louterend gewerkt.'[16]

De Materie is in feite begonnen met een van de grootste demonstraties die in Nederland is gehouden. Onder de leuze 'Help de kernwapens de wereld uit, om te beginnen uit Nederland' is er in oktober 1983 in Den Haag een indrukwekkende, massale protestbijeenkomst tegen de komst van de kruisraketten. De 550.000 demonstranten worden vergast op muziek van de door Louis Andriessen opgerichte ensembles Hoketus en De Volharding die voor de gelegenheid hun krachten hebben gebundeld. Ze spelen strijdliederen en het in 1975 gecomponeerde *Worker's Union* (dat in de werkenlijst de toevoeging heeft: 'for any loud-sounding group of instruments').

'Het werd een toestand, want we mogen dan wel een hoge pet op hebben van het progressieve volksdeel, dat heb ik in ieder geval, maar dit stuk was toch té progressief. Men vond het te lelijk en te modern. Ik was er overigens zelf niet bij, maar de samenwerking was goed bevallen en daaruit ontstond het idee om een groot project te gaan doen dat *Kaalslag* moest heten, want alles moest anders. Het sloot aan bij mijn toenmalige plannen voor de oprichting van het Verschrikkelijk Orkest van de eenentwintigste eeuw,' vertelt Louis tijdens een college over *De Materie* dat hij als buitengewoon hoogleraar van de universiteit van Nijmegen geeft.[17]

Het eerste project met het Verschrikkelijk Orkest is een uitvoering van zijn nieuwste compositie *De Stijl* tijdens het Holland Festival van 1985. Later zal dit het tweede deel worden van
De Materie.

'Het is er allemaal,' schrijft de Amerikaanse jazzkenner Kevin
Whitehead over dit stuk. 'Enorme akkoorden van keizerlijk
koper of pompende saxofoons, vier stemmen die klinken als
een apocalyptisch koor, bonzende pauken van eerder rock- dan
jazzmuziek. Je hoort Bach, boogie, Riley en Breuker tegelijkertijd.' Louis vertelde Whitehead eens dat hij zijn studenten
uitlegt dat 'zelfs de meest ingewikkelde twaalftoonsmuziek of
chromatische muziek in de grond van de zaak Wagner is, Wagner met heel veel foute noten'.[18] Kortom, zoals Louis dat altijd
in verschillende interviews zegt: 'Alle muziek gaat over andere
muziek, net zoals míjn muziek altijd over andere muziek gaat.'

De Stijl heeft als onderwerp onder meer de schilder Piet
Mondriaan en de avant-garde muziek van de 'roaring twenties'
(boogiewoogie, Stravinsky). Nadat het op televisie te zien is,
wordt Louis gebeld in het VPRO-radioprogramma *Ronflonflon*.
Het volstrekt ontregelende gesprek met Jacques Plafond (Wim
T. Schippers) die iedereen steevast met 'joe' aanspreekt en zo de
keuze tussen u en jij omzeilt, begint met de vraag: 'Componeren, waarom doet joe dat eigenlijk?' Louis Andriessen, wetend
wat voor vlees hij in de kuip heeft: 'Omdat alles beter kan, maar
ik vind het ook wel heel erg leuk.' Op de vraag hoe dat dan gaat,
dat componeren, zegt hij: 'Je gaat voor de piano of aan je bureau zitten en kijkt naar buiten en dan hoor je wat.' Het gesprek
ontaardt volgens beproefd recept in dit radioprogramma in een
scheldkanonnade van Plafond, aan het adres van Louis en collega's als Peter Schat, over de ingewikkelde theorieën achter hun

Jurriaan jr. met zijn zussen Nicolette en Tesselschade tijdens een concert in de jaren zeventig in de bibliotheek van Heemstede.

composities, waarvan je in de muziek toch niets terug hoort en waarmee ze alleen maar luisteraars zand in de ogen strooien. 'Dat vind ik ook van die verhalen van joe over *De Stijl*: wat is daarvan het nut voor de luisteraar, dat is gewoon kletspraat!' Waarop Louis geduldig en vriendelijk antwoordt dat hij het daar 'volkomen mee eens' is. Nadat de telefoon is neergelegd mompelt Plafond nog dat hij altijd zo zenuwachtig wordt als hij zo'n beroemd componist moet interviewen.[19]

In het tijdschrift *Wolfsmond* van dat jaar geeft Louis Andriessen een serieuzer antwoord op de vraag waarom hij componeert: 'De zin van het leven is componeren, want componeren geeft voor mij inhoud aan het leven. Bovendien kun je door muziek te componeren het leven ook begrijpen en het doel van het leven begrijpen is dan weer om "de muziek" te kunnen doorgronden.'[20]

Ik zag het ineens voor me, ik kreeg daar een beeldvoorstelling van hoe dat moest klinken

De Stijl blijkt het begin te zijn van een formidabel vierluik, het avondvullende muziektheaterstuk *De Materie*. De vier delen van *De Materie* zijn vier dramatische situaties die een specifiek historisch aspect van de Nederlandse cultuur tonen. Net als in een symfonie zijn de vier delen verschillend en zelfstandig, maar vormen ze ook een eenheid.[21]

In de gesprekken die hij in die jaren voert, valt op dat hij sinds *De Materie* steeds gedetailleerder weet te verwoorden hoe zijn muziek ontstaat. Daarbij valt ook opvallend vaak het woord 'visioen'. Een nogal vaag aandoend woord voor een bijna eenentwintigste-eeuwse Hollandse componist. Het heeft iets mystieks en doet eerder aan zijn vader Hendrik denken. Maar voor Louis Andriessen is het hebben van visioenen niets zweverigs. Ze zijn even concreet als een kop koffie of een glas wijn. Zo zegt hij in het hierboven genoemde *Wolfsmond*-interview over het tweede deel van *De Materie* (dat hij dan nog moet schrijven): '*Hadewijch* was zo'n visioen. Ik zag het ineens voor me, ik kreeg daar een beeldvoorstelling van hoe dat moest klinken. Ik stel me voor dat het stuk een kathedraal is, dat het verklankt wat ik ervaar wanneer ik door zo'n ruimte loop; het volmaakte stuk, waarin de ergste dingen moeten gebeuren. Maar dat is een hoog ideaal, dat je nooit echt zult halen (…)Alles wat je opschrijft is een poging te voldoen aan het visioen.'[22]

Wanneer Louis Andriessen nadenkt over een nog te maken stuk associeert hij er lustig op los, al dan niet met als uitgangspunt zo'n visioen. Die associaties worden vervolgens onderwerp van een een nauwkeurige studie. Uiteindelijk ontstaat er muziek die spontaan lijkt te zijn ontstaan, maar toch is gebaseerd op getalsverhoudingen, citaten, wiskundige structuren, filosofische verhandelingen of historische gebeurtenissen. In de woorden van Louis: 'Ik geloof dat er in de kunst een soort behoefte aan organisatie is die de vriend is van de chaos, die een essentiële eigenschap van de kunst is. Met name zo'n stuk als *De Materie* zit behoorlijk streng in elkaar en toch klinkt het vaak alsof het joyeus, als een soort Karel Appel, op het doek gekwakt is. Nou ja, die Appel keek natuurlijk ook eerst eventjes waar de boel terechtkwam, voordat hij de verf zogenaamd op het doek smeet. Daar was geen sprake van maar wat aanrotzooien.'[23]

De veelheid aan inspiratiebronnen en visioenen die aan *De Materie* ten grondslag liggen, komt tot uiting in de inhoud van de verschillende delen. De teksten die Louis in het stuk verwerkt komen van onder andere: de negentiende-eeuwse natuurkundige Marie Curie, het Plakkaat van Verlatinghe uit 1581, Nicolaes Witsen die in de zeventiende eeuw over scheepsbouw schreef, de zeventiende-eeuwse atomist David Gorlaeus, de dertiende-eeuwse mystica en dichteres Hadewijch, en de laatromantische dichter Willem Kloos.

De Materie gaat in 1989 in première tijdens het Holland Festival, in een enscenering van de avant-gardistische Amerikaanse regisseur en theatermaker Robert Wilson.

Een prachtig labyrintisch oeuvre

Enkele jaren voor de première van *De Materie* dient zich een nieuwe Andriessen aan op de podia en in de media: Jurriaan Andriessen jr. In de familie wordt hij soms Jurriaantje genoemd om hem te onderscheiden van die andere Jurriaan, zijn componerende oom. Jurriaan junior is de zoon van Hendriks oudste zoon Nico, de stadsarchitect van Haarlem. Hij is tekenaar en graficus, studeerde aan de Rietveld Academie en werkte een tijd in de tekenstudio's van Marten Toonder aan de Bommelstrips waar zijn grootvader Hendrik zo'n fan van was. Maar opgroeien in een familie met een grootvader, een vader, ooms en tantes die allemaal buitengewoon muzikaal zijn, doe je niet ongestraft. Jurriaan jr. speelt cello en piano (boogiewoogie en Bach) en slaat uiteindelijk ook aan het componeren. Dat begint met een tekening.

In 1977 maakt hij een portret van zijn vrouw, Hedwig de Beer. Als het in grote lijnen klaar is, vult hij alle donkere en grijze vlakken in met muzieknoten, maar geen willekeurige noten. Van een afstand bekeken is de tekening een beeldend kunstwerk (het portret van een jonge vrouw), maar van dichtbij een compositie. Of liever gezegd: 54 korte, in stijl en stemming totaal verschillende composities voor piano: het *Portret van Hedwig*. Het kost Jurriaan jr. vijf jaar om dit portret in noten te schrijven.

Vervolgens voert hij zelf de stukken uit, waaronder een keer in het veelbekeken televisieprogramma *Hier is… Adriaan van Dis*.[24] In 1987 wordt een groot deel van het *Portret van Hedwig* uitgebracht op langspeelplaat. De toelichtende tekst bij de plaat omschrijft de verschillende stijlen die Jurriaan gebruikte: 'De neusgaten klinken à la *Porgy and Bess*. Het notenbeeld dat door de wang naar het haar loopt is zeer romantisch van opbouw en klinkt Chopin en Liszt waardig. Dit geldt ook voor de mondhoek en beide lippen.' In de persoon van de jonge Jurriaan komen de talenten van de ouders van grootvader Hendrik (Nico de organist/componist en Gesina Verster de schilderes) samen.

Maar Jurriaan jr. heeft meer talenten. Nog voor hij aan het *Portret* werkt is hij aan een boek begonnen, *Eldorica*. Daarin beschrijft hij een ideale wereld, een wereld die zou kunnen bestaan als de milieuadviezen van de Club van Rome[25] zouden zijn opgevolgd. Op de planeet *Eldorica* wordt – in tegenstelling tot op onze planeet – wél zuinig omgesprongen met het milieu. Niemand hoeft hard te werken, want er worden geen overbodige spullen gemaakt. En de energie die iedereen afzonderlijk nodig heeft wordt opgewekt door 's morgens een uurtje aan een wiel te draaien. Onverslijtbare auto's, als luxe woonkamers, zoeven er zonder benzinemotoren geluidloos en razendsnel over de wegen. Ongelukken gebeuren niet want iedereen rijdt – geautomatiseerd – even hard. De ik-figuur uit het boek (Jurriaan zelf) wordt rondgeleid door een wijze, vriendelijke gids die dol is op jenever. Hij is gemodelleerd naar Jurriaans vader Nico. Het boek is niet alleen een idyllisch sprookje: Jurriaan jr. maakt door de gedetailleerde beschrijvingen van apparatuur en met statistieken aannemelijk dat op sommige onderdelen de wereld er best zo zou kunnen uitzien. Uit de mooie droomachtige illustraties in het boek blijkt Jurriaans visionaire geest. In 1988 komt er een televisiedocumentaire over het leven en de futuristische ideeën van Jurriaan. Het boek *Eldorica* wordt in 1990 uitgegeven.[26]

Jurriaan jr. was van begin af aan een bijzondere eend in de toch al niet zo alledaagse Andriessen-bijt. 'Jurriaantje was een vreemde jongen,' herinnert zijn nicht Jeanne-Claire zich. 'Toen hij een jaar of zes was, kwam hij eens bij ons logeren. Hij was heel erg in zichzelf gekeerd, heel intelligent, een beetje autistisch, en speelde niet echt met ons. Wel bouwde hij van houtjes, een sinaasappelkistje, en wieltjes een vliegtuig. Hij had net van

Jurriaan Andriessen jr. aan de piano.
(Bron: familiearchief)

zijn vader geleerd dat Lindbergh over de oceaan was gevlogen met *the Spirit of St. Louis*. Dat vliegtuig bouwde hij na. Het zag er erg goed uit, en wat me opviel was dat hij er de naam op had geschilderd zonder spelfouten. Toen hij wat ouder was, kwam ik hem regelmatig tegen op familiefeestjes. Je kon erg met hem lachen, hij was beestachtig geestig.'[27]

'Jurriaan was eigenzinnig, creatief, charmant, maar ook een drammer. Hij was het prototype van een kunstenaar, altijd zijn eigen weg volgend', beschrijft Hedwig de Beer haar echtgenoot, met wie ze het niet gemakkelijk had. 'Hij had een fascinatie met het milieu, die op gang was gebracht door de rapporten van de Club van Rome.' In hun huis moest zuinig omgegaan worden met spullen en energie. Meubels en kleren werden niet nieuw

Groepsfoto ter gelegenheid van het Andriessen Eeuwfeest in 1992: Caecilia, Nico, Gesina, Heleen, Louis en Jurriaan. (Bron: familiearchief)

gekocht in de winkel, maar waren tweedehands. Een stofzuiger was er niet. Alles moest met de bezem. Jurriaan jr. zag de toekomst tamelijk somber in, maar met visite erbij was hij een 'paljas met een behoorlijke dosis galgenhumor (...) Jur was jaloers op het succes van Louis en voelde zich niet gewaardeerd door zijn ouders, de rest van de familie Andriessen, en de maatschappij.'

Het uitbrengen van de lp met de muziek van het *Portret van Hedwig* en het boek *Eldorica* heeft oneindig veel tijd en moeite gekost, vertelt Hedwig in haar woonkamer waar het *Portret van Hedwig* aan de muur hangt. Er klinkt bitterheid en soms een zucht in haar stem als het over Jurriaan gaat. Ze vermoedt dat hij een van de begaafdste Andriessens was. Hij had zoveel verschillende talenten, liep over van inventieve ideeën en beschikte over een grenzeloze fantasie.

Dat grenzeloze zat ook in zijn karakter. Als hij eenmaal ergens aan begon, ging hij er mee door tot het uiterste. Toen hun buurman, een ervaren hardloper, hem eens vroeg of hij mee wilde lopen deed hij dat onmiddellijk. 'Tot grote verbazing van de buurman heeft hij die enorm lange route helemaal meegehold met een totaal ongetraind lijf en op zijn kaplaarzen.' Dat grenzeloze heeft Jurriaan uiteindelijk de das om gedaan. Hedwig vertelt hoe hij geobsedeerd was geraakt door een uithoudingsspelletje, waarbij het erom ging zo lang mogelijk onder water blijven. Hij rekte die grens steeds verder op en oefende zo veel hij kon. De badmeesters van de zwembaden in de omgeving kenden hem inmiddels en waarschuwden hem regelmatig. Een van hen ging zelfs weg als Jurriaan kwam, omdat hij de verantwoordelijkheid niet durfde nemen. Later hoorde Hedwig dat door extreem lang onder water te blijven er een bepaalde stof in het bloed ontstaat die je min of meer 'high' maakt. 'Als ik dat had geweten, had ik veel harder geprobeerd om hem tegen te houden,' zegt ze. Het wordt hem fataal. In 1991 overlijdt Jurriaan op zijn negenendertigste in een zwembad in Heemstede.

'De begrafenis leek wel een feest. De kerk was afgeladen vol en de begrafenisstoet op de weg naar de begraafplaats veroorzaakte een enorme opstopping. Jur zou er van genoten hebben. De hele familie was er. Dat is het leuke van de Andriessens, ze zijn trouw en ze houden van feestjes. Als opa en oma weer eens zoveel jaar getrouwd waren kwam altijd de hele familie. Ook op Jurs begrafenis waren ze er weer allemaal. Maar na afloop is er dan niemand die met je praat of je troost. En pas op zijn begrafenis zeiden ze allemaal hoe geweldig Jur was. Ik stond daar en ik dacht steeds: had dat toch gezegd toen hij nog leefde. Maar dat deden ze niet en daar heeft hij onder geleden.'[28]

In 1998 richt Hedwig met een aantal vrienden de Stichting Jurriaan Andriessen op om de ideeën en het werk van Jurriaan levend te houden.[29] In 2003 verschijnt het volledige *Portret van Hedwig* op cd. Op het cd-hoesje schrijft oom Louis: 'Het was verbazingwekkend hoe Jurriaan – of beter: Jurriaantje, zoals hij bij mijn ouders thuis nog lang genoemd werd – uiterst lichtvoetig en elegant op de piano boogiewoogie zat te spelen. Voor het componeren van de muziek voor het *Portret* had hij natuurlijk verschillende tempi nodig, verschillende soorten "toondichtheid" en ook dat was verbazingwekkend: hoe hij, ogenschijnlijk zonder moeite zich een weg vond van Bach via Satie naar een soms Cage-achtige leegheid. Zijn muziek is even goed als zijn grafische werk, zo niet beter. En dan te bedenken dat *Portret van Hedwig* er een is uit een prachtig labyrintisch oeuvre. Zo is de muziek ook: je kunt er schitterend in verdwalen.'[30]

Facing Death

Zo ongeveer tot je vijftigste is de dood en sterven iets voor andere mensen op een andere planeet. Wanneer die grens is gepasseerd gaat de dood bij het leven horen. Dat gebeurt ook bij Louis Andriessen. Vanaf het eind van de jaren tachtig, begin jaren negentig sluipt 'de Dood' op kousenvoeten zijn muziek binnen.

Dat begint met *Facing Death,* een strijkkwartet dat hij in 1989 maakt voor het Amerikaanse Kronos Quartet. Hij twijfelt eerst nog of hij de opdracht zal aannemen: 'Ze hadden me al veel eerder gevraagd, maar ik had helemaal geen idee voor strijkkwartetten, omdat ik het toch zo'n beetje een brave ouderwetse bezetting vond, en daar schrijf ik niet voor.'[31] Maar als hij eind 1989 een boek in handen krijgt met alle uitgeschreven improvisaties van de Amerikaanse jazzsaxofonist Charlie Parker, een oude jazzliefde uit zijn jeugd, gaat het in hem borrelen. Parker is beroemd en berucht om zijn ongelooflijk snelle en complexe manier van spelen. Er werd van hem gezegd dat hij speelde alsof de dood hem op de hielen zat, wat achteraf bekeken ook echt zo was, want hij stierf op zijn vierendertigste aan alcohol en drugs. Zijn razende improvisaties vormen de basis van *Facing Death,* dat in 1990 voor het eerst wordt uitgevoerd en sindsdien op het vaste repertoire staat van het Kronos Quartet. Vliegende haast klinkt er inderdaad uit het stuk: een rennen voor het leven, daarbij voortdurend bijna vallend over eigen voeten. En dat gelardeerd met een flinke dosis ironie en levenslust.

De jaren negentig staan in het teken van Louis' samenwerking met de Engelse beeldend kunstenaar en filmregisseur Peter Greenaway. Hij is de maker van onder meer *Drowning by*

Numbers en *The Cook, the Thief, His Wife & Her Lover* – films waarin dood en verval een belangrijke rol spelen. Die zijn ook prominent aanwezig in het eerste Andriessen-Greenaway-project: de korte muziekfilm, een grimmig-ironisch werk: *M is for Man, Music, Mozart*, voor jazz-zangeres en ensemble. Louis schrijft er, net als bij *De Staat* uit 1976 zelf teksten voor. Een paar jaar later wordt de muziek van de film onderdeel van het muziektheaterstuk, *M is muziek, monoloog en moord*, een door theatermaker en -schrijver Lodewijk de Boer bewerkt verhaal over Medea, de vrouw uit de Griekse mythologie die haar eigen kinderen vermoordt. 'Voor de gelegenheid,' zo schrijft *de Volkskrant*, had ze (jazz-zangeres Astrid Seriese, die de hoofdrol zong) haar warme stem een 'paar graadjes kouder gemaakt'. Het wordt uitgevoerd op de visafslag van Scheveningen. 'Een belevenis. Meeuwen vliegen rond en de lucht is koud. De speelvloer loopt schuin af richting haven, en als aan het eind de grote luiken open gaan zie je het donkere water glimmen.'[32]

Louis Andriessen is in de afgelopen jaren een internationaal componist geworden. Die internationaliteit krijgt het stempel van echtheid als hij in 1992 overstapt van Donemus, de uitgeverij van muziek van eigen bodem, naar Boosey and Hawkes, de grootste muziekuitgever van de wereld, met vestigingen in Londen en New York. Louis Andriessen is de eerste Nederlandse componist die in dezelfde catalogus staat als grootheden als Bela Bartók en Igor Stravinsky.

Het is mooi geweest zo

Louis wordt in datzelfde jaar extra herinnerd aan zijn Nederlandse wortels. Op 7 februari 1992 wordt in de Gravenzaal van het stadhuis van Haarlem ter ere van de honderdste geboorte-dag van zijn vader Hendrik het Andriessen Eeuwfeest geopend. Dat hele jaar staat het muziekleven in het teken van zijn muziek. Behalve dat er door heel Nederland veel muziek van Hendrik wordt uitgevoerd – en ook wel wat van zijn tijdgenoten, zijn broer en zonen – zijn er nog een heleboel andere activiteiten. Er komt een biografie over Hendrik Andriessen uit (*Duizend kleuren van muziek)*; er is een documentaire over de hele familie te zien (*Wij Andriessen*); en er worden twee borstbeelden van Hendrik onthuld, één in de Philharmonie van Haarlem en één in Muziekcentrum Vredenburg in Utrecht.[33]

Het Andriessen Eeuwfeest wordt op 15 november afgesloten met de Nacht van Andriessen. Van half acht 's avonds tot één uur 's nachts worden er in de Grote en Kleine Zaal van Vredenburg concerten gegeven en toespraken gehouden. In de foyers zijn tentoonstellingen te zien met werk van Mari en Nico, de film *M is for Man, Music, Mozart* en de documentaire *Wij Andriessen*. De Andriessens zijn voltallig aanwezig. Ze zijn trots natuurlijk, maar niet al té – dat past een Andriessen niet. De reactie van twee van hen is de volgende dag te lezen in *de Volkskrant*. 'De jarige Juriaan Andriessen (67) zit naast zijn zus Gesina in de foyer van Vredenburg. Jurriaan: "Het vioolconcert van mijn vader had ik tot voor vanavond nog nooit gehoord. Schandalig, niet? Die madrigalen hebben veel emoties bij me opgeroepen"[34] Gesina: "Alleen jammer dat er zo weinig publiek was." Jurriaan: "Misschien was het allemaal wat te veel van het goede." Gesina: "Ik heb me wel altijd afgevraagd waarom het nodig was zo'n eeuwfeest. Het is ook niet ons idee geweest. Papa is nu wel bij een grotere groep bekend geworden, maar hij werd al best veel uitgevoerd, en dat zal zo blijven." Jurriaan: "De mensen zullen

er wel genoeg van hebben, zo langzamerhand. Wij zijn ook allemaal doodop. Het is mooi geweest zo."[35]

In zekere zin ben ik mijn vader geworden

Hendrik is in 1992 ruim elf jaar dood. Maar in zijn jongste zoon
lijkt hij steeds meer te gaan leven. In een interview over zijn
vader in december 1991 zegt Louis Andriessen: 'Altijd als ik zit
te werken staat die man achter me. Hij is altijd in de buurt en
dat heeft natuurlijk alles met die noten te maken. Ik ben heel
erg doordrongen van, wat hij noemde, "de voortdurende verplichting ten opzichte van de schoonheid" en het genot en de
passie die je daaraan ontleent. Ik voel me daarin sterk aan hem
verwant. In zekere zin ben ik mijn vader geworden, al zijn er
natuurlijk heel veel dingen die ik heel anders doe. De tijd van
Hoketus en *De Volharding* heeft hij niet echt meer meebeleefd.
Maar die behoefte aan de praktijk: niet op je zolder in je eentje
symfonieën zitten maken, maar gewoon lekker spelen, dat heb
ik ook van hem. Mijn vader had een classicistische houding ten
aanzien van de muziek. Een van zijn uitspraken was dat de La-
tijnse cultuur je leerde dat de diepzinnigheid zich vlak onder de
oppervlakte bevond. "Die Duitsers graven diep, maar ze vinden
niks," zei hij altijd. Zijn liefde voor de distantie in de kunst komt
daar vandaan. Muziek vond hij te goed om te gebruiken voor
gevoelsontladingen.

   Ik kan niet objectief beoordelen, of en waar hij me in mijn
werk heeft beïnvloed. Maar ik kan wel een voorbeeld geven. In
1989 ging *De Materie* in première. Daarna heb ik over de opera
nogal wat lezingen gegeven. Na afloop van de laatste lezing realiseerde ik me opeens midden in een discussie, dat er bijna al-

Affiche opera Rosa, a Horse Drama *van Louis Andriessen, 1994. (Ontwerp: Lex Reitsma)*

tijd vier- tot achtstemmige akkoorden in het stuk klinken. Er is
maar één punt waarop het eenstemmig is, verder is het overal:
ngaa, ngaa, ngaa. Sindsdien verbeeld ik me dat dat geluid te
maken heeft met het orgelspelen van mijn vader. Het is in ieder geval zo dat ik regelmatig na zo'n hoogmis het wenteltrapje
opkroop en naast mijn vader op de orgelbank ging zitten om te
luisteren naar dat donderende ngaa, ngaa, ngaa van het orgel.
Mijn tendens tot harmonisch schrijven zou best wel eens iets te
maken kunnen hebben met dat orgel.'[36]

Het geweld in *Rosa* is theater, het heeft meer te maken met tekenfilms dan met de wereld om ons heen

Op 4 november 1994 gaat het meest schokkende en spraakmakende werk van Louis Andriessen in première. Het is zo'n
voorstelling waar iedereen het weken later nog over heeft.
En die muziekliefhebbers verdeelt in voor- en tegenstanders,
maar ook in wie er wel en wie er niet bij zijn geweest: de opera
Rosa, a Horse Drama. Het is Louis' eerste grote avondvullende
opera die uitgebracht wordt bij De Nederlandse Opera, en zijn
tweede samenwerkingsproject met Peter Greenaway. Het 'verhaal' heeft veel lagen. De bovenlaag is het verhaal over Rosa,
een Zuid-Amerikaanse componist van muziek voor cowboy-
films, die zijn vrouw (Ismeralda) vernedert en het liever met
een paard doet dan met haar. Ze loopt in bijna de hele opera
naakt rond, verft zich zwart en laat zich als een paard berijden.
Haar cowboy-broers wreken hun zus door vanaf een filmdoek
Rosa neer te schieten. Daarna verkrachten ze hun zus, en stoppen haar in een opgezet paard waar de dode componist Rosa
op zit. Vaak akelig om te zien, maar ook opwindend, prachtig

en gruwelijk. De combinatie van soms meedogenloze en soms invoelende muziek met de onontkoombaar wrede beelden laat de toeschouwers halfverdoofd achter.

In het maandblad *Toneel Theatraal* worden de muziektheaterrecensies meestal gezamenlijk geschreven door muziekjournalist Frits van der Waa en theaterjournalist Max Arian. Maar over *Rosa, a Horse Drama* zijn ze voor het eerst zo verdeeld dat ze allebei met een eigen recensie komen. 'Rosa is niet meer en niet minder dan een uitzinnige "tour de force" van Andriessen en Greenaway, een illusiemachinerie, die inderdaad een wissel trekt op ons vermogen om ons in de luren te laten leggen. Een drama blijft het hoe dan ook, en al wil het stuk geen opera zijn, het weet de bekoring en de opwinding die opera uitstraalt in het hart te treffen – in tweeërlei betekenis,' schrijft Van der Waa. Arian is 'boos, beledigd en misselijk' door de voorstelling. Niet vanwege de muziek, maar uitsluitend door het libretto en de enscenering van Greenaway, die, zo schrijft hij, 'lijkt te zijn doorgeslagen door die mensen die in Nederland wel eens bloot voor de camera willen en door alles wat er hier allemaal kan en mag en ook nog subsidie krijgt (…) De componist Andriessen is klemgereden in een enorme Greenaway-fuik. Het is nog het ergste om ook zijn muziek misbruikt te horen voor zo een naargeestig flauwekul onderwerp.'[37]

Louis is altijd achter *Rosa, a Horse Drama* blijven staan. Hij heeft niet voor niets een kleine versie van het metershoge paard uit de opera in zijn huis aan de Keizersgracht staan. '*Rosa* gaat helemaal niet over Rosa, het gaat over film, in het bijzonder de cowboyfilm en over parodie,' schrijft hij in zijn boek *Gestolen tijd*. En wat betreft de klachten over het geweld in de opera: 'De filmcultuur kent uitsluitend niet-ironisch gebruik van geweld of seksueel geweld. Het moet heel duidelijk zijn dat *Rosa* deze cultuur totaal bekritiseert. Het geweld in *Rosa* is theater, het heeft meer te maken met tekenfilms dan met de wereld om ons heen. Ik heb er nog nooit iemand over horen klagen dat Tom & Jerry politiek incorrect zijn, maar dat zijn ze wel, constant.'[38]

Ondanks de controversiële en schokkende beelden is de pers over het algemeen enthousiast. Zelfs de behoudende *Telegraaf*. Daarin vergelijkt de recensent *Rosa* met volkomen ge-accepteerde klassieke opera's als *Lulu* van Alban Berg en *Salome* van Richard Strauss, waarin ook flink wordt gemoord en gehoereerd. Hij besluit de bespreking: 'De grootste troef in dit spel vol dubbele bodems, zwarte humor en bikkelharde ironie is echter de magistrale partituur van Louis Andriessen. Hij brengt compassie in het drama in bijvoorbeeld een aangrijpende door ijselijk hoge hobo's begeleide aria voor Ismeralda waarin zij in prachtige cantilenen haar treurig verscheurde lot bezingt.'[39]

Het mag duidelijk zijn: de Dood waart ook rond in dit stuk. Hij heeft zelfs een hoofdrol.

In het echte leven komt hij ook om de hoek kijken. Kennelijk heeft Louis, net als zijn broer Jurriaan, het kwetsbare hart van hun vader geërfd. In 1995 krijgt hij een hartaanval. 'Ik denk dat dat het resultaat was van de driehonderdduizend sigaretten die ik mijn leven heb gerold. Het is misschien ook opgewekt door de energie en moeite die de opera *Rosa* kostte, maar ik denk dat dat allemaal onzin is. Al die dokters zien je opeens in een paar weken tijd en niet een van hén noemde het woord stress. Het hart is simpel een pomp, en soms doet het niet wat het doen moet, zo praten zij erover en zo zie ik het ook. Al die mystieke nonsens over en rond het hart werkt voor mij niet.'[40] Louis knapt weer op, maar roken doet hij niet meer.

Het Rozenprieel

Het jaar erop komt de dood dichterbij. In 1996 sterft eerst zijn oudste broer Nico. Nico had wel eens voor de grap tegen zijn kinderen Jurriaan, Nicolette en Tesselschade gezegd: 'Op zekere dag, jongens, piep ik er zomaar tussenuit.' En dat doet hij. Als Nico in een wachtkamer van het ziekenhuis op zijn vrouw Marianne zit te wachten die het aan haar hart heeft, krijgt hij zelf een hartaanval, die hij niet overleeft.

Op de begrafenis is de hele familie Andriessen aanwezig. Zelfs Hendrik in zekere zin, want tijdens de plechtige uitvaartmis wordt zijn ontroerende lied *Magna Res est Amor* gezongen.[41] Na Nico's dood componeert Jurriaan een in memoriam voor de broer aan wie hij van kinds af aan erg gehecht is. *Het Rozenprieel* heet het stuk voor strijkorkest, naar een van de succesvolle architectonische projecten van Nico. Het Rozenprieel is een Haarlemse volkswijk die in de jaren 1980 gesloopt dreigt te worden. Nico zorgde ervoor dat dat niet gebeurde en maakte er een vernieuwend stadsproject van met betaalbare en comfortabele woningen. Daarna ontwierp hij stadsvernieuwingsprojecten voor andere Nederlandse steden en dorpen, en won een belangrijke architectuurprijs voor een wijk met energiezuinige woningen in Nieuwegein. Nico was erg begaan met het milieu, hij las zijn kinderen voor uit de beroemde toespraak van het indianenopperhoofd Seattle.[42] Zoon Jurriaan had zijn fascinatie voor milieuproblemen dus niet van een vreemde.

Een muzikale duizendpoot

Broer Jurriaan schrijft in de jaren negentig aanmerkelijk minder stukken, maar hij componeert nog dagelijks. 'Ik werk op vaste tijden,' vertelt hij aan *Vrij Nederland*. 'Toen ik jonger was componeerde ik elke dag van halfnegen tot halfvijf met een uurtje etenspauze. Dat hou ik nu niet meer vol, ik schrijf nu tot halfeen. Ik heb net een serie koren afgemaakt voor seniorenkoren op Nederlandse teksten. Het leuke van opdrachten is dat je in werelden terechtkomt waar je het bestaan niet van wist, zo zijn er heel veel seniorenkoren in Nederland. Verder heb ik *Six Impressions* klaar, een suite voor twee gitaren voor het Nederlands Gitaarduo (…) Componeren gaat over luisteren. Ik vind dat muziek een verhaal moet vertellen, daarom hang ik nog een beetje aan de klassieke vormen, daar vind ik erg veel steun in om mijn gedachten te ordenen. Ik weet dat het nogal romantisch klinkt, maar de meeste inspiratie doe ik op als ik met mijn hond door het bos wandel. Dan loop ik te luisteren tot ik iets moois hoor en wacht net zo lang met opschrijven tot ik eigenlijk het hele stuk gehoord heb.' Wanneer de interviewer hem vraagt welke concerten hij zou willen bijwonen uit het muziekaanbod van die week blijkt Jurriaans nog altijd brede interesse. Hij kiest voor muziek van Bach tot en met de in die tijd net door Reinbert de Leeuw ontdekte muziek van de Russische componiste Sofia Goebaidoelina. Hij selecteert ook een concert met het *Tweede pianokwartet* van Gabriel Fauré: 'Dat vind ik zulke nobele, edele muziek. Dat speelde mijn moeder thuis aan de vleugel met vrienden, dus dat is me altijd bijgebleven.'[43] Later in dat jaar schrijft hij ook nog *Il Discorso della Corono,* een muzikale omlijsting van de Troonrede op de derde dinsdag van september. Het klinkt ieder jaar als op Prinsjesdag de koningin de Ridderzaal binnenkomt.

Omstreeks juni 1996 wordt Jurriaan, dan zeventig jaar oud, ernstig ziek: hij blijkt kanker te hebben. Drie keer in de week moet hij naar het ziekenhuis om bestraald worden. Het valt hem zwaar; hij heeft altijd een ontzettende hekel gehad aan ziekenhuizen. Toen hij in 1962 de *Respiration Suite* schreef voor een congres van longartsen, zei hij tegen een van hen dat hij alleen al ziek wordt van het lopen door de gangen van een ziekenhuis.

Maar hij hield zich goed, vertelt Kathenka, jaren na zijn dood. 'Ik reed hem naar het ziekenhuis en terwijl ik parkeerde ging hij alvast naar binnen. Dan zag ik hem voor de ingang staan. Hij trok eerst zijn jasje goed, rechtte zijn rug en dan ging hij naar de bestraling. Dat vond ik zo knap. Jur heeft zich fantastisch gehouden, maar stoppen met roken kon hij zelfs toen niet. Hij was zó verslaafd: toen hij bestraald werd, rookte hij nóg. Zat hij daar, zijn hand met die eeuwige sigaret bungelend over de stoelleuning. Want hij voelde zich natuurlijk niet lekker. Ik zat ernaast op te letten dat die sigaret maar niet zou vallen.'

Hij leek op te knappen, tot hij, totaal onverwacht, een longembolie kreeg. 'Hij moest meteen naar de intensive care en de volgende dag was het afgelopen (…) Ons leven is er radicaal door veranderd. Ook Nils heeft er erg onder geleden, hij was altijd samen met Jur aan het werk.

Jurriaan was een enige man en ook een vreemde man. Hij had heel erg vooropgezette meningen. Hij vond iemand aardig of helemaal niet. Na zijn dood ontmoetten we een heleboel mensen aan wie hij een hekel had en die bleken heel aardig te zijn. Jurriaan was in wezen een somber mens, denk ik.'[44] Kathenka zorgt ervoor dat Jurriaan een vorstelijke begrafenis krijgt. Een koets met zwarte paarden draagt zijn kist van hun huis aan de Badhuisweg in Scheveningen naar de r.k.-begraafplaats aan de Kerkhoflaan, te voet gevolgd door zijn hele familie. Hij is de eerste Andriessen die niet vanuit de kerk wordt begraven.

De dagen na zijn dood staan de kranten vol met necrologieën. In *de Volkskrant* wordt Jurriaan 'een componerende

kameleon' genoemd, 'die zich het gedegen vakmanschap en
de klassieke inborst van zijn vader geheel eigen had gemaakt.
Reekstechnieken, aleatoriek, neoclassicisme en expressionisme:
Andriessen wist er weg mee.'[45] Een goede vriend van Jurriaan,
componist Rudi van Dijk, schrijft in een necrologie met de titel 'Een muzikale duizendpoot': 'De jongere generatie ontdekt
de nieuwe tonaliteit. Helaas heeft Jurriaan deze ontwikkeling
verder niet mee kunnen maken. Zijn muziek werd niet zo veel
meer gespeeld sinds het begin van de jaren zeventig. Hij componeerde om gespeeld te worden, in tegenstelling tot zijn broer
Louis, die ooit zei te componeren om de muziek vooruit te
helpen. Een van de meest vervelende dingen die Jurriaan bij
leven konden overkomen, was dat zijn werk niet zou worden
gespeeld. Dat lot dreigt nu na zijn dood.'[46]

Jurriaan noemde zichzelf thuis wel eens voor de grap 'een
notenfabriek'. Na zijn dood hebben zijn zoons al zijn composities naar het Nederlands Muziek Instituut gebracht. Het waren
veertien dozen, met in totaal 1150 partituren.

Van al het zingen houd ik verschrikkelijk veel

Louis werkt in de tijd van de dood en de begrafenissen van Nico
en Jurriaan aan de opera *Writing to Vermeer*. Daardoor komt er
in die opera een stukje muziek van Jurriaan terecht. Dat is niet
de eerste keer. 'Jurriaan speelt eigenlijk sinds *Anachronie 1* een
niet onbelangrijke rol in mijn stukken. Ook in de dingen die ik
van hem geleerd heb, zoals een lichte onverschilligheid tegenover
wat wel en niet mag. Al in *Anachronie 1* zit een heel raar Italiaans
popliedje. Voor *Vermeer* heb ik een fragment uit Jurs *Magnificat*
gebruikt, een prachtig stuk en daaruit een paar prachtige maten.

In de opera is het een aangrijpende roep geworden om – ik weet niet wat, natuurlijk. Dat is erg mooi geworden.'[47]

Voor de opera *Writing to Vermeer* gaat in 1997 eerst nog een ander groot werk van Louis in première: *Trilogie van de Laatste Dag*. Het eerste deel daarvan – *De Laatste Dag* – gaat ook over de dood. Hoewel je het zo niet mag zien, zegt hij in een interview aan de vooravond van zijn zestigste verjaardag. Niet het stuk gaat over de dood, maar de 'teksten gaan over de dood. Als de muziek al naar iets verwijst, is het naar de angst voor de dood'.

Over de dood moet je niet 'kneuterig' doen, vindt hij. Zo'n onderwerp moet je groots en met de nodige filosofische afstand aanpakken, en niet op obligate sentimenten inspelen. 'Stel je eens voor wat een furore ik zou kunnen maken in Japan, Amerika, de hele wereld, met een opera over Anne Frank – hier en daar gelardeerd met een Joodse melodie. Miljoenen mensen zouden het vreten. Als je dat doet, ben je een dweil van een componist. Het is iets ingewikkelder. In *De Laatste Dag* komt een thema voor dat zich met de dood bemoeit. Ik noem het "de call". Het centrale thema is Magere Hein die je roept. Een elementaire drie-noten-muziek. Daarvoor moet je een context vinden die niet meteen doet denken aan alle clichés van de afgelopen tweehonderd jaar.'[48]

Tekst en zang zijn weer heel belangrijk in dit werk. Die twee aspecten worden vanaf de jaren zeventig steeds belangrijker in de muziek van Louis Andriessen. Een wrang gedicht van Lucebert, *Het laatste avondmaal,* is de basis voor *De Laatste Dag*. Het wordt gezongen of gedeclameerd door een mannenkoor. Zang in de muziek van Andriessen is vaak iets tussen zingen en zeggen in. Aan het eind zing-zegt een emotieloos jongensstemmetje een bizar-gruwelijk volksliedje over een vrouw die op het kerkhof de schedel van haar moeder zoekt.

De Laatste Dag gaat alvast in première nog voor de trilogie af is. Het maakt indruk. '*De Laatste Dag* doet lach verstarren,' kopt *de Volkskrant*. 'Met zijn gegrom van basgitaar en synthesizer, en met zijn snoeiharde opdonders, uitgedeeld door 51 musici en vier mannenstemmen, manifesteerde zich een Andriessen die moeite deed "to out-Andriessen" Andriessen. *De Staat* en *Hoketus* veranderden met terugwerkende kracht in snuisterijen.'[49]

In deel twee van de trilogie, *Tao*, overheersen ijle en hoge klanken. De teksten zijn hier afkomstig uit de *Tao Te Ching*[50] en van de Japanse dichter Kotaro Takamura. Het is geschreven voor de Japanse pianiste Tomoko Mukayama die ook zingt en een koto (een Japans luitachtig instrument) bespeelt. Het laatste deel is *Dancing on the Bones*. Uitgangspunt is de *Danse Macabre* van Saint-Saëns. Kinderen zingen een tekst van Louis zelf. Het gaat over wat doodgaan is en leert een nuchter lesje: 'Als het hart stilstaat, verdwijnt de polsslag. Je krijgt een grauwe, gele kleur, je benen en je tenen worden koud…'[51]

De *Trilogie van de Laatste Dag* gaat in zijn geheel in première op 31 januari 1998 tijdens de duizendste Matinee op de Vrije Zaterdag. Reinbert de Leeuw dirigeert de gebundelde krachten van het Schönberg en het Asko Ensemble.

De jaren negentig lopen op hun einde. Ze worden afgesloten met wat tot dan toe een van de meest toegankelijke en melodieuze werken is van Louis Andriessen, de opera *Writing to Vermeer*, zijn derde grote project met Peter Greenaway. Het onderwerp is (net als in *De Materie*) Nederland, en de Nederlandse cultuur. En ook hier speelt tekst (en dus ook zang) een belangrijke rol. 'Van al het zingen houd ik verschrikkelijk veel. Maar doordat die muziek van mij niet alleen maar verwijst naar het symfonieorkest van 1880 hoort daar een ander soort zingen bij, net zoals bij mijn muziek ook een ander soort vioolspelen hoort dan bij de muziek van Tsjaikovski. Er zijn natuurlijk honderden manieren van zingen, zoals bijvoorbeeld in de muziek uit de derde wereld, de jazz, de pop. De klassieke zangkunde met dat zware vibrato en onverstaanbaar en altijd maar even hard, dat is voor mijn manier van muziek maken niet geschikt. Voor een heleboel andere muziek ook niet, trouwens.'[52]

Het voordeel van zo'n opvatting over zingen is dat hij daardoor fraaie en krachtige zangpassages kan schrijven voor acteurs, die vaak tekstgevoeliger zijn dan klassiek geschoolde zangers. Zoals te horen is in de muziek die hij schrijft voor toneelgroep Baal.

In *Writing to Vermeer* zingen overigens wél klassiek geschoolde zangers. Maar Susan Narucki, Barbara Hannigan en Susan Bickley doen hun best daar niet op te lijken en dat lukt ze uitstekend. De teksten die ze zingen komen uit achttien gefingeerde brieven die de drie vrouwelijke huisgenoten van de zeventiende-eeuwse schilder Johannes Vermeer aan hem schrijven. Greenaway kwam op het idee voor dit libretto doordat er regelmatig brieven gelezen en geschreven worden op de schilderijen van Vermeer. Hij bedacht dat ze geschreven werden door Vermeers vrouw Catharina, haar moeder Maria en het model Saskia en hij laat de brieven gaan over de alledaagse dingen in het huishouden van Vermeer. Zo is er een tekst van Catharina over hun dochtertje Cornelia die per ongeluk lak heeft gedronken: 'Cornelia has swallowed varnish. I was so frightened. She took an open jar and swallowed the lot. She said it tasted like syrup of figs.' Het jaar waarin de opera speelt is 1672. Het is het uit de vaderlandse geschiedenisles beroemde 'rampjaar' met veel oorlogen en opstanden. Hoe die dreigende en luidruchtige buitenwereld langzaam de intieme huiselijkheid binnensijpelt, maakt Andriessen in de opera mooi hoorbaar.

Voor *Writing to Vermeer* schrijft Louis Andriessen lyrische en poëtische muziek. Behalve een fragment van Jurriaans *Magnificat* verwerkt hij ook composities van Jan Pieterszoon Sweelinck en John Cage. Er klinken muzikale associaties door van de oer-Hollandse liederen uit *Valerius' Gedenckklank* en de blokfluit-stukjes van Jacob van Eyck. Spectaculaire toneeleffecten – zoals de bakken water die naar beneden komen, een echte koe op het toneel – maken het stuk extra leuk en boeiend. 'De prachtlievendste en spectaculairste voorstelling ooit in het Muziektheater,' schrijft de NRC-recensent na de première. 'Een feest van verschuivingen tussen schijn en werkelijkheid, echt en bedrieglijk net echt.' In de recensie wordt de muziek van Louis Andriessen 'een wonder van veelal subtiele en roerende detaillering' genoemd. Niet iedereen is positief, zoals de *Trouw*-recensent die zich radeloos afvraagt waar al dat gedoe op het toneel over gaat: 'Een soort collage-opera is het, een nieuw soort negentiende-eeuwse grand-opéra met spectaculaire decors en massa-scènes die destijds ook muzikale en tekstuele armoede verhulden.'[53]

In 1999, het jaar waarin *Writing to Vermeer* voor het eerst te zien is, wordt Louis zestig. Hij is in de afgelopen decennia verschillende nieuwe wegen ingeslagen en is de inspiratiebron geworden van een hele generatie jonge componisten. Hij heeft het publiek onaangename en aangename verrassingen bezorgd, grote opzienbarende muziekdrama's geschreven, succes gehad en kritiek, en vooral: hij heeft de muziek veranderd. Dankzij hem en zijn mede-notenkrakers zijn er alle mogelijke soorten ensembles gekomen voor oude en nieuwe muziek. Die vroegen om nieuwe manieren van uitvoeren en om nieuwe composities. Mede door hem zijn de grenzen tussen de verschillende 'hogere' en 'lagere' muzieksoorten vervaagd. Hij heeft afstand genomen van de dogmatische regelneverige seriële muziek, maar zonder die te veroordelen: 'Hoewel het veelal "lelijke rotmuziek" heeft opgeleverd, was het een goede manier om de bezem door "alle dommigheden in het denken en muziekleven" te halen.'

In de voorgaande twintig jaar heeft hij zijn ouders verloren, twee broers en een neef. In zijn eigen woorden: zijn 'toekomst krimpt, terwijl het verleden uitdijt.' [54]

Die krimpende toekomst blijkt groot genoeg voor nieuwe muziek, nieuwe muzen en zelfs een nieuw begin.

9 Leven & Dood

Heb ik toch nog voor elkaar gekregen

En dan duiken er in het zicht van een nieuwe eeuw twee muzen op in het leven van Louis Andriessen. De Italiaanse zangeres Cristina Zavalloni en violiste Monica Germino (Amerikaanse van Italiaanse afkomst) zijn – zoals het echte muzen betaamt – talentvol, gedreven, jong en mooi. En ze zorgen voor een stroom aan nieuwe muziek.

Violiste Monica Germino besluit na haar studie aan de Amerikaanse Yale universiteit – waar ze Louis, die daar les gaf, net was misgelopen – in Amsterdam verder te studeren. Ze volgt onder meer lessen bij Vera Beths,[1] en maakt vooral furore met haar Violectra, een op maat gemaakte elektrische viool.[2] Ze treedt op als soliste en in ensembles die gespecialiseerd zijn in nieuwe muziek, zoals het uit vier vrouwen bestaande ELECTRA. Ze speelt voornamelijk eigentijdse stukken, waarbij ze zingt en viool speelt.

Haar docenten van Yale hadden haar op het hart gedrukt contact met Louis Andriessen op te nemen. Ze belt hem in 1994.

'Ben je goed?' vraagt hij. 'Kom dan maar Bach spelen.' Op een avond spelen ze alle zes vioolsonates van Bach door, Louis

op piano en Monica op viool. Louis is verkocht. En 'afgepei-
gerd', want Monica gaat zo op in de muziek dat ze, eenmaal begonnen, niet meer is te stuiten.[3]

Een paar jaar later ontmoet Louis in Den Haag Cristina Zavalloni. Zij zingt in een stuk van de Italiaanse avant-garde componist Sylvano Bussetti,[4] en Louis is overrompeld door haar
stem, haar soepele, katachtige figuur en haar theatraliteit.

Zavalloni en Germino blijken de oplossing voor zijn problemen met klassiek geschoolde zangers en violisten, die voor
zijn muziek altijd net iets te romantisch, te gekunsteld en te
nadrukkelijk zingen en spelen. Bovendien ontdekt hij dat het
pure, strakke en directe musiceren van Monica en Cristina samen, de klanken oplevert waarnaar hij lang op zoek was. 'Zoiets
exotisch als een zangstem en een viool bij elkaar brengen is een
grote stap voorwaarts. Daar ben ik trots op. Heb ik toch nog
voor elkaar gekregen.'[5]

Opgepept door zijn 'Italiaanse meiden'[6] gaat Louis Andriessen weer anders schrijven. In zijn vocale muziek wordt de tekst
belangrijker, of op zijn minst even belangrijk als de noten. Voor
die tijd werkt hij ook veel en graag met teksten (*De Staat* en *De
Materie*), maar die gezing-zegde regels zijn eerder aanleiding,
onderdeel of soms aanvulling van zijn composities dan sturend
uitgangspunt. Door Cristina en Monica gaat hij zangeriger lijnen schrijven. Zijn muziek wordt verhalender. Een beetje als
het zeventiende-eeuwse Italiaanse *recitar cantando* van Claudio
Monteverdi, maar dan in een nieuwe, eigentijdse Andriessen-jas.

Het eerste stuk dat hij voor ze schrijft is *Passeggiata in tram
in America e ritorno*, een gek verhaal over een ritje per tram
naar Amerika en weer terug. Het is geschreven op een absurdistische tekst van de Italiaanse dichter Dino Campana, die hij

Affiche opera Writing to Vermeer *van Louis Andriessen, 1999 en 2004. (Ontwerp: Lex Reitsma)*

via Cristina leerde kennen. Het werk is in 2001 voor het eerst uitgevoerd, in Australië. In dit stuk is te horen hoe organisch het geluid van de elektrische viool van Monica mengt met de warm-fluwelige en soms snijdend-strakke stem van Cristina. Dat ze allebei ook theatrale persoonlijkheden zijn, als een vis in het water op welk podium dan ook, is voor Louis een minstens zo inspirerende bijkomstigheid.

Geïnspireerd door Cristina en Monica componeert hij na de *Passeggiata* in de eerste tien jaar van de eenentwintigste eeuw een heel rijtje stukken, zoals *La Passione*, *Inanna*, *Letter from Cathy*, *Racconto dall'Inferno* en XENIA. Het mondt uiteindelijk allemaal uit in zijn eerste grote opera bijna tien jaar na *Writing to Vermeer*: *La Commedia*, tot dan toe zijn meesterwerk.

Louis Andriessen is als een kind zo blij met zijn muzen. In praktisch elk interview duiken hun namen op, naast die van zijn vader Hendrik en zijn broer Jurriaan. Cristina Zavalloni is even gelukkig met haar ontmoeting met Louis: 'Hij opende deuren voor me. Wat ik deed, werd in Italië idioot gevonden. Ik wilde geen popartiest zijn en ik was geen klassieke operazangeres. Toen ontmoette ik hem. Als hij zegt: ik heb een verbazingwekkende soliste gehoord, wordt er geluisterd. Hij is een instituut.'[6]

Geen rust voor maestro Louis

Louis is in het eerste decennium van de nieuwe eeuw voortdurend op reis; de tol van de internationale roem. In verschillende landen worden er Andriessen-festivals gehouden. In 2002 is dat in Londen, waar behalve veel van zijn eigen muziek ook die van zijn leerlingen Martijn Padding en Cornelis de Bondt te horen is. Half oktober is het hele nieuwe-muziekwereldje van Amsterdam even verplaatst naar het South Bank Centre in Londen: Cristina Zavalloni, Monica Germino, Reinbert de Leeuw en het Asko|Schönberg Ensemble, de Volharding, ensemble LOOS; ze zijn er allemaal. *La Passione,* het tweede werk dat hij voor Cristina en Monica maakte (hij omschrijft het als een dubbelconcert voor viool en stem), gaat er in première. Het is de verklanking van een nachtmerrie, maar boven angstaanjagende muziek vloeit de tedere stem van Cristina als kalmerende balsem op de wonde. De tekst, weer van Dino Campana, beschrijft de wanen en angsten van de dichter zelf. Hij is in een psychiatrische inrichting gestorven.

De Engelse pers, meestal wat gemengd over Louis' muziek, is onder de indruk. Ook het in 1992 gecomponeerde *Hout,* een behoorlijk gecompliceerd stuk waarbij de luisteraar zijn oren op scherp moet zetten, doet het goed. De recensent van *The Guardian* beschrijft het als een 'muzikale achtervolgingsscène'. Hij noemt de muziek 'tegelijkertijd speels en rigoureus', wat een mooie beschrijving is voor bijna alle muziek van Louis Andriessen – en ook van zijn karakter.[7]

Ook 2003 is een druk jaar voor Louis. Eerst zit hij samen met goede vriend Elmer Schönberger in Sint Petersburg, waar in september de Russische vertaling wordt gepresenteerd van *Het apollinisch uurwerk,* het boek over Stravinsky dat zij twintig jaar eerder samen hadden geschreven.

In de maanden oktober en november wordt het muziektheaterstuk *Inanna* uitgevoerd. Het is zijn eerste grote theatrale samenwerkingsproject met de Amerikaanse schrijver, filmmaker en regisseur Hal Hartley voor wie hij Peter Greenaway heeft ingeruild. In Hal Hartley vindt hij een nieuwe inspirerende kun-

Tekening Peter Schat: verjaardagskaart voor de vijfenzestigste verjaardag van Louis in 2004. (Bron: familiearchief)

stenaar die zijn innerlijke beelden kan visualiseren en met hem mee kan denken.[8] Cristina Zavalloni is zingend en acterend de perfecte personificatie van de Assyrische godin Inanna. Zowel dominant en vals, als sensueel en liefdevol. Met de inzet van elektronica, saxofoons, contrabasklarinet en de elektrische viool van Monica Germino is het Louis gelukt muziek te componeren die associaties oproept aan muziek uit oeroude Babylonische tijden, klanken die nooit bestaan hebben en nooit eerder gehoord zijn.

Hetzelfde jaar krijgt het tragische *La Passione* zijn Nederlandse première. De nieuwe Andriessen maakt grote indruk: 'Passiemuziek is het inderdaad: het verslag van een lijdensweg, vol koortsige beelden van zwarte hoorndragers en bloederig licht. Maar vooral laat Andriessen in *La Passione* zijn gevoel spreken,' schrijft *de Volkskrant*.[9]

In april 2004 vliegt Louis naar Milaan, waar een aantal stukken van hem wordt uitgevoerd. Een maand later loopt hij alweer door New York, waar begin mei Sonic Evolutions: The Louis Andriessen Festival plaatsvindt. Twee weken lang is hij het middelpunt van een groots aangepakt festival waarin acht programma's met Andriessen-composities worden uitgevoerd. Onder anderen door hemzelf als begeleider en improvisator. De Amerikanen krijgen een mooi overzicht van zijn werk. Van het recente *La Passione* via *M is for Man, Music, Mozart* uit de jaren negentig en *De Materie* uit 1988, tot jarenzeventigstukken als *Worker's Union* en *On Jimmy Yancey*. Weer is heel progressief muzikaal Nederland met hem meegereisd. Van zangeres Greetje Bijma, Orkest de Volharding en slagwerkster Tatiana Koleva, tot Cristina Zavalloni, Monica Germino, Reinbert de Leeuw en het Asko|Schönberg Ensemble.

'New York gunt maestro Louis geen rust' staat als kop boven het verslag van Jan Tromp in *de Volkskrant*.[10] Voorafgaand aan het openingsconcert met een 'juichend ontvangen' uitvoering van *De Materie* is er een openingsspeech van Jane Moss, directeur van het New Yorkse Lincoln Center waar een groot deel van het festival zich afspeelt. Zij noemt de Andriessenweken een eerbetoon van New York aan 'een fantastische componist die niet in een hokje is te stoppen en die toch een imponerende en blijvende invloed heeft gehad op de muziek van onze tijd'.

Om het Amerikaanse publiek niet te zeer voor het hoofd te stoten wordt de opera *Rosa, a Horse Drama* alleen op film vertoond. Een slim besluit, want nog maar een paar maanden eerder stond heel Amerika op zijn kop vanwege die ene blote tepel die van popster Janet Jackson was te zien tijdens de Super Bowl. Een live op het toneel uitgevoerd muziektheaterstuk als *Rosa* met veel expliciet bloed en bloot zou wat te veel van het goede kunnen zijn. Volgens een verslag in *Trouw*, beoordeelde *The New York Times* de verfilming als 'meeslepend, direct, boeiend en zelfs mooi'.[11]

Officieel gepensioneerd

Op 6 juni 2004 wordt Louis 65. In een gesprek op Radio 4 zegt hij: 'Officieel ben je dan gepensioneerd en ik ben docent op het conservatorium in Den Haag. Ik heb op een bankje gezeten op het Amstelveld met een broodje paling en haring, met mijn directeur Frans de Ruyter. Die had iets bedacht waardoor ik me toch nog wel enige tijd verbonden diende te voelen aan het conservatorium.'[12]

Dat bedenksel is de benoeming van Louis Andriessen tot hoogleraar in de Kunsten aan de Universiteit van Leiden. Zoiets kan De Ruyter redelijk gemakkelijk bij een broodje paling beslissen, omdat er sinds enige tijd een samenwerkingsverband bestaat tussen de Universiteit van Leiden en het Koninklijk Conservatorium Den Haag. Professoren hoeven niet op hun vijfenzestigste met pensioen en zo kan hij Louis aanhouden. Logisch dat de opleiding een van zijn beroemdste docenten niet kwijt wil. Louis Andriessen trekt studenten van over de hele wereld naar Den Haag om van hem te leren hoe ze 'goede noten' moeten schrijven.

Louis was in 1997 ook nog een tijdje bijzonder hoogleraar aan de katholieke universiteit van Nijmegen. Zijn vader Hendrik zou het vast mooi gevonden hebben dat zijn jongste zoon ook op dat terrein in zijn voetsporen trad.

Pensioengerechtigd en wel componeert Louis gestaag door. Hij voltooit een groot werk voor stem en orkest: *Racconto dall' Inferno*, een verhaal uit de hel. Het is gebaseerd op veertiende-eeuwse Italiaanse teksten uit de *Divina Commedia* van Dante Alighieri. In oktober 2004 gaat het in Keulen in première. Ook dit werk is ontstaan met een zingende Cristina Zavalloni in het achterhoofd.

In de jaren tachtig en negentig was het al zo dat bijna ieder Holland Festival zo niet opende met een stuk van Louis Andriessen, dan wel een of meerdere van zijn werken op het programma had staan. Die trend zet zich voort. In juni 2005 opent het jaarlijks gehouden en meest prestigieuze festival van Nederland met *Racconto dall' Inferno*.

Veel meer dan een muze

Terwijl Louis met zijn muziek de wereld rondreist, overal applaus en complimenten incasseert, wordt thuis in Amsterdam
de wereld van zijn vrouw Jeanette Yanikian steeds kleiner.
In het jaar 2000 is er geconstateerd dat ze lijdt aan de ziekte
van Binswanger, een zeldzame aandoening waarbij geleidelijk
steeds meer lichamelijke functies uitvallen. Als ze moeite krijgt
met lopen, verhuizen Louis en zij van vierhoog aan de Keizersgracht naar een gelijkvloerse woning aan de Amstel. De Keizersgracht wordt de plek waar Louis journalisten, componisten
en leerlingen ontvangt, en op zolder werkt en muziek maakt.
Aan de Amstel woont hij en zorgt hij voor Jeanette.

Ruim veertig jaar is zij zijn muzikale geweten, degene aan
wie hij alles wat hij componeert laat zien en voorspeelt. Tijdens
het Andriessen-festival in New York in 2004 deelt hij aan de
meegereisde *Volkskrant*-verslaggever zoals gebruikelijk mee
dat hij zijn roem te danken heeft aan zijn vader, maar dit keer
betrekt hij ook Jeanette in het verhaal: 'En in tegenstelling tot
veel andere mensen ben ik gezegend met een heel intelligente,
artistieke, smaakvolle en strenge vrouw. Jeanette heeft een buitengewoon scherp oordeel, vooral over wat je wel en niet moet
doen als componist.'[13]

Jeanette was ook een van de motoren van de Amsterdamse
club van vernieuwende componisten en kunstenaars uit de jaren zestig. Ze waren, aldus Louis, allemaal een beetje 'verkik-
kerd' op haar.[14] Jeanette componeerde stukken, waarin ze het
geluid van haar hartslag, ademhaling en bloedstroom verwerk-
te, speelde jarenlang als basgitarist in Hoketus en werkte in de
jaren negentig als muziek- en psychotherapeute.

Jeanette overlijdt aan haar ziekte op 6 februari 2008. Louis

Caecilia in actie als dirigente. (Bron: familiearchief)

blijft alleen achter; zij en Louis hadden geen kinderen gewild; hun leven was vol en rijk genoeg met hun werk en twee katten.[15]

'Voor het werk van Andriessen was het oordeel van Yanikian heel belangrijk,' zegt Reinbert de Leeuw kort na haar dood in *Elsevier*. Hij kwam veel bij Jeanette en Louis over de vloer, ook om tv te kijken (vooral veel voetbal).[16] 'Als componist kan Louis alles, dus ook gemakkelijke dingetjes. Zij hield hem bij de les: geen compromissen! Jeanette kende geen conventies en maakte op iedereen een onvergetelijke indruk. Ze voerde haar ideeën met ijzingwekkende consequentie uit, bijna obsessief. Voor Louis Andriessen was zij veel meer dan zijn muze: Jeanette heeft hem – zoals hij vaak zei – gemaakt tot wie hij is. Niet alleen als componist, maar ook als mens.'[17]

Ruim vier jaar na haar overlijden kost het Louis nog altijd veel moeite om over haar te praten. 'Ze had een oosterse, mysterieuze kant,' zegt hij. 'Je zit het liefste onder een palm niets te doen, zei ik altijd tegen haar. Jeanette had een nomadische achtergrond. Haar moeder was de dochter van een Hollandse herenboer. In Parijs ontmoette ze een Armeense man met wie ze twee dochters kreeg. Jeanette was de jongste. Ze gingen in Bagdad wonen, waar veel andere Armeniërs naartoe waren gevlucht vanwege de Turkse genocide (1915). Het was geen goed huwelijk. Vlak voor de Tweede Wereldoorlog is haar moeder met haar dochters teruggegaan naar Nederland. Ze had een grondige haat tegen mannen ontwikkeld. Jeanette groeide dus op in een eenoudergezin.

De ziekte die ze had was een soort hersensclerose, ontstaan door een reeks kleine beroertes. De meeste mensen overlijden na vijf jaar, maar Jeanette was een heel sterke persoonlijkheid. Ze heeft er acht jaar over gedaan. Ze ging steeds slechter lopen en haar mimiek verdween. Nee dat gun je niemand.'[18]

Nog geen twee weken na haar begrafenis op Zorgvlied staat Louis op het podium van het Leidse Scheltemacomplex zijn oratie te houden ter gelegenheid van zijn aanvaarding van (zoals het officieel en volledig heette): het ambt van 'Hoogleraar in de Kunsten, in het bijzonder de Scheppende kunsten', aan de Universiteit van Leiden. Voor het eerst in zijn leven vertelt hij niet losjes uit de pols improviserend, maar leest hij zijn rede voor van papier. Niet vanwege enig plechtig universiteitsprotocol, maar, zo verklaart hij met treurig eufemisme, omdat hij door de dood van zijn Jeanette 'enigszins gedestabiliseerd' is. Hij slaat zich kranig door de lezing heen, en ook door de receptie na afloop die bezocht wordt door veel dierbare vrienden – zoals Reinbert de Leeuw, Martijn Padding, zus Caecilia met haar vrouw Tan Crone, schrijfster Margriet de Moor en Elmer Schönberger.

In zijn oratie, 'Het verhaal van *Letter from Cathy* – Over muziek en vertelkunst', beschrijft Louis stapsgewijs hoe deze in 2003 geschreven compositie, die is opgedragen aan Cristina Zavalloni, is ontstaan. Uitgangspunt van dit korte werk is een brief die Cathy Berberian hem in 1964 schreef. Ze was toen verwikkeld in de echtscheidingsperikelen met Louis' leermeester Luciano Berio. Louis had hun eindeloze nachtelijke gesprekken meegemaakt, en had erg met haar te doen. In een lieve, opbeurende en grappige antwoordbrief gedateerd 'April, twentyseventh, nineteen sixty four' stelt Cathy hem gerust. De oratie wordt afgesloten met een uitvoering van *Letter from Cathy*, gezongen door Cristina Zavalloni, zijn 'geheime wapen' zoals hij haar tijdens de receptie noemt, en het Ensemble Nieuw Amsterdams Peil. Het is een van de intiemste en tederste stukken van Louis. De glijdende lijnen in de melodie, en de stem van

Cristina Zavalloni roepen het beeld op van een vreselijk lief katje dat troostende kopjes geeft.

Je wordt sadder and wiser (...), maar er zijn altijd energieën en krachten van buiten die je verzamelt om verder te kunnen

Het leven gaat door en werken is, zeker voor Louis, een remedie tegen depressies en chaos. Hij voltooit *La Commedia*, een filmopera[19] in vijf delen waaraan hij ruim vier jaar heeft geschreven. De eerste uitvoering is op 12 juni 2008 in Carré, waar 39 Holland Festivals eerder *Reconstructie* in première ging, het eerste muziekdrama waaraan hij meecomponeerde. Carré is gekozen vanwege de cirkelvorm. Een belangrijk onderdeel van de opera is namelijk *Racconto dall' Inferno* uit 2004, geschreven op teksten uit Dante's *La Divina Commedia*. In dat boek reist de veertiende-eeuwse Italiaanse dichter door het hiernamaals. Hij begint in de hel om via de louteringsberg uiteindelijk de hemel te bereiken. Dante beschrijft de hel als een cirkelvormig oord en dat past mooi bij de ronde speelvloer van het circustheater dat Carré van oorsprong is.

Die cirkelvorm is ook een van de aanleidingen tot het schrijven van de opera geweest. Louis realiseerde zich dat zijn eigen stad Amsterdam en zijn geboortestad Utrecht met hun cirkelvormige grachten weerspiegelingen lijken te zijn van die helse plattegrond. Een andere aanleiding voor het ontstaan van *La Commedia* was de ontmoeting met Cristina Zavalloni, vertelt hij in een radiointerview, een paar weken voor de première.[20] 'Zij is de zangeres naar wie ik veertig jaar gezocht heb als een soort fata morgana, en gevonden heb. Wat heel zeldzaam is.

Zij is iemand die minstens zo goed is, zo niet beter dan mijn "jeugdbewondering" Cathy Berberian. Cristina gaat nog verder, ze kan ook jazz en pop en ze kan improviseren. Ik ben begonnen met het schrijven van een grote aria voor haar, begeleid door een Jeroen Bosch-achtig orkest. Dat is *Racconto dall' Inferno,* en dat is het tweede bedrijf van *La Commedia* geworden. Toen begon het idee van iets groots te maken met meerdere delen duidelijker post te vatten. Ik ben *La Divina Commedia* weer gaan herlezen en maakte aantekeningen van wat ik kon gebruiken.' Louis Andriessen zet nooit één verhaal op muziek. Geboeid zijn door een tekst roept bij hem altijd nieuwsgierigheid op naar andere bronnen. Zoekend naar teksten over hemel en hel komt hij terecht bij het toneelstuk *Lucifer* van Vondel[21] en al lezend krijgt hij begrip voor de uit de hemel verbannen Lucifer die woedend is op God omdat hij de mens gaat scheppen. Daarom wordt Lucifer en de discussie over het falen van de mensheid de kern van de opera. Zoals hij in NRC verwoordt: 'De oerschreeuw van Lucifer, God aanhalend: "Nu rouwt het Mij dat ik ooit mensen schiep".[22]

In *La Commedia* komen heden en verleden van Louis Andriessen samen. Een van de hoofdrollen wordt gezongen door zijn nieuwe muze Cristina Zavalloni, en de opera is in zijn geheel opgedragen aan zijn overleden vrouw Jeanette. Hij bouwt in *La Commedia* een monumentje voor haar: 'Mijn vrouw was een echte *Baantjer*-fan,[23] ze keek ook alle herhalingen en vaak keek ik even mee, omdat ik dat baslijntje in de Baantjermuziek zo goed vond. Ik heb dat een ereplaatsje gegeven in deel vier van de opera: *De Tuin der Lusten.* Dat gedeelte heeft een wat luchtiger karakter. De baslijn zit in een liedje waarin een griezelige slang wordt weggejaagd door vogels – engelen eigenlijk

– die aan komen vliegen.'[24] In een interview in *Odeon* zegt hij: 'Ik heb de stukken voor Jeanette gemaakt, maar het plan om dit boek (*La Divina Commedia*) met dit thema te nemen was er al voor ze ziek werd – ik zou niet graag willen dat de opera door die opdracht mooier wordt gevonden, dat zou raar zijn. Denk ook niet dat er enige inspiratie van die omstandigheden uitgaat. Je wordt sadder and wiser als je dit meemaakt, en door alle zorgen was het juist moeilijker om bij de les te blijven, maar er zijn altijd energieën en krachten van buiten die je verzamelt om verder te kunnen.'

Ook muzikaal komen in *La Commedia* heden en verleden samen. In hetzelfde *Odeon*-interview vertelt Louis dat Pierre Audi, artistiek leider van De Nederlandse Opera die *La Commedia* in productie heeft genomen, had opgemerkt dat het hem leek alsof Louis in deze opera zijn hele leven samenvat. 'Dat is voor een deel waar, ik begon op een gegeven moment dingen te herhalen uit oude stukken, heel eigenaardig, je hoort bijna je autobiografie. Eerst was dat omdat het zich wel eens zo voordoet; dan kun je het doen of je kunt het niet doen, vaak kijk je wel even of er niet iets anders mogelijk is. Maar algauw liet ik het niet alleen staan maar ging ik er zelfs naar zoeken. Het werd een structureel gegeven.'[25]

Het geeft ook een zekere vreugde

In 2009 wordt Louis Andriessen zeventig, en het begint erop te lijken dat hij zich aan zijn woord houdt te blijven componeren 'tot hij er bij neervalt'.[26] Hij schrijft nog dagelijks zijn noten. 'Ook zaterdag en zondag; weekend en vakantie zeggen mij niets. Meer dan ooit heb ik het gevoel dat componeren heel zinvol is. Het geeft ook een zekere vreugde. Het gaat allemaal om het besef van het bestaan. Mooie dingen maken is voor jezelf en voor anderen zinvol. Misschien is dat een taak die God je gegeven heeft.'[27] Ook al vindt hij reizen inmiddels 'een kwelling' – wat er sinds hij last heeft van 'ear noises' niet minder op is geworden – hij is regelmatig in het huis van Reinbert de Leeuw in Zuid-Frankrijk te vinden, waar hij een eigen werkstudio heeft.

Zijn jubileumjaar begint goed. In januari krijgt hij de Johan Wagenaarprijs uitgereikt. De prijs is in 1947 ingesteld door de gemeente Den Haag en wordt sindsdien gegeven aan vernieuwende componisten. Louis is de derde Andriessen die de prijs in ontvangst mag nemen. In 1948 krijgt Jurriaan hem, tien jaar later zijn vader Hendrik, en nu hij. De prijs bestaat uit een geldbedrag van 15.000 euro en de uitvoering van een eigen werk naar keuze. Hij kiest voor *Dubbelspoor*, een multimediale compositie uit 1986 met dansers en spiegels. Want, aldus de prijswinnaar, 'mijn muziek gedijt het beste in een theatrale omgeving.'[28]

In mei en juni zijn er dat jaar 'Andriessen-dagen' in respectievelijk Den Haag (onder meer in het conservatorium) en Amsterdam. De Amsterdamse Andriessen-dag valt ook echt op de dag van zijn verjaardag, 6 juni. Op de website van de NTR is de volgende aankondiging te lezen: 'Jarenlang roeide componist Louis Andriessen dagelijks in zijn bootje door de Amsterdamse grachten. Hij is aan boten en water verknocht. Niet voor niets wordt hij ter gelegenheid van zijn zeventigste verjaardag geïnterviewd op een boot, varend door de grachten. Vier interessante vrouwen, auteur Rosita Steenbeek, altvioliste Esther Apituley, presentatrice Chazia Mourali en presentatrice Annemiek Schrijver mogen Nederlands invloedrijkste componist het hemd van het lijf vragen.'

Affiche opera La Commedia *in 2008. (Ontwerp: Lex Reitsma)*

Louis begint zowaar op een BN'er te lijken. Dat is toch een prestatie voor een componist van moderne muziek.

Daarna wordt er eerst in het Concertgebouw en later in het Muziekgebouw aan 't IJ (dat in 2005 werd geopend met *De Opening* van Louis Andriessen) veel muziek gemaakt. De zaal zit vol muziekvrienden, maar ook zus Caecilia en nicht Jeanne-Claire zijn van de partij. Als cadeau krijgt Louis van Muziekgebouw-aan-'t IJ-directeur Jan de Wolff zijn eigen, vaste stoel in de grote zaal. Op 6 juni 2009 klinkt er de hele dag en avond muziek van Louis. En alles wordt uitgezonden op radio en tv, waardoor het deze dag een beetje Nationale Louis Andriessen-dag is.

Het is oorlog

Nederland komt terecht in een economische crisis. Overal moet van staatswege op bezuinigd worden en kunst en cultuur worden zwaar getroffen. Vooral kleinere ensembles met onorthodoxe bezettingen die mede dankzij Louis zijn ontstaan, krijgen het zwaar te verduren. Dan blijkt dat hij niets van zijn strijdlust uit de jaren zestig is verloren. Voor een demonstratief muziektheatraal programma van het Nederlands Blazers Ensemble in 2006 componeert hij een vlammend protestlied, *Fanfare Inclinata* (Hellende Fanfare), op een surrealistische tekst van Dino Campana.

In 2008 publiceert hij een brief die begint met de woorden: 'Mijn vader, vroeger een bekende componist en organist, werd met andere bekende Nederlandse kunstenaars en zakenlieden tijdens de Tweede Wereldoorlog door de bezetter opgepakt, gegijzeld en gevangengezet, in een voor die gelegenheid ontruimd seminarie. Hij beklaagde zich toen al over het gebrek aan in-

teresse in cultuur bij de politici en de mensen uit het bedrijfs-
leven. Dat is dus niks nieuws.' Hij sluit de brief af met: 'Ik geloof dat ik dat nog het ergste vind: het totale gebrek aan liefde,
respect en enthousiasme voor IETSJE moeilijkere kunst bij de
politici en beleidsmakers.' Als ook grote belangrijke instituten
als Muziekcentrum Nederland (de uitgeverij van Nederlandse
Muziek) en het Nederlands Muziek Instituut (het archief voor
Nederlandse Muziek) dreigen te worden opgeheven, houdt hij
een donderpreek vol ingehouden woede: 'Het is oorlog (…) De
politici hebben de oorlog verklaard aan de componisten. Alles
wat na de oorlog is opgebouwd in de laatste zestig jaar wordt
nu kapotgemaakt. De fascisten toen hadden aanzienlijk meer
respect voor muziek dan de Nederlandse politici nu.'[29]

Voor *La Commedia* krijgt hij een Amerikaanse prijs, de
Grawemeyer Award. Het is de grootste prijs (qua geldbedrag)
die hij ooit ontving: 100.000 dollar (ruim 75.000 euro). Gevraagd wat hij met het geld gaat doen zegt hij: 'Toevallig had
ik voor morgen al een gesprekje staan met de musici van het
Asko|Schönberg. Ik vermoed dat die bij een enkel project wel
wat hulp kunnen gebruiken. Nu onze politici Amerika als gids-
land hebben ontdekt, dreigt de dood in de pot. Eeuwen cultuur
stellen ze zomaar in de waagschaal.'[30]

Het reizen gaat door. Voorjaar 2010 is hij weer in de Verenigde
Staten. Nu is hij een maand (van 9 april tot 10 mei) 'compo-
ser in residence' in Carnegie Hall en aanverwante zalen in New
York. Tijdens negen concerten worden er aan de lopende band
stukken uitgevoerd van 'de zeventigjarige lefgozer', zoals hij in
The New Yorker wordt genoemd. *De Staat* klinkt er weer, en
La Commedia. Weer is het Amsterdamse tableau de la troupe

(Cristina, Monica, Reinbert, ensembles als Asko|Schönberg en LOOS) met hem meegereisd.

Na Amerika vliegt hij naar Italië vanwege de première van zijn nieuwste werk *Anaïs Nin*, een multimediaal monodrama geschreven voor stem (Cristina Zavalloni), instrumentaal ensemble en film. Een stuk over liefde en erotiek, waarin zijn eerste 'onverhulde toonzetting van de liefdesdaad', althans volgens de *VPRO-gids*. 'Passie en hartstocht drijft ons allen,' zegt Louis grinnikend in het interview. 'In *Anaïs Nin* ben ik tedere en heftige momenten niet uit de weg gegaan.'[31]

Een lot uit de loterij! En dat vindt zij gelukkig ook van mij!

Het volgende jaar komt er weer een compositie over de liefde uit zijn pen. Of liever gezegd: potlood, want veelvuldig gebruik van elektronica en digitale middelen in zijn werk ten spijt, zijn Louis' compositiewerktuigen nog altijd een piano, potloden en de juiste gummetjes.[32] Het nieuwe werk is *La Girò*, een muziekdramatisch vioolconcert, op maat gemaakt op de stem, het vioolspel en de manier van uitvoeren van Monica Germino. Inspiratie is – behalve de violiste – het verhaal van de achttiende-eeuwse prima donna Anna Girò, die volgens de geruchten een liefdesrelatie had met de veel oudere Vivaldi. Ze zong in bijna alle opera's van de 'rode priester' en had volgens ooggetuigen een overweldigende podiumuitstraling. Monica speelt niet alleen erg goed viool maar heeft volgens *de Volkskrant* ook 'een stem om mee voor de dag te komen. Ze laat *La Girò* al zingend en spelend klinken als een "gestolde opera", waarin de handeling niet voor het oog van de wereld wordt vertoond, maar zich in het hoofd van de solist voltrekt. Groots geschreven, machtig uitgevoerd.'[33]

De familie Andriessen in 1992 tijdens het Andriessen Eeuwfeest in 1992. Met op de achterste rij onder anderen Caecilia, Nico, Jurriaan en Paul Witteman. Uiterst rechts: Louis. (Bron: Elsevier)

Net als *Anaïs Nin* gaat *La Girò* over erotiek en liefde. De liefde van een jonge vrouw voor een oudere man (of mannen), van een muze voor de schepper – en omgekeerd.

Dat blijkt al gauw geen toeval. Louis is van de ruim dertig jaar jongere Monica gaan houden en de liefde is wederzijds. 'Monica is intelligent en leuk, heeft veel smaak en is geestig,' zegt Louis Andriessen tijdens een gesprek in 2012. 'Zij is een lot uit de loterij! En dat vindt zij gelukkig ook van mij!'

Op een mooie zomerdag in augustus 2012 trouwt Louis, 73 jaar jong, voor de tweede keer. De plechtigheid vindt plaats in de trouwzaal van de Stopera en 's avonds is er feest in de tuin en bovenzaal van museum de Hermitage in Amsterdam. Er zijn hapjes en cocktails (een specialiteit van Monica waar Louis, die niet meer zo kan drinken als vroeger, tot zijn spijt niet al te uitbundig van kan genieten) en er wordt veel muziek gemaakt. Zus Caecilia, die net als Cristina Zavalloni getuige was, speelt naast muziek van vader Hendrik nooit eerder gehoorde humoristische pianostukjes van broer Jurriaan. Cristina zingt en zorgt voor een slappe-lach-moment: samen met een falsetzingende mannelijke getuige voert ze een hilarische parodie uit van het beroemde liefdesduet 'Pur ti miro' uit Monteverdi's *Il Coronazione di Poppea*. Er worden toespraken gehouden en grappen gemaakt over het leeftijdsverschil tussen Monica en Louis. Daarbij wordt opgemerkt dat Louis met het ouder worden ook 'more adorable' wordt. Er hangt een sfeer van warme vriendschap en vrolijkheid. Er zijn vrienden, leerlingen, muzikanten en familie. Maar van de familie zijn er niet zo veel meer over. Zijn broers zijn overleden en ook zijn zussen Heleen en Hiek (Gesina) zijn er niet meer. Heleen stierf in 2000 en Hiek in 2009. Maar Caecilia is er, net als verschillende nichten en neven.

Al vrij snel kwam mijn vader tevoorschijn

Er is veel veranderd in het leven van Louis Andriessen, maar het componeren blijft zijn vaste ankerpunt, samen met zijn 'middagtuk', een onverbrekelijke gewoonte waar hij sinds jaar en dag aan vasthoudt en die hij heeft overgenomen van zijn vader Hendrik.[34] 'De discipline is er nog altijd en dat is ook erg nodig, want voor je het weet heb je geen zin meer. Als het goed gaat, is het leuk, maar meestal is het heel erg moeilijk, desondanks heb ik heb er genoeg plezier in; altijd al gehad.'[35]

Voor het jaar 2013 staan al weer verschillende stukken in de grondverf. Daaronder is een belangrijk opdrachtwerk van twee

– ooit door hem zo verguisde – instituten: het Concertgebouw en het Koninklijk Concertgebouworkest. In 2013 bestaan ze 125 jaar en dat moet gevierd worden met een nieuw werk van de belangrijkste Nederlandse componist. Maar ja, die componeert niet voor symfonieorkest. Louis legt het nog eens geduldig uit wanneer hem het verzoek wordt gedaan. Zijn composities voor grote bezettingen zijn bestemd voor wat hij een 'groot ensemble' noemt: een vaak veranderend 'niet-orkest-ensemble' dat in de loop van de jaren toch wel enigszins is gestandaardiseerd tot een soort Andriessen-orkest met veel blazers, elektronica en slagwerk.

Later komt het verzoek nog eens, maar nu met de mededeling dat er van het Koninklijk Concertgebouworkest maar 26 leden op het podium hoeven zitten om toch nog 'Koninklijk Concertgebouworkest' te mogen heten. Verder mag hij het aanvullen met instrumentalisten naar keuze. Dat geeft de doorslag. Louis neemt de opdracht aan. En denkt meteen aan zijn vader (aan wie hij sowieso veel denkt). Hendrik heeft veel voor symfonieorkest gecomponeerd en verschillende van die stukken zijn uitgevoerd door het (toen nog niet koninklijke) Concertgebouworkest. Zijn *Tweede symfonie* uit 1937 werd zelfs op speciaal verzoek van het Concertgebouworkest gecomponeerd dat toen zijn vijftigste verjaardag vierde. Ook zijn *Symfonie Concertante* uit 1962 is geschreven in opdracht van het orkest dat in dat jaar 75 jaar bestond. Louis, het Concertgebouw en het Concertgebouworkest zetten een mooie Andriessen-traditie voort.

Dat hij aan zijn vader denkt komt ook omdat hij niet zo lang hiervoor bij het opruimen met een boek van Hendrik in zijn handen stond: een oude druk van *De Imitatione Christi* (over de navolging van Christus) van de Nederlandse laat-middeleeuwse geestelijke, schrijver en mysticus Thomas à Kempis. Hendrik componeerde twee van zijn mooiste liederen op teksten uit dat boek, *Magna Res est Amor* en *De imitatione Christi*, allebei voor sopraan en orgel.[36] Louis is het boek gaan herlezen, waarbij zes titels uit het enorm dikke epistel hem hebben geïnspireerd voor de zes delen van zijn nieuwe werk voor het Concertgebouwjubileum.

'Op het moment ben ik in deel vijf aan het kliederen,' zegt hij in juli 2012. Het woord 'mysteriën' is een kernwoord of uitgangspunt voor het nieuwe werk. 'Dat heeft ook met mijn vader te maken,' legt hij uit. 'Hij had sterke mystieke neigingen. Maar het boek heeft ook zijn poëtische kanten: veel van wat Thomis à Kempis leert en adviseert is onhaalbaar. In het eerste hoofdstuk heeft hij het over het verzaken van alle wereldse ijdelheden. Zo begint het. Kan je voorstellen wat er daarna nog allemaal komt. De delen gaan titels dragen als "Liefde", "Mysterie" en "IJdelheid." Een ander deel heeft nu nog de werktitel "Nauwluisterendheid". Daarvoor wil ik kwarttonen gebruiken. Dat is wel een beetje modieus, maar hier moet het wel omdat de tekst zegt dat je heel erg goed moet luisteren als je wilt horen wat "de stem" (Gods stem) zegt. Nauwluisterendheid, dacht ik toen, dat is de naam van de Stichting voor kwarttonen.'[37]

Maar waar haal je kwarttonen vandaan als je geen viool wilt gebruiken? Weer helpt het toeval een handje. Louis vertelt het verhaal met veel plezier. Een van zijn assistentes met wie hij het probleem bespreekt, komt diezelfde avond nog in de kroeg een jonge componist tegen. Ze worden allebei dronken en krijgen het over het kwarttonenprobleem, waarop de jonge componist zegt dat hij een in kwarttonen gestemde synthesizer onder zijn bed heeft staan. 'Dat is wel een heel doorzichtige versiertruc,' lacht

Louis terwijl hij de anekdote vertelt, 'maar wat er ook mogelijk in dat bed is gebeurd, feit is wel dat er van ónder dat bed inderdaad een buitengewoon stoffige, in kwarttonen gestemde synthesizer vandaan kwam, die nu boven op de vleugel staat en die een belangrijke rol speelt in het derde deel. Ik heb goed met die synthesizer kunnen werken en daardoor is dat deel ook behoorlijk goed geworden. Het vierde deel gaat over de liefde en over het *Magna Res est Amor*, dat prachtige lied dat mijn vader heeft gemaakt. En, wonder boven wonder, na die kwarttonen schuif ik dat lied er heel langzaam in. Het is alsof je het je herinnert in een droom. Daarna kom ik heel dramatisch ernstig tevoorschijn.

Het is ontzettend moeilijk, het onderwerp is zo gewichtig en het moet niet te gecomponeerd klinken. Het moet iets zijn waarvan je het gevoel hebt dat het er altijd al is geweest. Dat is de taak die ik mijzelf heb gesteld, zo bleek terwijl ik aan het componeren was. Ik dacht, hier ga ik extra mijn best op doen, want het is toch een beetje geschreven ter nagedachtenis van mijn vader.'[38]

Dat voortdurende verlangen en streven om iets te maken wat al het voorgaande overstijgt, houdt Louis Andriessen aan de gang. Iedere ochtend sluit hij zichzelf op zijn zolder op om te proberen dat te bereiken, waarvan hij zelf niet eens weet wat het precies is. In verschillende interviews heeft hij het over die 'taak die hij zichzelf heeft gesteld': 'De truc is, iets te doen wat je nog nooit eerder gedaan hebt. Dat wordt hoe ouder je wordt steeds moeilijker. Maar toch, als je maar een beetje openstaat voor wat er om je heen gebeurt, komen er nieuwe verrassingen tevoorschijn en dan is er vaak bergen werk te verrichten.

Ik heb, meer dan anderen misschien, het gevoel dat ik de taak heb om de muziek te vernieuwen. En goed beschouwd is dat onzin. Want je vernieuwt alleen jezelf, of althans je eigen componeren. En toch: er is iets wat buiten jezelf ligt. Ik vind mijn stukken pas goed als ze hun eigen betekenis en eigen waarde hebben, als er een kwaliteit in zit die losstaat van de maker. Ik leef op nogal gespannen voet met de muziek van de negentiende eeuw. Een van de redenen is dat de maker er altijd in aanwezig is. "Hoor mij eens bedroefd zijn", of "Hoor mij eens vrolijk zijn". Muziek moet zijn eigen leven kunnen leiden, en de maker hoort daar achter te verdwijnen. Dat heb ik geleerd van mijn vader. Hij zei: "Wij zijn helemaal niet belangrijk, de muziek is veel belangrijker dan wij." Dat vind ik een goed standpunt. Maar de magie van kunst is dat de schoonheid zelf voor een groot deel ondefinieerbaar is. Daar hoeven we ons geen zorgen over te maken, daar moeten we dankbaar voor zijn.'[39]

Louis Andriessen heeft muziek gemaakt voor elk mogelijk en onmogelijk ensemble. Bijna 200 werken staan er op zijn oeuvrelijst. Maar hij heeft nog ideeën zat. Hij denkt alweer over een nieuwe grote opera. 'Ik ben al een aantal jaren geboeid door Athanasius Kirchner, een hele rare Jezuïet uit de zeventiende eeuw die hele dikke boeken heeft gepubliceerd over van alles en nog wat. De helft wetenschappelijk en de helft verzonnen. Hij heeft instrumenten gebouwd, reizen naar China beschreven; een heel eigenaardige man.

Ik blijf schrijven zolang het hoofd maar goed blijft.'[40]

10 Erfenis

Hendrik Andriessen komt uit een gezin waarin muziek, beeldende kunst en literatuur tot de dagelijkse kost behoorden. Flink gesteund door zijn vrouw Tine, gaf hij de talenten en interesses die hij van thuis had meegekregen door aan zijn kinderen. Maar wat gebeurt er daarna? Zet die kunstzinnige lijn zich voort? En hoe is het voor een Andriessen die níet per se overloopt van talent, om op te groeien in zo'n familie?

Jeanne-Claire de Lange

Gewoon een vrolijke, rare familie

Hiek trouwde direct na de oorlog met literator Daniël de Lange, die ook uit een geslacht van componisten komt. Ze gingen wonen in Bilthoven en kregen vier kinderen: Jeanne-Claire, Wera, Benedicta en Samuel (Pam). Villa Gaudeamus, het centrum voor nieuwe Nederlandse muziek, lag om de hoek. Het huis van Hiek en Daniël werd 'een zoete inval voor jonge componisten', zegt Jeanne-Claire. 'Jongens als Ton de Kruyf, Misha Mengelberg en neef Louis waren er vaak. Peter Vos kwam veel langs. Hij voetbalde met ons en leerde ons schaken.' Ze herinnert zich dat hij hen hielp bij het leren van de cathechismus, maar daarbij wel voortdurend in bulderend gelach uitbarstte: 'Waartoe zijn wij op aarde, hahaha.'[1]

Het katholieke geloof speelde aanvankelijk nog wel een rol, maar op een andere manier dan in het gezin van Hendrik en Tine. Jeanne-Claire noemt haar familie 'een rood, sociaal en betrokken nest'. Haar vader Daniël ging vooral naar de kerk om die 'naar links te krijgen'. 'Toen dat niet lukte hield hij het voor gezien. Op een zondag is het hele gezin de kerk uit gelopen en er niet meer teruggekomen. We hebben allemaal nog wel een soort literair gevoel voor religiositeit. In Frankrijk schieten we vaak even gauw een kerk binnen.'

In tegenstelling tot Tine, gaf Hiek haar kinderen geen muziekles, daar was ze 'te zenuwachtig en te ongeduldig voor', aldus Jeanne-Claire. 'Maar ze kon prachtig zingen. Ze trad wel eens op en dan hoorde ik haar op de radio. Dat was heel bijzonder. Ze zong ook eindeloos kinderliedjes voor ons toen we klein waren.'

Jeanne-Claire ging viool spelen, maar deed dat niet zo verpletterend goed als van een Andriessen toch eigenlijk verwacht mocht worden. 'Ik heb moeten worstelen om slecht viool te mogen blijven spelen. In zo'n gezin valt het niet mee om niet goed genoeg te zijn.'

Haar moeder was een echte Andriessen, druk, aanwezig, veel pratend, gesticulerend en grappig. 'De Andriessens zijn non-conformisten, redelijk onafhankelijke geesten, maar tegelijkertijd kunnen ze niet tegen slechte manieren.' Bij die slechte manieren hoorde ruziemaken. Discussiëren mocht en dat werd ook veel gedaan, maar ruziemaken was verboden in huize De Lange. Er werd wel veel gepraat maar ook veel weggestopt en verzwegen. 'De positieve kant is dat er altijd die ontzettende behoefte is aan lachen en humor. De meeste Andriessens zijn ook behoorlijk dwingend: alles moet gaan op hún manier. En eigenlijk zijn ze ook behoorlijk intolerant. Mensen die niets van muziek weten, nooit een boek hebben gelezen, vinden ze niet interessant. Maar ze hebben niets opschepperigs: ze zijn gewoon een leuke, vrolijke, aardige en rare muzikale familie.'

Van de kinderen van Hiek is niemand professioneel musicus geworden. Jeanne-Claire is de enige die nog muziek maakt. Ze speelt viool in een amateurorkest. De drie anderen, Wera, Pam en Benedicta hebben allemaal last gehad van 'de druk van de excellentie'. Als ze al een muziekinstrument bespeelden, hielden ze daar redelijk snel weer mee op.

Gijs en Nils Andriessen

Maar wij Andriessens blijven nooit zitten

'Mijn vader zat altijd boven op de werkkamer piano te spelen. We hoefden niet erg stil te zijn, alleen maar als hij even ging rusten tussen vijf en zes. Hij zei altijd dat hij het anders wilde doen dan zíjn vader, want die was er nooit, die was altijd aan het werk. Hij heeft zijn eigen vader reuze gemist.' Gijs Andriessen, oudste zoon van Hendriks tweede zoon Jurriaan, herinnert zich niet anders dan dat zijn vader altijd voor hem klaarstond. 'Hij werkte alleen als wij op school zaten.' Gijs wilde als peuter al net zo zijn als zijn vader. 'Er is een foto van me dat ik aan de piano zit, ik was twee. Ik wilde van begin af aan componeren, mijn eigen noten maken. Op een gegeven moment was ik acht en moest ik naar pianoles. Dat hoorde er gewoon bij. Maar ik vond het verschrikkelijk. Er was een mevrouw die een soort middeleeuws instrument op je handen zette en ik moest dingen spelen die ik helemaal niet leuk vond. Ik wilde mijn eigen muziek spelen. Ik heb het zes maanden volgehouden, en toen ik begon te braken als ik naar les moest, hoefde ik niet meer. Ik heb nooit meer les gehad en mezelf alles aangeleerd. Ik was van kleins af aan geïntrigeerd door de prachtige akkoorden die mijn vader altijd speelde. Dat waren heel typische Andriessen-akkoorden met veel dissonanten, en heel jazzy. Daaraan herken je zijn muziek.'

Gijs kreeg geen les van zijn vader. Jurriaan had een grote hekel aan lesgeven, zelfs als het zijn zoons betrof. 'Maar als je ergens niet uit kwam en vroeg: "Ik vind dat zo'n mooi akkoord, hoe doe ik dat?" deed hij het voor en liet het zien. Dat was geen les, maar gewoon even helpen.'

Jurriaan betrok Gijs en Nils van kleins af aan bij zijn werk. Ze mochten mee naar de repetities of premières van de Haagse Comedie. Gijs weet nog dat die toneelmuziek van zijn vader – muziek die een verwantschap heeft met beelden – hem meteen fascineerde. In de jaren zeventig had Jurriaan een elektronische studio op zijn werkkamer en daar mochten zijn zoons zoveel gebruik van maken als ze wilden. 'Alles wat hij maakte liet hij ons horen. Als je door het huis liep en langs zijn werkkamer kwam vroeg hij "kom je even luisteren?" En heel af en toe nam hij een voorstel van je over.'

'Op de middelbare school speelde ik piano in een bandje, mijn broer Nils speelde basgitaar en tenorsax, en een vriendje drums. Ook mijn vader deed af en toe mee, dan speelde hij bas. We waren vriendjes. Ik heb heel goede herinneringen aan onze vakanties in een huisje in Zuid-Frankrijk. Als we daar naartoe gingen, namen we altijd muziekinstrumenten mee en dan speelden we met vrienden en soms ook met mijn vader 's avonds op het terras van het hotelletje aan de overkant. Als beloning kregen we een gratis diner van de eigenaars.' Nog een mooie herinnering: 'Ik zat vaak boven in de studio van mijn vader muziek op te nemen. Als ik naar beneden kwam, was mijn moeder al naar bed en dan zat ik nog een uurtje samen met mijn vader naar jazz te luisteren op de radio, of we gingen schaken met het schaakbord op de poef naast de "pappastoel".

Vader vond al te grote intimiteiten en omhelzen een beetje eng. Maar voor ik ging slapen gaf ik hem een zoen op zijn wang. Dat kon. Mijn vader was heel leuk, kon goed vertellen en grappen maken, maar heel gesloten als het om zijn emoties ging. Er waren bepaalde dingen waar hij nooit over praatte, dat was zijn duistere kant.'

Opa en oma kwamen geregeld op bezoek bij het gezin van Jurriaan en Kathenka. Gijs vertelt grinnikend dat Hendrik hem eens vroeg hoe het ging op school en dat hij eerlijk had geantwoord 'niet zo best, want ik blijf zitten'. Waarop opa verschrikt reageerde: 'Maar wij Andriessens blijven nooit zitten.'

Gijs heeft geen last gehad van het 'wij-zijn-Andriessens-en-dus-perfect-syndroom'. En dat zijn vader componist is, heeft hem juist geholpen. Net als Jurriaan heeft hij zijn beroep gemaakt van die combinatie van muziek en beeld die hem als kleine jongen al zo fascineerde. Al op zijn zeventiende maakte Gijs muziek bij films en toneel en het zag ernaar uit dat hij daarmee een mooie carrière in Nederland tegemoet zou gaan. Maar liefdesverdriet dreef hem naar Brazilië, en een nieuwe liefde maakt dat hij daar nog altijd woont en werkt als filmmaker, songwriter en componist.

In 1990 werkte Gijs' jongere broer Nils mee aan het maken van een televisiecursus over muziek die wekelijks door Teleac zou worden uitgezonden. Naar aanleiding daarvan werd hij op de radio geïnterviewd door de berucht-pesterige journalist Ischa Meijer.[2] Die begint het gesprek met: 'Uw naam zegt het al, u bent een Andriessen. Daar bent u uw hele leven door achtervolgd, zeker omdat u ook in de muziek doende bent.'

Meijer legde de vinger op de zere plek. In tegenstelling tot zijn broer heeft Nils het lang 'rampzalig' gevonden om als telg van deze kunstzinnige familie op te groeien. 'Ik heb daar best veel last van gehad, omdat mensen zoveel verwachtingen van je hebben. Vooral buiten de familie. Ik heb een blauwe maandag conservatorium gedaan en in de eerste les was het al: "Ben je familie van…?" Dan durf je al niet eens meer middelmatig te zijn! Ik ben er dan ook mee gestopt.'

Ook Nils is zijn vader in zekere zin opgevolgd. Hij doet van alles – van arrangeren tot fotograferen – maar is vooral televisieregisseur, een functie die Jurriaan ook heeft gehad. 'Ik heb ook toen ik jong was nooit echt gecomponeerd. Ik voelde me daardoor een beetje het zwarte schaap in de familie.'

Tegelijkertijd was muziek en componeren iets heel vertrouwds. 'Als je bij ons vroeger thuis van boven naar beneden liep, zat pa boven te componeren en mijn broer zat beneden te componeren. Je wist niet beter of het hoorde bij het leven. Pas als je ouder wordt en je gaat naar school, dan hoor je pas over vaders die in de verzekeringen zitten of bankier zijn.'

Eugénie van der Grinten

Er werd altijd gespeeld

'Ik ben eigenlijk een halve Andriessen,' zegt Eugénie van der Grinten. 'Mijn moeder was een echte. Zij heeft veel invloed op ons gehad, ze heeft ons opgevoed met muziek. Maar ook mijn briljante vader had een grote inbreng. Hij speelde heel goed viool en altviool. Hij had er graag zijn beroep van gemaakt, maar dat mocht niet van zijn ouders.' Eugénies moeder is Heleen, de oudste dochter van Hendrik. Ze trouwde met chemicus en ondernemer Loek van der Grinten, vertrok met hem naar Limburg en kreeg snel achter elkaar twee tweelingen. Eerst Frans en Hen en anderhalf jaar later Eugénie en Gijs.

Heleen was een uitstekend pianiste en wilde graag het pianistenvak in, maar Hendrik vond dat er al genoeg pianisten waren en besliste dat ze maar fluit moest gaan spelen. Ze gehoorzaamde, al heeft ze het altijd jammer gevonden dat haar pianotalent door haar vader niet op waarde werd geschat. 'Maar ze kon er ook grappen over maken, mijn moeder was erg geestig. Humor is een heel belangrijke factor bij de Andriessens, wij hebben thuis altijd veel gelachen.'

En muziek gemaakt. Eugénie kan zich nauwelijks een moment herinneren waarop er géén muziek werd gemaakt. 'Er werd altijd gespeeld. We hadden kasten vol muziek in huis en er was altijd wel iemand die een muziekstuk uit de kast greep en vroeg of je wilde begeleiden of meespelen. We speelden allemaal piano en daarnaast een ander instrument.' Omdat Eugénie fluit ging spelen net als haar moeder, kreeg zij de eerste lessen van haar.

Al heel jong vormde Eugénie met tweelingbroer Gijs (viool) en de oudere tweelingbroers Frans (cello) en Hen (hobo) het Gemini Kwartet. Ze traden al gauw op in het Concertgebouw. Moeder Heleen hielp bij het repeteren. 'Mijn moeder zei altijd fantastische dingen als we speelden. Dynamiek vond ze heel belangrijk en ze gebruikte vaak woorden als "het gebaar" of "de beweging" van een stuk. Dat kwam doordat ze ook heel goed tekende en schilderde. Maar ze was heel bescheiden over wat ze allemaal kon, ze vond dat heel gewoon.'

Toen haar ouders twaalf en een half jaar getrouwd waren, schreef Eugénie een brief aan 'Lieve oom Jurriaan'. Of hij een stuk voor hen wilde componeren dat ze op het huwelijksfeest konden spelen, 'en alstublieft niet te kort' want korte stukjes vonden ze kinderachtig. Dat heeft hij gedaan.

Eugénie, Gijs, Frans en Hen van der Grinten gingen alle vier naar het conservatorium. Daar kwam er nog een violist bij, Maarten Veeze, en pianiste Tilly Keessen. Hoewel de twee laatsten geen tweelingen waren, noemde het zestal zich het Gemini Ensemble, dat in heel Nederland en in het buitenland bekend werd.

Eugénie Veeze-van der Grinten speelt fluit in diverse kamermuziekensembles. Haar broers Gijs, Hen en Frans zijn ook professionele musici geworden. Ze geven les op conservatoria en Gijs van der Grinten speelt in het Nederlandse ballet- en symfonieorkest Holland Symfonia.

Eugénies dochter Laura Veeze is eveneens professioneel violiste. Ze woont in Canada en is concertmeester van het orkest Symphony Nova Scotia.

Tesselschade Andriessen

O, zit jij niet in de muziek?

'Er werd altijd muziek gemaakt en gedraaid thuis, dat ging helemaal vanzelf, zonder enige dwang,' zegt Tesselschade Andriessen, de jongste dochter van architect Nico Andriessen (de oudste zoon van Hendrik). 'Tessel' en haar oudere broer Jurriaan
(jr.) en zus Nicolette speelden thuis alle drie een instrument,
en deden dat ook zo nu en dan samen. Zij speelde blokfluit,
Nicolette piano en Jurriaan cello. Ze gingen geen van drieën
naar het conservatorium, en er was thuis ook niemand die zei
dat dat moest. Dat haar vader gefrustreerd was omdat hij van
zijn vader geen musicus had mogen worden; daarvan heeft Tessel nooit iets gemerkt: 'Hij was een succesvol architect en daar
was hij trots op.'

Na het overlijden van haar broer Jurriaan (de graficus en
componist van *Portret van Hedwig*) bleef de cello staan – dezelfde cello waar hun vader vroeger op speelde. Op haar veer-
tigste besloot Tesselschade cellolessen te nemen. Ze speelt nu
met veel plezier in verschillende ensembles (een klezmerband
onder andere). Ze is blij dat ze die stap heeft genomen en vindt
het jammer dat haar vader het niet meer heeft kunnen meema-
ken dat ze met zoveel plezier op zijn cello speelt. 'Maar dat had
ik nooit gedaan als ik niet in zo'n familie was opgegroeid.'

'Mijn vader was een echte Andriessen. Een leuke man, een
echte verteller, een man ook met veel humor. Dat is een echte
Andriessentrek. Mijn tantes Leentje en Hiek hadden dat ook en
Caecilia heeft het nog. Wij gingen als kinderen wel bij Leentje
logeren in Venlo en dan gingen we vandaar met zijn allen naar

Den Haag naar opa en oma. De Andriessens zijn niet heel erg close, maar de verstandhouding is altijd goed.' Ze komen elkaar soms tegen bij concerten als er muziek wordt uitgevoerd van Hendrik, Jurriaan of Louis. 'Vooral de premières van Louis waren leuk, dat waren echte happenings, dan voelde je jezelf ook een beetje bijzonder, hoewel dat natuurlijk onzin is. Ik herinner me vooral de première van *De Staat* – dat vind ik nog steeds het mooiste stuk dat hij gemaakt heeft.'

Ze heeft vanuit de familie nooit enige druk gevoeld om te presteren. Ze ergert zich wel eens aan mensen die ervan uitgaan dat je alles gemakkelijk kan, omdat je een Andriessen bent. Of die verbaasd zeggen: 'O, zit jij niet in de muziek?'

Tesselschade heeft drie zonen die van muziek houden, maar er niet hun beroep van maken. Ook zus Nicolette die tijdens het Andriessen Eeuwfeest in 1992 het *Portet van Hedwig* uitvoerde, speelt met plezier piano, maar niet professioneel.

Nicolien Mizee

Toen kwam moeder met een mes

Alle broers en zussen van Hendrik Andriessen zijn in Haarlem blijven wonen. Hoe vervelend het kan zijn om als een Andriessen op te groeien in die stad, waar de achternaam Andriessen hemelhoge verwachtingen oproept, is te lezen in het boek *Toen kwam moeder met een mes* van Nicolien Mizee.[3]

Zij is de dochter van Clara Andriessen, die weer een dochter is van een broer van Hendrik, Nicolaas. Hij was de enige niet-kunstenaar in het gezin, de leraar Engels, die in de familie 'Kiek' genoemd wordt. Clara was pianiste en trouwde met Lex Mizee. Ze gaf pianoles en 'luistert met gesloten ogen naar Bach', zoals dochter Nicolien haar beschrijft.

Toen kwam moeder met een mes is haar tweede op autobiografische gegevens gebaseerde boek. Daarin beschrijft de ik-figuur Ida haar moeder als een vrouw die zichzelf en haar familie ziet als anders en hoogstaander dan 'gewone' mensen. Ida lijdt aan depressies en dwanggedachten en schaamt zich dood voor haar artistiekerige moeder. Ze droomt van een 'normaal' gezin waar een klok aan de muur hangt in de vorm van een hond en moeders paaskuikentjes haken en iedereen 'dus' gelukkig is.

Het goedgeschreven en vaak hilarische verhaal speelt zich af in de tijd dat de televisiedocumentaire *Wij Andriessen*[4] wordt gemaakt. In het boek verheugt Ida's oom Melchior (gemodelleerd naar Frans-Willem Andriessen, eigenaar van de Haarlemse Pianohandel Andriessen en broer van Nicoliens moeder Clara) zich enorm op de documentaire, maar Ida zakt al door de grond bij de gedachte: 'Ze vreesde de vertoning ervan als de dag des oordeels. Meer nog zelfs, want liever ging ze met de hele wereldbevolking ten onder, dan dat uitgerekend alleen haar familieleden over het voetlicht getrokken zouden worden om zichzelf argeloos te portretteren als wereldvreemde wezens, die met tenenkrommende genoegzaamheid meenden dat ze nog altijd deel uitmaakten van een kunstzinnige dynastie die al generaties lang het culturele leven van het land, of dan tenminste van Haarlem bepaalde.' 'Ze ziet het voor zich: een gegeneerd publiek, schande en teleurstelling, stilte en wegschuifelende voeten.' Oom Melchior voelt zich een volwaardig lid van die dynastie (de naam Andriessen valt nergens in het boek). Hij houdt zich aan wat in de familie 'als algemene waarheid gold, dat Bach

de grootste was, Wagner niet deugde, en populaire muziek buiten iedere beschouwing werd gelaten. Dit hele stelsel van regels
en bepalingen ontsproot uit de stam der voorvaderen en had
zich zo logisch en organisch vertakt in volgende generaties dat
Melchior het rustgevende gevoel had dat zijn eigen persoonlijkheid als een dunne jas om de uitlopers heen geschikt was.'

Paul Witteman

Erfstukken

Ook televisie- en radiopresentator Paul Witteman heeft last
gehad van de Andriessen-erfenis. Hij is de jongste zoon van
Ceacilia (Cilia) Andriessen, Hendriks jongste zus. Zij trouwde met de Haarlemse advocaat Piet Witteman, die een goede
vriend was van Hendrik. Piet kwam veel over de vloer op de
Bakenessergracht en wilde al met Cilia trouwen toen zij elf was.
Hij wachtte keurig tot zij 21 was. Ze speelde erg goed piano,
maar met zeven kinderen zat een carrière als beroepspianiste
er niet in. Paul heeft als kleuter vaak, luisterend naar het spel
van zijn moeder, onder de piano de *Donald Duck* zitten lezen.
In *Erfstukken*[5] heeft hij over zijn muzikale erfenis geschreven.
Hij is zich altijd erg bewust geweest van het feit dat hij uit zo'n
talentvolle familie kwam. Dat gaf hem ook een 'ongemakkelijk'
gevoel, omdat hij zelf geen echte uitblinker was in de muziek.
Als jongen was hij wel jaloers op het zelfvertrouwen dat de Andriessens uitstraalden, zei hij eens in *de Volkskrant*. 'Daar kreeg
ik natuurlijk een lichte tik van mee. Ik kon voor mijn leeftijd
aardig pianospelen. Je denkt dan al gauw: ik heb iets wat een

ander niet heeft. Maar het is gevaarlijk om zo te denken, voor
je het weet, krijg je het gevoel dat je beter bent dan een ander.'[6]

In *Erfstukken* gaat hij op zoek naar de bron van dat muzikale
talent in zijn familie. Hij vraagt zich af of talent erfelijk is en of
er een 'muziekgen' bestaat. Hij komt tot de conclusie dat dat
niet zo is. 'Veertig jaar geleden werden er nog studenten toegelaten op het conservatorium die tijdens hun jeugd niet hard
hadden geoefend, maar op grond van de familienaam geacht
werden over muzikale genen te beschikken. Mijn eigen korte
geschiedenis op het conservatorium van Amsterdam heeft tref-
fend aangetoond hoe onverstandig dat was.'

Pauls oudere broer Wim Witteman was dikke vrienden met
hun neef Louis Andriessen. Louis kwam veel in het gezin Witteman wanneer hij als tiener in Haarlem bij zijn oudste broer
Nico logeerde. Via Louis kwam 'tot afgrijzen van onze ouders'
de jazz huize Witteman binnen. Paul heeft tijdens zijn middelbareschooltijd ook veel boogiewoogie gespeeld. Ondanks zijn
afkeer van het 'genoegzame' van de Andriessens en zijn misluk-
king op het conservatorium is zijn liefde voor muziek gebleven.
Hij en Louis hebben niet veel contact, maar hun keuze voor
'het beste muziekstuk ooit' is stomtoevallig precies dezelfde: het
Pianoconcert in G van Maurice Ravel.[7]

In het boekje beschrijft Paul Witteman ook hoe hij door
het lezen van de gebundelde muzikale beschouwingen van zijn
oom Hendrik tot de ontdekking kwam dat hij wat betreft zijn
muzikale smaak hetzelfde pad volgde als hij. Qua carrière ging
het precies omgekeerd: Hendrik begon als journalist en werd
musicus, Paul stopte met zijn muziekopleiding en is nu journalist. Hij schrijft columns en boekjes over klassieke muziek.
Hij presenteerde televisieprogramma's als *Nova*, *Woestijnruiters*

en *Buitenhof*. Sinds 2006 is hij televisiepresentator van *Pauw en Witteman* en in 2012 startte hij als radiopresentator van *Pianisten-uur*.

Op zijn minst bijzonder of net een beetje anders dan de rest

Bijna elke familie heeft wel één familielid dat een beetje afwijkt van de rest. Iemand met een speciale aanleg voor toneel, muziek, schrijven of beeldende kunst. Dat er begin vorige eeuw in een huis aan een Haarlemse gracht een Nederlands gezin was waar vijf van de zes kinderen bovengemiddeld begaafd waren in verschillende kunsten, is dus op zijn minst bijzonder.

Wonderlijker is het dat er uit dat gezin een stroom van kunstenaars is ontstaan. Vooral musici, maar ook schrijvers en beeldend kunstenaars, en sommige daarvan zijn dubbel begaafd. Ze kunnen bijvoorbeeld schrijven en componeren (Hendrik, Louis), tekenen en musiceren (architect Nico en zijn zoon Jurriaan jr.).

Is het opvoeding of aanleg? Of heeft het te maken met het doorgeven van karaktereigenschappen zoals doorzettingsvermogen, of arbeidsethos?

Natuurlijk is het een combinatie van die factoren. Maar het belangrijkste is geweest dat de talenten van Hendrik en die van zijn kinderen konden gedijen in een warme atmosfeer met veel vrolijkheid en aanmoediging. Het gaf ze het gevoel dat ze op een leuke manier net een beetje anders waren dan de rest. Ze kregen bovendien allemaal de boodschap mee van: als je iets doet, moet je het goed doen; een gevoel voor ambachtelijkheid en kwaliteit. Louis Andriessen heeft wel eens gezegd dat als zijn vader een heel goede timmerman was geweest, hij vast ook een heel goede timmerman geworden zou zijn.

Stel je voor: dan zou Nederland in het buitenland bekend zijn geworden om zijn fantastische meubels in plaats van om zijn opvallende vooruitstrevende en gevarieerde muziekcultuur.

Noten

Hoofdstuk 1

1. Wanda Landowska (1879-1959): Poolse pianiste en klaveciniste.
2. Hendrik Andriessen, *Over Muziek. Van Bach tot draaiorgel, van luisteraar tot virtuoos* (Het Spectrum, 1950), p. 179.
3. Hoofdfiguren uit Marten Toonders strips over Tom Poes en Heer Bommel. Toen in de jaren veertig de eerste stripavonturen van Tom Poes en Ollie B. Bommel in kranten en boekjes verschenen, werd Hendrik Andriessen een van de grootste fans. In een interview in 1991 zei Louis Andriessen: 'Mijn vader heeft zelfs nog eens gecorrespondeerd met Marten Toonder. Dat ging over Doddeltje [de buurvrouw van heer Bommel, AvdH]. Ze was een tijdje uit de strip verdwenen en mijn vader vond het nodig dat ze weer eens terugkwam.' (Gepubliceerd in *Maandkrant* Muziekcentrum Vredenburg, februari 1992).
4. Gesprek in 2005 met Jeanne Eckhardt-van Veluw. Zij was vijftien toen zij in 1934 een halfjaar lang kindermeisje was bij de Andriessens in Utrecht. Zij herinnert zich dat Hen-

drik Andriessen geld liet geven aan een langskomend draai-orgel, waarop Wanda Landowska, die ze beschreef als een zwartharige, dominante vrouw met een schelle stem, 'fel van leer trok'.

5. Interview Wouter Paap met Hendrik Andriessen, 25 maart 1941 voor de Nationale Omroep (Instituut voor Beeld en Geluid, Hilversum).

6. Uit een gesprek in 2005 met Matthieu Wertenbroek, vriend van de familie Andriessen in de vooroorlogse jaren: 'Hendriks kinderen noemden hem oom Kiek en regelmatig was hij het onderwerp van een hilarisch vertelde anekdote: Nico Andriessen ontmoet iemand in Haarlem en stelt zich voor als: "Andriessen", waarop de volgende dialoog ontstaat: "O, bent u de beroemde pianist?" "Nee, dat is mijn broer." "Bent u dan de beeldhouwer?" "Nee, dat is mijn ándere broer." "Dán bent u de componist." "Nee, dat is weer een ándere broer!"'

7. Interview: Jos Wouters in gesprek met Hendrik Andriessen, 13 maart 1972. Radio Wereldomroep (Instituut voor Beeld en Geluid, Hilversum).

8. Zie noot 5.

9. Paul Witteman, *Erfstukken*, (CPNB-boekenweekessay, uitgeverij Balans, 2006), p. 15.

10. Hendrik Andriessen in inaugurele rede bij benoeming tot buitengewoon hoogleraar Muziekwetenschap aan de Katholieke Universiteit Nijmegen: 'De muziek deelt een licht mede en degene die zich in dit licht verliest, is gelukkig te prijzen. Degene die het licht ter verantwoording roept, miskent een geheim en stelt zichzelf boven een superioriteit van de schepping.'
Bij afscheidscollege Katholieke Universiteit in Nijmegen

(1962): 'De muziek zou de muziek niet zijn als zij haar levensgeheim zou prijsgeven.'

11. Anton de Jager, Paul Op de Coul & Leo Samama (redactie), *Duizend kleuren van muziek* (Walburgpers, 1992), p. 22-68. 'In de familie wordt nog altijd de partituur bewaard met opdracht "à mon ami Andriessen en souvenir de l' audition de *La Création du monde* chez les étudiants d'Amsterdam, Milhaud, nov. 1923."' (p. 61).

12. Louis Andriessen over zijn vader in een interview uit december 1991. Gepubliceerd in *Maandkrant* Muziekcentrum Vredenburg, februari 1992.

13. Hendrik Andriessen, *César Franck* (Symphonia-reeks, uitgeverij H.J.W. Becht, 1941).
César Franck (1822-1890), Belgisch componist en orgelvirtuoos, bracht het grootste deel van zijn leven in Frankrijk door.

14. *Miroir de peine* en *Magna Res est Amor* zijn meerdere keren op cd gezet. (o.a. Globe GCO 6018 NM Classics 92023).

15. Wouter Paap, *Muziekleven in Utrecht tussen de beide wereldoorlogen* (Het Spectrum, 1972). Utrecht zou in de jaren tachtig van de twintigste eeuw het Europese centrum worden van oude muziek. Zie ook Jolande van der Klis, *Een tuitje in de aardkorst, kroniek van de oude muziek (1976-2006)*, (Kok – Kampen, 2007).

16. *Missa Diatonica* voor zesstemmig koor a capella, ging in première in de kathedraal van Utrecht op kerst 1936.

17. Zie noot 4.

18. Gesprek in 2005 met Caecilia Andriessen: pianiste, koordirigente en pianopedagoge, en jongste dochter van Hendrik Andriessen: 'Mijn vader werkte dag en nacht. Een week zag er

als volgt uit: op maandag gaf hij les op de Kerkmuziekschool, dinsdag op het conservatorium in Amsterdam, woensdag op het conservatorium in Utrecht, donderdag weer in Amsterdam en vrijdag in Utrecht. Zaterdag was voor het orgelspel in de Utrechtse kathedraal en zondagochtend begeleidde hij de nonnen in de kerkdienst van het ziekenhuis. Daarna moest hij snel weer naar de kathedraal om te spelen tijdens de kerkdienst. Componeren deed hij alleen in de vakanties. Dan trok moeder met ons eropuit zodat hij kon werken.'

19. Interview Wouter Paap en Hendrik Andriessen, 25 maart 1941 voor de Nationale Omroep (Instituut voor Beeld en Geluid, Hilversum). Paap: 'Wat voel je je in de eerste plaats, organist of componist?' Andriessen: 'Componist, maar ik kan bij wijze van spreken geen dag zonder het orgel leven.' Over de *Kuhnauvariaties* (zie p. 23) 'Ik heb de variaties hierop niet opzettelijk in de oude stijl geschreven, maar dat ging zo vanzelf. Dat hoorde bij die inspiratie.'

20. Interview Jos Wouters en Hendrik Andriessen, Radio Wereldomroep, 13 september 1972. 'Als ik een tijd rondliep met muziek die ik wilde maken en het hield zich goed tot een vakantie, dan componeerde ik in de vakantie en dan paste ik in die tijd op dat mijn stuk goed zou worden. Zodat als ik er niet meer was het zichzelf goed zou kunnen verdedigen. Daarom heb ik altijd vanuit vanbinnen gecomponeerd en de dingen in de wereld voor zover het niet het componeren betrof zijn langs mij heen gegaan.'

21. Zie noot 4.

22. Uit gesprek met pianiste/klaveciniste Liesbeth Hoppen, weduwe van componist/pianist Theo Bruins. 'Ik moest voorspelen en toen ik dat had gedaan, trok Hendrik Andriessen

me op schoot en vroeg "waar houd je nou het meeste van." Ik weet nog dat ik dacht: wat heeft dát er nou mee te maken. Dus ik zei "macaroni met ham en kaassaus" en begreep niet waarom ze zo vreselijk moesten lachen.' Haar lerares Annie van Os was weer een leerlinge van Wanda Landowska. Annie van Os was een goede huisvriendin van de familie, die bijna alle kinderen van Hendrik pianoles heeft gegeven. Ze is ook de oprichtster van de Zeister Muziekschool. Waar 'Liesje' Hoppen de allereerste leerling was.

23. Uit gesprek met Matthieu Wertenbroek. Tijdens een feest om geld in te zamelen voor een goed doel tekende hij, verkleed als een Italiaanse sneltekenaar, portretten. Daar ontmoette hij Gesina die hem mee naar huis nam: 'Ze vertelde dat haar vader Hendrik Andriessen was. Dat zei me niets.' Thieu, zoals hij genoemd werd, werd kind aan huis. 'Hendrik had een verrukkelijke mimiek. Twee handen ter weerszijden van zijn hoofd, een hoog stemmetje en hij was een non. Die man was altijd vrolijk.'

Hoofdstuk 2

1. Caecilia Andriessen, lezing 21 mei 2005, Conservatorium ArtEZ, Zwolle.
2. Brief gedateerd 'Donderdagmorgen 10 uur'. Uit de nummering en context is op te maken dat het hier om een brief van 23 juli 1942 gaat (Andriessenarchief in het Nederlands Muziek Instituut (NMI), Den Haag).
3. L. de Jong, *Het Koninkrijk der Nederlanden in de Tweede Wereldoorlog*. Dl. 5 (SDU,1974). Arthur Seyss-Inquart was

de door Hitler benoemde rijkscommissaris van het bezette Nederland.

4. http://www.knmi.nl

5. Job Wilderbeek doceerde o.m. piano aan het Utrechts conservatorium, was later ook docent van Jurriaan Andriessen.

6. Petrus Johannes (Piet) Witteman was na de oorlog minister van Binnenlandse Zaken. Hij is de vader van schrijver, journalist en tv-presentator Paul Witteman.

7. Dr. Jop Pollmann (1902-1972): musicoloog en volkslieddeskundige. Schreef in 1935 het Proefschrift 'Ons Eigen Volkslied'. Hij streefde naar 'herstel van de actieve volkszang'. Hij komt als Joop Poelman voor in J.J. Voskuil, *Het bureau* (Van Oorschot, 1996), deel 2, Vuile handen, p. 441: 'Als je je zo door dik en dun met Poelman vereenzelvigt als hij doet, dan heb je een slavenmentaliteit.'

8. Brief gedateerd: 9 Aug '42 (Andriessenarchief in het NMI, Den Haag). Vooral de Limburgse geestelijken konden goed voetballen; ' formidabele krachten' noemt Andriessen ze.

9. Hendrik Andriessen, 'Mijn broer Willem', in: Prof. dr. K.Ph. Bernet Kempers, Mr. J.A. Abbing, Dr. C.L. Walther Boer, N. Steuer-Wagenaar, Mr. dr. P.J. Witteman (redactie), *Willem Andriessen 1887-1964, gedenkboek* (Den Haag, 1964), p. 41.

10. Leander Schlegel (1844-1913) woonde en werkte in Haarlem. Op 18 januari 1910 gaf Willem Andriessen de eerste uitvoering van Schlegels *Vioolsonate* en speelde hij de *Passacaglia* voor twee piano's samen met Hendrik Andriessen.

11. Willem Andriessens spel is op cd gezet, uitgebracht door Epta Documentatie Centrum. Hij speelt daarop Beethovens *Vierde Pianoconcert* en zijn eigen *Pianoconcert*. http://www.oba.nl/pagina/22821.epta-documentatiecentrum.html

12. Archief Willem Andriessen, NMI, Den Haag.

13. Paul Frenkel, 'De Pianist Willem Andriessen', in: *Willem Andriessen 1887-1964, gedenkboek*, p. 53.

14. Wouter Paap, 'In memoriam Willem Andriessen', in *Mens en Melodie*, april 1964: 'Toen Willem Andriessen op 21-jarige leeftijd als eerste in het land de Prijs van Uitnemendheid behaald had aan het Amsterdams Conservatorium (hij droeg bij deze gelegenheid een eigen *Pianoconcert in Des* voor).'

15. Gesprek juni 2005 met Liesbeth Hoppen, huisvriendin van de familie Andriessen.

16. Uit interview Henriëtte Bosmans met Hendrik Andriessen, AVRO-radio 18 november 1950: 'Het enige wat mij nooit erg lukte is iets te schrijven voor piano en orkest. Ik heb het een paar keer geprobeerd. Toen ik met mijn broer Willem in het gijzelaarskamp zat zei hij: "Nu kan je me niet ontlopen, nu schrijf je een pianoconcert." Maar de combinatie is mij nooit gelukt.'

17. Hendrik Andriessen, 'Mijn broer Willem', in: *Willem Andriessen 1887-1964, gedenkboek*, p. 41.

18. Paul Witteman, *Erfstukken* (Balans, 2006).
    Paul Witteman is een neef van Hendrik en Willem Andriessen. 'Willem Andriessen beschreef het spel van Einstein als "zuiver", maar van "een wat bedeesde gelijkmatigheid".'

19. Paul Niessing, 'Willem Andriessen als pedagoog', in: *Willem Andriessen 1887-1964, gedenkboek*, p. 56.

20. Caecilia Andriessen, 'Hendrik Andriessen in de Tweede Wereldoorlog'. Lezing 21 mei 2005, Conservatorium ArtEZ, Zwolle.

21. Wouter Paap, 'De componist Willem Andriessen', in: *Willem Andriessen 1887-1964, gedenkboek*, p. 70.

22. Een voorbeeld: Willem Andriessen, *100 opstellen over muziek* (Broekmans & van Poppel, 1954), deel II, over Leander Schlegel: 'Schlegels pianostijl is, hoewel door meesterhand beheerst en volkomen door het karakter van het instrument bepaald, minder vloeiend dan men verwachten zou, maar ze is in hoge mate dichterlijk: de gouden kleur, die de late romantiek kenmerkt, ligt over deze poëzie breed gespreid. Altijd blijven zijn soms stroef aandoende, maar steeds artistiek te verdedigen verwikkelingen interessant.'

23. J.A. Abbing, 'Willem Andriessen als gijzelaar', in: *Willem Andriessen 1887-1964, gedenkboek*, p. 91.

24. Interview Louis Andriessen, december 1991, gepubliceerd in *Maandkrant* Muziekcentrum Vredenburg, februari 1992.

25. Jan van Gilse (1881-1944) componeerde kamermuziek en vijf symfonieën. Was tot 1922 dirigent van het Utrechts Stedelijk Orkest. Stond aan de wieg van de BUMA/Stemra en behoorde tot de eerste kunstenaars in het verzet.

26. Gesprekken met Caecilia Andriessen in 2005 en 2006. De Utrechtse pianist die het *Concertino* van Jurriaan zou uitvoeren heette Jan Patist.

27. Daan de Lange is de zoon van Daniël de Lange, directeur van het Amsterdams Conservatorium, die op 1 juli 1908 de Prijs van Uitnemendheid aan Willem Andriessen uitreikte.

28. Gesprekken met Louis Andriessen (in 2004) en Jeanne-Claire de Lange, kleindochter van Hendrik Andriessen, en dochter van Gesina, Hendriks oudste dochter.

29. Gesprek met Nico Andriessens weduwe Marianne Andriessen-Canoy, februari 2005.

30. Gesprek met Maap Andriessen en zijn vrouw Marie, april 2005. Maap is de oudste zoon van Mari Andriessen en

Nettie Andriessen-Koot. Vooral de verhalen over Mari Andriessen in de oorlog komen uit dit gesprek.

31. Louk Tilanus, *De beeldhouwer Mari Andriessen* (De Haan, Weesp, 1984).

    Kort voorwoord in het boek: 'Op 24 juni reed ik Roland Holst naar zijn huis in Bergen. Voor Haarlem zei de oude dichter: "Weet je, ik heb een plan. We gaan bij Mari Andriessen thee drinken. Dat zal jij ook leuk vinden." Hij werd steeds geestdriftiger over zijn inval en vertelde dat Andriessen niet alleen een begenadigd beeldhouwer was, maar ook een van de verrukkelijkste mensen die je in je leven kon ontmoeten. Hoe Andriessen mijnheer Thijm kon imiteren en hoe vervoerend over Mozart spreken! Ik zou dat allemaal zomaar meemaken.'

32. Jan Bronner (1881-1972): Nederlands beeldhouwer, hoogleraar aan de Rijksacademie van Beeldende Kunsten te Amsterdam.

33. Ariërverklaring: ingesteld door de Duitse bezetters om mensen van Joodse afkomst op te kunnen sporen.

34. Lodewijk van Deyssel was het pseudoniem van de dichter Karel Joan Lodewijk Alberdingk Thijm (1864-1952). Het beeld heeft dan ook de naam *Mijnheer Thijm*.

35. Hendrik Andriessen, *Over Muziek*, p.182.

36. *Duizend kleuren van muziek*, p. 112.

Hoofdstuk 3

1. *De Spiegel*, 16 februari 1952. 'Toen ik blijken van muzikaliteit begon te geven, was het wel zo'n beetje vanzelfsprekend

dat ik "in de muziek" zou gaan. Overigens was het nu ook weer niet zó, dat ik alleen daar m'n heil in zag. Integendeel, toen ik dertien jaar was zei ik tegen m'n moeder, dat ik toch eigenlijk liever niet met muziek doorging omdat daar geen geld mee te verdienen was.'

2. *HP/De Tijd*, Archief NMI.

3. Gesprekken met Caecilia Andriessen: 'Mijn ouders huldigden het principe dat iedere gelegenheid om een feestje te geven moest worden aangegrepen. Dat was geloof ik ook dat katholieke. Mijn moeder zorgde ervoor dat het gezellig was en mijn vader dat er muziek gemaakt werd. Hij ging dan met Jurriaan quatre-mains spelen. Dan spraken ze een toonsoort af en af en toe riep een van hen dan bijvoorbeeld: "nu naar g".'

4. Gesprek met Jeanne Eckhardt-van Veluw, in 1934 kindermeisje bij de familie Andriessen in Utrecht.

5. Gesprek met Liesbeth Hoppen.

6. Partituren te vinden in het NMI in Den Haag.

7. Gesprekken met de zonen van Jurriaan Andriessen: Nils en Gijs Andriessen. 'Mijn vader vertelde me dat hij al op zijn twaalfde van zijn geloof was gevallen: "Toen dacht ik al, hier klopt iets niet."'

8. Zie Hoofdstuk 7.

9. Hendrik Andriessen, *De Veertien Stonden*. Wordt nog jaarlijks uitgevoerd in de Catharijnekathedraal in Utrecht. Ook op cd verschenen. Door Kathedrale Koor Utrecht. Gerard Beemster (dir.), Wouter van Belle (orgel). http://www.kathedralekoorutrecht.nl/index.php?page=cds-de-veertien-stonden

10. Jurriaan Andriessen, *Vijf Nageldeuntjes* ('Gij wacht wellicht' - 'Mij spreekt de blomme' - 'Men scheert geen ei' - 'Ik sta geren' - 'Tot wederzien'). Uitgevoerd door Sylvie De Pauw (sopraan),

Joost Vanmaele (piano), Chris Lomme (voordracht), en het Rubio Strijkkwartet. Globe GLO 8711525604704.1999.

11. Gesprek met Jurriaans weduwe Kathenka Andriessen-van der Werff. Ze overleed in 2008.

12. Louis Andriessen: *Gestolen tijd*, p. 26.

13. Leo Samama, *70 jaar Nederlandse Muziek 1915-1985* (Querido, 1986). Hoofdstuk VI.

14. Peter Peters: *Eeuwige jeugd. Een halve eeuw Stichting Gaudeamus* (Donemus, 1995).

15. Gesprek met Peter Vos (1935-2010), tekenaar, graficus en illustrator. Hij tekende vooral vogels en satirische prenten.

16. Brieven en gesprek met Lia Palla, 2008.

17. Gesprek met Gijs Andriessen in 2008.

18. Jurriaan Andriessen: *Pianoconcert*, uitgevoerd door Radio Symfonie Orkest o.l.v. Alexander Vedernikov, met David Kuyken aan de piano (NMClassics).

19. *Mens en Melodie*, mei 1948, p. 1563 e.v. Het muziektijdschrift is in 1946 door Wouter Paap en Jaap Kunst opgericht en is tot 2012 blijven bestaan.

20. Frank Onnen: *Septentrion, Revue de culture néerlandaise* (ongedateerd, moet ergens in de jaren zeventig zijn) 'Jurriaan Andriessen, lui, a passé, après la dernière guerre, quelque temps à Paris dans la classe d'Olivier Messiaen, avec lequel, du reste, il ne sentit que très peu d'aspirations en commun.' Onnen schreef boeken over onder meer Ravel, Stravinsky en Debussy. Hij was ook dertig jaar lang Parijs' correspondent van het blad *De Tijd*, en de KRO. Hij was de echtgenoot van Lia Palla.

21. *de Volkskrant* (ongedateerd, waarschijnlijk eind 1947).

Hoofdstuk 4

1. *De Telegraaf*, 18 september 1951.
2. *De Spiegel*, 16 februari 1952, pp 18-20.
3. 'The Tanglewood Story' www.youtube.com/
   watch?v=WNBqpGoW7fU
4. *Elseviers Weekblad*, februari 1950.
5. Zie noot 2.
6. Gesprekken met Nils Andriessen, jongste zoon van Jurriaan.
7. *New York Journal*, 22 maart 1950.
8. *Elseviers Weekblad*, maart 1950 (precieze datum ontbreekt).
9. Brief in het archief NMI te Den Haag.
10. Gesprek in 2008 met Gijs Andriessen, oudste zoon van Jurriaan.
11. Zie noot 7.
12. Louis Andriessen, *Gestolen tijd*, p. 325.
13. Zie noot 10.
14. Louis Andriessen, *Gestolen tijd*, p. 149.
15. Gesprek met tekenaar Peter Vos in 2005.
16. *Duizend kleuren van muziek*, p. 86.
17. *Ricercare*, 1949.
18. Uit een radiointerview, NCRV, 14 oktober 1963.
19. Muzieklessen op KRO-schoolradio (uitgezonden op zaterdagen van 11.45 tot 12.15 uur).
20. Gesprek met Gijs Andriessen.
21. Gesprek met Peter Vos.
22. Gesprek in 2005 met Kathenka Andriessen-van der Werff.
23. Louis Andriessen: *Gestolen tijd*, p. 28. 'Als ikzelf een goede leraar ben, dan komt dat denk ik door die lessen van Jur.'
24. Wouter Paap, *Mens en Melodie*, april 1958, p. 98 e.v.

25. Gesprekken met Caecilia Andriessen.
26. *Rondeaux pour deux*, 'for piano four-hands, optional percussion and optional speaking voice'. Teksten van R. du Bois en L. Langeveld (1962).
27. Brief in archief van het NMI.
28. *Elseviers Weekblad*, 6 maart 1965.
29. De opdracht om een compositie te schrijven op basis van vier Thaise melodieën van de koning van Thailand kwam van de Gemeente Den Haag.
30. Ongedateerd interview in *Vrij Nederland* in 1994.

Hoofdstuk 5

1. Professor van der Leeuwprijs, ingesteld door Philips Phonografische Industrie (voorloper van platenlabel Philips Records), in 1951. De prijs wordt jaarlijks uitgereikt door het ministerie van Onderwijs, Kunsten en Wetenschappen (later andere namen; in elk geval door de bewindspersoon van Kunst/Cultuur).
2. Jan Mul (1911-1971): organist, componist, muziekredacteur van *de Volkskrant*.
3. Anthon van der Horst (1899-1965): organist, componist, oprichter van de Nederlandse Bachvereniging, insteller van de traditie van het jaarlijks uitvoeren van de *Matthäus Passion* in de Grote Kerk van Naarden.
4. Sweelinckprijs ter bevordering van de Nederlandse orgelcultuur.
5. Gesprekken met Louis Andriessen.
6. Hendrik Andriessen: *Over Muziek*, p. 157.

7. Hélène Nolthenius (1920-2000): schrijfster, musicologe en cultuurhistorica.

8. *De Waarheid* , 17 mei 1962.

9. Thurston Jacob Dox: *Hendrik F. Andriessen, His Life and Works* (Eastman School of Music of the University of Rochester, August 1969).

10. *Mari Andriessen, 70 jaar* (Haarlem, 1967).

11. *Mens en Melodie*, 1960 nr.1.

12. *Mens en Melodie*, juni 1964, p.171.

13. Peter Schat (1935-2003), componist.

14. Gesprekken in 2007 met Jeanne-Claire de Lange, nicht van Louis Andriessen.

15. Louis Andriessen, *Gestolen tijd*, p.30.

16. Zie noot 14.

17. *Nocturnen, Ittrospezione III (Concept II), AnachronieI/Con-tratempus/Anachronie II* op cd (CV 54, 1996).

18. Radio-interview met Louis, programma *In de Middag*, 3 juni 2003.

19. Gesprek in 2005 met Liesbeth Hoppen.

20. Gesprek in 2012 met Louis Andriessen.
    Enrique Raxach (1932) is een Nederlandse componist van Spaanse afkomst. In de jaren vijftig en zestig schreef hij streng serieel. Later werd zijn idioom poëtischer.

21. De correspondentie tussen Tine en Hendrik Andriessen en Annie van Os is te vinden in het Andriessenarchief van het NMI.

Hoofdstuk 6

1. Misha Mengelberg (1935): componist en fluxuskunstenaar.
2. *De Waarheid*, 1 juni 1968, p. 8.
3. Gesprek met Louis Andriessen 2012: 'In feite interesseerde de politiek ons niet zozeer maar wel de anarchistische kant ervan. We vonden de communistische partij net zo belachelijk als de vvd.'
4. Louis Andriessen, *Gestolen tijd*, p.117.
5. Harm Visser, *Stemmen uit de Nederlandse muziek van nu* (Joachimsthal Publishers, 1981), p. 88 e.v.
6. Jan van Vlijmen (1935-2004). Hij was onder meer directeur van De Nederlandse Opera en het Holland Festival.
7. Brief van Louis Andriessen aan Kees van Baaren, 21 juni 1968. Van Baaren zou in 1970 overlijden.
8. Louis Andriessen, *Gestolen tijd*, p. 33.
9. *Anachronie I* (1966) bevat muziek van Jurriaan Andriessen, Hendrik Andriessen en Charles Ives. Het was ook opgedragen aan Ives.
   In *Anachronie II* (1969) zijn de concertstijl van Vivaldi, muziek van Satie en popelementen verwerkt.
10. Wilhelm II, de laatste Duitse keizer. Hij vluchtte in 1918 naar Nederland en woonde eerst op Kasteel Amerongen, daarna van 1920 tot zijn dood in 1941 in Huis Doorn. Hij was geboren met een te kort armpje.
11. Annemieke Hendriks, *In intieme kring. De 85 roemruchte jaren van kunstenaarssociëteit De Kring*, (Nieuw Amsterdam, 2007), pp. 153-168.
12. Louis Andriessen, *Gestolen tijd*, p. 35.
13. Moraliteit: een middeleeuws toneelspel uitgevoerd in de

volkstaal. Kenmerken: het optreden van allegorische personages, die de verpersoonlijking zijn van (on)deugden, en een didactische strekking.

14. Een provopak: witte spijkerbroek met wit spijkerjasje.
15. Wouter Paap, 'Het effect van "Reconstructie"', in *Mens en Melodie*, 1969, p. 28 e.v.
16. *Limburgs Dagblad*, 2 juli 1969.
17. Radio Wereldomroep, 13 september 1972. Interview Hendrik Andriessen met Jos Wouters. Stichting Beeld en Geluid.
18. Tekst en video over de 'Actie Notenkraker', met Louis Andriessen en Reinbert de Leeuw. Zie: http://www.biografievanamsterdam.nl/Data/Dossier0000000087
19. *HP/De Tijd*, 28 juni 2008, p. 48 e.v.
20. Opland, pseudoniem van politiek cartoonist Rob Wout (1928-2001).

Hoofdstuk 7

1. Louis Andriessen, toelichting bij *Symfonie voor losse snaren* (1978).
2. Toelichting bij *De negen Symfonieën*, uitvoering in Muziekcentrum Vredenburg, Utrecht, 18 oktober 1983.
3. Pas in 2013 zal hij weer voor symfonieorkest componeren. Zie hoofdstuk 9.
4. Gilius van Bergeijk (1946): Nederlands componist, studeerde bij Kees van Baaren en speelde in Orkest de Volharding.
5. De Amerikaanse componist La Monte Young (1935) is een van de grondleggers van de minimal music, samen met o.a. Steve Reich, Philip Glass en Terry Riley.

6. Kevin Whitehead, *New Dutch Swing*, (Billboard Books, 1998), p. 246.

7. Hoketus: één of meer noten of motieven van een muzieklijn worden om en om gespeeld door één of meerdere stemmen. Vooral gebruikt in de vocale muziek van de dertiende en vroege veertiende eeuw.

8. Elmer Schönberger, tekst in boekje bij cd *De Staat* van Louis Andriessen (NBE 022).

9. Gesprekken met Louis Andriessen in 2012.

10. *Politeia*, een van de bekendste dialogen van de Griekse filosoof Plato, geschreven omstreeks 380 v.C. Plato laat zijn personages (o.a. Socrates) discussiëren over rechtvaardigheid, de plaats van de poëzie en de onsterfelijkheid van de ziel.

11. Louis Andriessen, *Gestolen Tijd*, p. 147.

12. Zie noot 8.

13. Column van Louis Andriessen in *the ear reader*, 15 november 2010. Zie: http://earreader.nl/archives/16

14. Gesprekken met Caecilia Andriessen.

15. Gesprekken met Nils Andriessen en Kathenka Andriessen-van der Werff in 2005.

16. Gesprekken met Jeanne-Claire de Lange, kleindochter van Hendrik en Tine (2007).

17. Gesprek met Peter Vos in 2005.

18. Zie: http://www.ricciotti.nl, en gesprek met Gijs Kramer, artistiek leider van het Ricciotti Ensemble.

19. *Haagsche Courant*, 11 maart 1976.

20. Citaat Anton Kersjes uit ongedateerd artikel van Rudi van Dijk: 'Jurriaan."Een muzikale duizendpoot"'. Archief NMI.

21. Radio Wereldomroep, 13 september 1972. Interviewer is Jos Wouters. Stichting Beeld en Geluid, Hilversum.

22. *Hendrik Andriessen Tachtig Jaar* (Uitgeverij Gottmer, 1972). Een fermate is een rustteken in de muziek.

23. Gesprekken met Caecilia, en: *Duizend kleuren van muziek*, p. 49.

24. Programma *Stoomradio* (VARA), uitzending van 18 december 1974. Stichting Beeld en Geluid, Hilversum.

25. *Preludium,* het blad van het Concertgebouw en het Koninklijk Concertgebouworkest.

26. Zie noot 14.

27. Zie noot 16.

28. Brief van Tine aan Jurriaan, gedateerd 17 augustus 1953, in archief NMI.

29. Zie noot 16.

30. Hendrik Andriessen heeft zijn orkestbewerking van *Erinnerung* van Anton Bruckner aan Cornelis van Zwol opgedragen.

31. Zie noten 14 en 16.

32. Gesprek Caecilia Andriessen, 2012.

33. *De Waarheid,* 14 april 1981.

34. Digibron *Reformatorisch Dagblad*. www.digibron.nl

Hoofdstuk 8

1. Amfortas, figuur uit *Parsifal*, de laatste opera van Richard Wagner (1882).

2. *De Groene Amsterdammer*, mei 1999, interview van Jacqueline Oskamp met Louis Andriessen.

3. *Mens en Melodie* nr. 8, 1981, p. 363.

4. Peter Schat, *Het Componeren van de hemel* (Donemus, 1999), p. 139.

5. Programmaboek De Doelen bij het Andriessen Retrospectief, 2008.

6. Elmer Schönberger (1950): componist, schrijver musicoloog.

7. Louis Andriessen en Elmer Schönberger, *Het apollinisch uurwerk* (Bezige Bij, 1983).

8. Robert Lawson Craft (1923), Amerikaans muziekwetenschapper en schrijver. Hij had een langdurige vriendschap met Igor Stravinsky, schreef boeken over hem en gaf al zijn brieven uit.

9. Diverse gesprekken met Louis Andriessen tussen 1991 en 2012.

10. Yayoi Uno Everett, *The Music of Louis Andriessen* (Cambridge University Press, 2006), pp. 67-125.

11. Gesprek met Nils Andriessen in 2005.

12. Het Fonds voor de Scheppende Toonkunst (FST) was een stichting gefinancierd door het ministerie van Onderwijs, Cultuur en Wetenschappen.

13. Gesprek met Nils en Kathenka in 2005.

14. Gesprek met Cornelis van Zwol in 2007. De recensie is te vinden in het blad *Luister* van juli/augustus 2001, p.18. Cd: *Berkshire Symphonies*, *Fluitconcert*, *Pianoconcert*. Eleonore Pameijer (fluit), David Kuijken (piano), het Radio Symfonie Orkest o.l.v. Alexander Vedernikov. (NM Classics 92091).

15. *de Volkskrant*, januari 1984.

16. Gesprek met Louis Andriessen in 2012.

17. Louis Andriessen, *Gestolen tijd*, p. 183 e.v.

18. Kevin Whitehead, *New Dutch Swing* (Billboard Books New York, 1998), p. 242 e.v.

19. VPRO-radio, programma *Ronflonflon*, aflevering 46, 21 augustus 1985.

20. *Wolfsmond* (Tabula, Amsterdam) nr.13/14 1985. Interview door Johanneke van Slooten p. 6 e.v.

21. Deel 1 is gebaseerd op teksten over scheepsbouw en atoom-theorie in de tijd van de Gouden Eeuw in de Nederlanden. De vorm van deel 2 *(Hadewych)* is geïnspireerd door de plat-tegrond van de kathedraal van Reims en er is een tekst in ver-werkt van de dertiende-eeuwse mystica Hadewych. *De Stijl,* over Mondriaan en de boogiewoogie, is deel 3 geworden en deel 4 gaat over escalatie en bevat teksten van de dichter Wil-lem Kloos en natuur- en scheikundige Marie Curie.

22. Zie noot 20.

23. Gesprek met Louis Andriessen in 2012.

24. *Hier is... Adriaan van Dis.* Schrijver Adriaan van Dis begon in 1983 als televisiepresentator van dit literaire VPRO-praat-programma. De laatste uitzending was op 3 mei 1992.

25. De Club van Rome werd eind jaren zestig van de twintig-ste eeuw opgericht door Europese wetenschappers, om ui-ting te geven aan hun bezorgdheid over de toekomst van de wereld. De Club werd bekend met het rapport *De grenzen aan de groei,* dat in 1972 werd uitgebracht. Hierin werd een verband gelegd tussen economische groei en de gevolgen hiervan voor het milieu.

26. Jurriaan Andriessen: *Eldorica. Met een reisverslag naar een betere wereld* (Het Spectrum, 1990). Een verslag opgetekend door een statisticus.

27. Gesprek met Jeanne-Claire de Lange, nicht van Jurriaan jr.

28. Gesprek met Hedwig de Beer, Jurriaans vrouw.

29. http://www.jurriaan-andriessen.nl

30. Cd *Portret van Hedwig.* Bernd Brackman (piano), Kees Wieringa (piano), (Do records 008, 2003). Met 'labyrinthisch

oeuvre' duidt Louis op de tekeningen die Jurriaan maakte en zijn vele grafische werk.

31. *Concertzendergids*, oktober 1993.

32. *de Volkskrant*, 1 november 1993.

33. *Duizend kleuren van muziek* (Walburgpers, 1992)

   In de Philharmonie staat het borstbeeld van de jonge Hendrik Andriessen door Jan Bronner. In Utrecht een borstbeeld van de oudere Hendrik, gemaakt door Judith Pfaeltzer.

   De documentaire *Wij Andriessen, een Hollands kunstenaarsgeslacht* is van Ireen van Ditshuyzen, 1992.

34. Hendrik Andriessen, *Due Madrigali* uit 1940.

35. *de Volkskrant*, 17 november 1992, Melchior Huurdeman.

36. Interview december 1991, gepubliceerd in *Maandblad* Vredenburg, februari 1992.

37. *Toneel Theatraal*, december 1994.

38. Louis Andriessen, *Gestolen tijd*, 2002, p.239 e.v.

39. *De Telegraaf*, 4 november 1994.

40. *Key Notes*, 29 mei 2009.

41. Gesprekken Louis en Caecilia.

42. Toespraak Nicolette Andriessen, oudste dochter, tijdens begrafenis Nico.

   Uit de toespraak van indianenopperhoofd Seattle: 'Hoe kun je de lucht bezitten? "Als wijzelf de prikkeling van de lucht, en het kabbelen van het water niet kunnen bezitten, hoe kunt u het dan van ons kopen?"'

43. *Vrij Nederland*, 21 mei 1994.

44. Gesprek met Kathenka Andriessen-van der Werff in 2005.

45. *de Volkskrant*, augustus 1996.

46. Rudi van Dijk, 'Een muzikale Duizendpoot', augustus 1996. Necrologie uit onbekend tijdschrift. NMI Den Haag.

47. Gesprek met Louis Andriessen, 2012.
48. *De Groene Amsterdammer*, 19 mei 1999.
49. *de Volkskrant*, 10 juni 1996.
50. *Tao Te Ching*, boek over de Chinese taoïstische filosofie, uit de zesde eeuw v.C.
51. Cd-boekje van cd Louis Andriessen, *Trilogie van de Laatste Dag*, Asko|Schönberg Ensemble o.l.v. Reinbert de Leeuw. Donemus, CV79.
52. Radiointerview met Vincent van Engelen, NPS *In de Middag*, 2 juni 2003.
53. Delen van de recensies uit NRC en *Trouw* staan op de website van de De Nederlandse Opera. http://www.dutchopera.com/index.php?m=archive&sm=archiveProductions&c=reviews&fl=V
54. Zie noot 48.

Hoofdstuk 9

1. Vera Beths (1946): Nederlands violiste.
2. Violectra, fabrikant van op maat gemaakte elektrische violen.
3. Pablo Cabenda, 'Net als Antonio en Anna. Andriessen componeert over Vivaldi – met electro-violiste Germino als zijn eigen Anna [La Girò],' in *de Volkskrant*, 12 januari 2012.
4. Sylvano Bussetti, *La Passion selon Sade,* met Cristina Zavalloni, 1998 in Den Haag.
5. Zie noot 3.
6. Jan Tromp, 'New York gunt maestro Louis geen rust', interview n.a.v. het Andriessen Festival in New York, *de Volkskrant*, 13 mei 2004.

7. *The Guardian*, 17 oktober 2002.

8. De eerste samenwerking met Hal Hartley was de videofilm *The New Math(s)* in 2000.

9. *de Volkskrant*, 5 mei 2003.

10. Zie noot 6.

11. *Trouw*, 5 mei 2004.

12. Radioprogramma *In de Middag*, NPS, 3 juni 2003.

13. Zie noot 6.

14. Gesprekken met Louis Andriessen 2012.

15. 'They are devoted to their two cats and to work…' www. childfreebychoice.com

16. Zie noot 14.

17. *Elsevier*, 13 februari 2008.

18. Zie noot 6.

19. In een filmopera zijn de beelden niet per se bedoeld als illustratie. De film is even belangrijk als de muziek en speelt een zelfstandige rol.

20. Gesprek in juni 2008 voor het radioprogramma *Viertakt*, NPS.

21. Joost van den Vondel schreef *Lucifer* in 1654.

22. *NRC Handelsblad*, 23 mei 2008. Cultureel Supplement, p. 13.

23. *Baantjer*: televisieserie van NCRV, gebaseerd op de politieromans van Appie Baantjer.

24. Zie noot 20.

25. *Odeon* 69 (blad van De Nederlandse Opera), p. 22. Met 'de stukken' bedoelt hij delen van de opera.

26. Zie noot 12.

27. Zie noot 20.

28. Zie noot 20.

29. http://www.youtube.com/watch?v=p6ar17guohU

30. Grawemeyer Award, zie http://dehandvanguido.blogspot.

nl/2010/12/grawemeyer-award-voor-louis-andriessen.html

31. *vpro-gids* nr.43, 2010.

32. Programmakrant *Operadagen Rotterdam* mei 2008: 'De techniek van het componeren is in eerste instantie zorgen dat je tafel op orde is. En potloden en gummetjes, die moeten ook goed zijn. Al jaren geleden heb ik me ontdaan van elektronica. Dat zijn vreselijk belangrijke dingen, gummetjes. Ik heb eens een gummetje ontdekt, dat was zo goed, dat ik ben teruggegaan naar die winkel. Ze kwamen uit Thailand. Toen heb ik alle gummetjes, een stuk of vijftig, opgekocht, en de helft aan mijn broer Jurriaan cadeau gedaan...'

33. *de Volkskrant,* 14 januari 2012.

34. Louis Andriessen doet iedere middag een dutje, waar hij zich op dat moment ook bevindt.

35. *De Groene Amsterdammer,* mei 1999.

36. *Magna Res est Amor* uit 1919; *De Imitatione Christi* uit 1977.

37. De stichting heet nu: Stichting Huygens-Fokker, Centrum voor Microtonale Muziek.

38. Gesprek met Louis Andriessen, juli 2012.

39. Programmaboek bij het Andriessen Retrospectief, in de Rotterdamse Doelen, 2008.

40. Zie noot 38.

Hoofdstuk 10

1. Catechismus: een opsomming van de leer van een bepaald kerkgenootschap waarin de regels voor leken begrijpelijk worden uitgelegd. Op katholieke scholen werden bij de catechismusles de regels van het geloof geleerd in vraag- en

antwoordvorm. Zoals bijvoorbeeld vraag 1: Waartoe zijn wij op aarde? Antwoord: Wij zijn op aarde om God te dienen en daardoor hier en in het hiernamaals gelukkig te zijn.

2. Ischa Meijer (1943-1995): columnist, interviewer, (toneel) schrijver, acteur. Radioprogramma *Een Uur Ischa*, vpro 13 februari 1990. Instituut voor Beeld en Geluid, Hilversum.

3. Nicolien Mizee, *Toen kwam moeder met een mes* (Nijgh & Van Ditmar, 2003), p.14 en 54. Nicolien Mizee schreef ook nog twee romans, haar debuut *Voor God en de Sociale Dienst* (2000) en *En knielde voor hem neer* (2006).

4. *Wij Andriessen* (1992), televisiedocumentaire door Ireen van Ditshuyzen, in het kader van het Andriessen Eeuwfeest 1992.

5. Paul Witteman, *Erfstukken* (cpnb-boekenweekessay, uitgeverij Balans), 2006.

6. *de Volkskrant*, 9 maart 2006.

7. *Erfstukken*, p. 40: 'De pianist zet, nog zonder orkestbegeleiding, het langzame deel in met die schitterende melodie die in het begin hooghartig klinkt, alsof hij dat orkest niet nodig heeft, maar dan vraagt, nee, smeekt om gezelschap en naar een emotionele climax reikt wanneer de fluit zal inzetten. Is dit de mooiste noot uit de muziekgeschiedenis, die schrille hoge noot die het isolement van de piano doorbreekt?'
Interview met Louis Andriessen in nrc, 5 december 2003, in de rubriek 'De Mooiste Noot': 'Het tweede deel van het *Pianoconcert in G* van Maurice Ravel (1875-1937), een van mijn favoriete componisten, begint met een lange pianosolo, een wals met een iets te langzame melodie. Heel lang hoor je alleen die piano, in een licht melancholieke zondagmiddagstemming, en na een minuut of zeven, net als je begint te denken: hoe gaat Ravel dat orkest nou nog inzetten, schuift

het orkest de balzaal binnen. En daar klinkt dan, als een *shining angel*, de hoge cis van een fluit. Om die noot gaat het mij. Op het eerste gezicht is het niet eens zo'n glanzende glitternoot, hij heeft iets vanzelfsprekends. Maar Ravel was zich ervan bewust dat het een bijzondere noot was. In de partituur zette hij er het woordje "solo" bij. Na drie maten neemt een hobo het over.'

De belangrijkste en opmerkelijkste composities

Willem Andriessen: *Pianoconcert in Des*, afstudeerwerk van het conservatorium, hij won er de Prix d'Excellence mee, 1908.

Hendrik Andriessen: *Veni creator spiritus* voor gemengd koor en orgel. Zijn eerste compositie die wordt uitgevoerd, 1912.

Hendrik Andriessen: *Fête-Dieu* voor orgel. Uit rouw om de in de Eerste Wereldoorlog vernietigde kathedraal van Reims, 1918.

Hendrik Andriessen: *Tantum ergo*, motet voor a-capella mannenkoor, 1919.

Hendrik Andriessen: *Magna Res est Amor*, voor sopraan en orgel. Opgedragen aan Tine Anschütz, 1919.

Hendrik Andriessen: *Miroir de peine*, liederencyclus, 1923.

Hendrik Andriessen: *Kuhnauvariaties,* voor Utrechts Studentenorkest, 1935.

Hendrik Andriessen: *Due Madrigali* voor koor en orkest, 1940.

Hendrik Andriessen: *Capriccio* voor orkest, 1941.

Hendrik Andriessen: *De Veertien Stonden*, passiemuziek voor koor, verteller en orgel, gebaseerd op *De bloedige dagvaart ons Heeren* van Guido Gezelle, 1942.

Hendrik Andriessen: *Te Deum*, uitgevoerd in het Concertgebouw tijdens bevrijdingsconcert, 1943.

Jurriaan Andriessen: *Concertino voor piano en orkest,* 1943.

Jurriaan Andriessen: *Vijf Nageldeuntjes* op teksten van Guide Gezelle voor stem en piano, 1943 (in 1972 bewerkt voor stem en strijkkwartet).

Hendrik Andriessen: *Variaties geschreven op een thema van Couperin,* voor fluit en harp. Geschreven voor zijn dochter Heleen Andriessen, 1944.

Jurriaan Andriessen: *Sonate voor viool en piano*. Uitgevoerd tijdens eerste concert in de serie Eigen Werk-concerten van Gaudeamus, 1946.

Jurriaan Andriessen: *Symphonietta Concertante,* 't Is voor de Bakker voor vier trompetten en orkest. Examenstuk conservatorium, 1947.

Jurriaan Andriessen: *Concert voor 2 piano's zonder orkest*, eerste werk dat van Jurriaan op de radio is uitgezonden, 1948.

Jurriaan Andriessen: *Concerto voor piano en orkest,* geschreven in Parijs en opgedragen aan pianiste Lia Palla, 1948.

Jurriaan Andriessen: *Het wonderlijk uur*, muziek bij openlucht-spel voor het 700-jarig bestaan van Den Haag. Hij won er de eerste Johan Wagenaarprijs mee, 1948.

Hendrik Andriessen: *Ricercare* voor orkest, 1949

Jurriaan Andriessen: *Berkshire Symphonies*, gecomponeerd in Tanglewood/New York in opdracht van het ministerie van Onderwijs Cultuur en Wetenschappen, 1949.

Hendrik Andriessen: *Philomela*, opdracht van het vijftigjarig regeringsjubileum van Wilhelmina. Opera op tekst van Jan Engelman gebaseerd op Ovidius Metamorfosen, 1949.

Hendrik Andriessen: *Concerto per organo e orchestra*. Het gaat in première bij het Concertgebouworkest onder leiding van Pierre Monteux, met Hendrik zelf achter het orgel, 1950.

Jurriaan Andriessen: *Concerto per flauto e orchestra,* 1952.

Hendrik Andriessen: *Symfonische Etude* uit 1952, acht jaar later krijgt hij voor de uitgave op lp de Prof. Van der Leeuw prijs.

Jurriaan Andriessen: *Rouw past Electra,* suite uit toneelmuziek voor de Haagse Comedie voor 11 blazers en slagwerk, 1954.

Hendrik Andriessen: *Symfonie nr. 4,* 1954.

Jurriaan Andriessen: Eerste filmmuziek voor grote publieks-film: *Dorp aan de Rivier* van Fons Rademakers, 1958.

Jurriaan Andriessen: *Rhapsodie Thai* ter ere van staatsbezoek koning Bhumibol en koningin Sirikit van Thailand op. Krijgt er de orde in de Witte Olifant voor, 1959.

Louis Andriessen: *Nocturnen* voor 2 sopranen, orkest opgedra-gen aan Jeanette Yanikian, 1959.

Hendrik Andriessen: *Pezzo festoso* voor orgel en koperkwartet. Geschreven en uitgevoerd ter gelegenheid van zijn zeventigste verjaardag tijdens het Holland Festival, 1959.

Hendrik Andriessen: *Missa Cogitationes Cordis,* actieve rol voor de kerkbezoekers: ze mogen meezingen, 1960.

Jurriaan Andriessen: *Kalchas,* televisieopera naar toneelstuk van Tsjechov. Staatsopdracht van de Nederlandse regering, 1962.

Jurriaan Andriessen: *Aves* voor vierhonderdkoppig jeugdkoor en -orkest, 1963/64.

Hendrik Andriessen: *De Spiegel van Venetië,* opera op een libretto van Hélène Nolthenius, 1965.

Louis Andriessen: *Ittrospezione III (Concept II)*. In première bij het Concertgebouworkest. Door hemzelf gedirigeerd, 1965.

Jurriaan Andriessen: *Concerto Rotterdam* voor jazzcombo en symfonieorkest, 1966.

Louis Andriessen: *Souvenirs d'enfance* voor piano, 1954-1966.

Louis Andriessen: *Anachronie I*, 1967.

Louis Andriessen: *Contratempus* voor groot ensemble, 1968.

Jurriaan Andriessen: *Ommaggio a Sweelinck* voor strijkers en klavecimbel, 1968.

Hendrik Andriessen: *Concert voor viool en orkest*, 1969.

Louis Andriessen: *Anachronie II*, 1969.

Louis Andriessen, Misha Mengelberg, Peter Schat, Reinbert de Leeuw en Jan van Vlijmen: *Reconstructie*, 1969.

Hendrik Andriessen: *Chromatische variaties voor fluit, hobo, viool en cello*, 1970.

Jurriaan Andriessen: *Symfonie nr. 5, Time Spirit*, voor klarinet, symfonieorkest en popband. Met etsen van Escher, 1970.

Louis Andriessen: *De Volharding* voor piano en blaasinstrumenten, geschreven voor Orkest de Volharding, 1972.

Hendrik Andriessen: *Divertimento à cinque* voor fluit, hobo, viool, altviool, cello, geschreven voor zijn kleinkinderen Eugénie, Gijs, Hen, Frans en de man van Eugénie: het Gemini Ensemble, 1972.

Jurriaan Andriessen: *Beestenkwartet*, muziektheater bij gelijknamig kwartet getekend door Peter Vos, 1972.

Louis Andriessen: *Worker's Union* – 'for any loud-sounding group of instruments', 1975.

Louis Andriessen: *De Staat* met tekst van Plato voor vier vrouwelijke zangsolisten, blazers, harpen, elektrische gitaren, altviool en basgitaar, 1972-76.

Louis Andriessen: *Mattheus passie*, muziektheaterwerk voor toneelgroep Baal, 1976.

Louis Andriessen: *Orpheus*, muziektheaterwerk voor toneelgroep Baal, 1977.

Hendrik Andriessen: *De Imitatione Christi/Fortis Amor* voor sopraan en orgel, 1977.

Louis Andriessen: *Mausoleum* met tekst van Bakoenin, 1979-1981.

Louis Andriessen: *De Tijd* voor vrouwenkoor, percussie en groot ensemble, 1979-81.

Jurriaan Andriessen jr.: *Portret van Hedwig*, 54 korte piano-stukken in diverse stijlen die samen het portret van zijn vrouw Hedwig vormen, 1983.

Jurriaan Andriessen: *Time suspended*, orkestwerk over geoglie-fen van Nazca-indianen, 1984.

Louis Andriessen: *De Materie*, muziektheater voor grote be-zetting, zangsolisten en sprekers. Première in 1989 tijdens het Holland Festival, 1984-1988.

Jurriaan Andriessen: *Due Canzone di Don Chisciotte*, 1985.

Louis Andriessen: *Facing Death* voor het Kronos String Quartet en geïnspireerd door Charlie Parker, 1990.

Louis Andriessen: *M is for Man, Music, Mozart* met teksten van Louis zelf, Jeroen van der Linden en Peter Greenaway, 1991.

Louis Andriessen: *Hout* voor tenors, saxofoon, elektrische gi-taar, piano en marimba, 1991.

Louis Andriessen: *Rosa - A Horse Drama*, opera op libretto van Peter Greenaway, 1994.

Jurrriaan Andriessen: *Het Rozenprieel*, in memoriam Nicolaas Andriessen, 1996.

Louis Andriessen: *Trilogie van de Laatste Dag* op teksten van Lucebert, een volksliedje, teksten uit de *Tao Te Ching* en teksten van Laozi Kotara Takamura, 1996-97.

Louis Andriessen: *Writing to Vermeer,* opera op libretto van Peter Greenaway voor kinderstemmen, vrouwelijke vocale solisten, vrouwenkoor en groot ensemble, 1999.

Louis Andriessen: *Passeggiata in tram in America e ritorno* op tekst van Dino Campana, voor Italiaanse vrouwenstem (Cristina Zavalloni), viool (Monica Germino) en piano, 1999.

Louis Andriessen: *La Passione* op tekst van Dino Campana. Vrouwenstem (Cristina Zavalloni) en instrumentaal ensemble, 2000-2002.

Louis Andriessen: *Letter from Cathy* op een brief van Cathy Berberian, geschreven voor Cristina Zavalloni, 2003.

Louis Andriessen: *Inanna*, muziektheater voor ZT Hollandia op tekst van Hal Hartley met filmbeelden van Hal Hartley, 2003.

Louis Andriessen: *La Commedia*, een filmopera in vijf delen op teksten van Dante Alighieri, Vondel en uit het Oude Testament. Première in 2008 tijdens het Holland Festival, 2004-2008.

Louis Andriessen: *Haags Hakkûh* voor het Franse pianoduo Katia en Mariëlle Labèque, 2008.

Louis Andriessen: *Anaïs Nin* voor zangeres, ensemble en film, 2009.

Louis Andriessen: *La Girò* voor vioolsolo en ensemble, opgedragen aan Monica Germino, 2011.

Stamboom

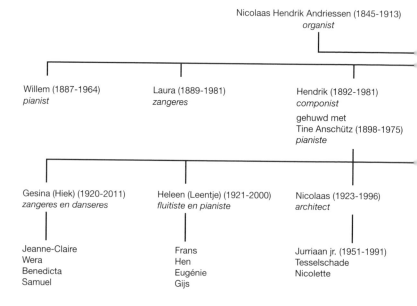

Nicolaas Hendrik Andriessen (1845-1913)
organist

Willem (1887-1964)
pianist

Laura (1889-1981)
zangeres

Hendrik (1892-1981)
componist

gehuwd met
Tine Anschütz (1898-1975)
pianiste

Gesina (Hiek) (1920-2011)
zangeres en danseres

Heleen (Leentje) (1921-2000)
fluitiste en pianiste

Nicolaas (1923-1996)
architect

Jeanne-Claire
Wera
Benedicta
Samuel

Frans
Hen
Eugénie
Gijs

Jurriaan jr. (1951-1991)
Tesselschade
Nicolette

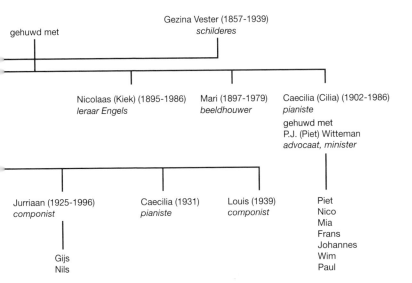

gehuwd met

Gezina Vester (1857-1939)
schilderes

Nicolaas (Kiek) (1895-1986)
leraar Engels

Mari (1897-1979)
beeldhouwer

Caecilia (Cilia) (1902-1986)
pianiste
gehuwd met
P.J. (Piet) Witteman
advocaat, minister

Jurriaan (1925-1996)
componist

Gijs
Nils

Caecilia (1931)
pianiste

Louis (1939)
componist

Piet
Nico
Mia
Frans
Johannes
Wim
Paul